二宮厚美
ninomiya atsumi

人間発達の福祉国家論

新日本出版社

人間発達の福祉国家論 ＊ 目次

第5章　言葉の起源とコミュニケーション的理性の獲得……251

はじめに——意欲と生きがいの二大源泉

私の人間発達研究のきっかけ

私が人間発達の研究に関心をもつようになったのは、「人間の意欲の源泉はどこにあるのか」という問いに出会ってからである。研究者としては駆け出しのまだ若い頃、いまから四〇年ばかり前の一九八〇年代初頭の頃である。当時私は、三つの分野・関係者から、意欲や生きがい、働きがいの源泉に対する問いを投げかけられた。一つは教育学からの学習意欲の源泉、第二は保育・学童保育関係者からの子どもの成長・発達意欲の起源・源泉、第三は中小企業経営者の集団（中小企業家同友会）からの労働意欲や働きがいの源泉に関する問いかけ、この三つである。むろん、人間の意欲や「ヤル気」に対する関心は、それ以前から人並みに持ってはいたが、きちんと調べてみようとか、研究してみようと思うようになったのは、こうした他者からの問いかけを受けてからである。

意欲や生きがい等にたいする関心は、多少の差はあれ、誰でも持ち合わせているものである。なぜなら、普通に生活していれば、誰であろうと、何らかの活動や学習に意欲を湧かしたり、逆に、意欲や気力を阻喪《そそう》・喪失して、ヤル気をなくしてしまう体験を味わうものだからである。だが、その意欲の源泉について人前で話す、散文にして書くとなると、一般的・常識的な興味・関心に止《とど》めて済ますわけにはいかない。まして研究者にとって、言葉は生命である。それなりに本や諸説を読み、調べ、考え、研究しなければならない（この場合の研究〔study〕とは、英語でいえば学習〔study〕と同じことを意味する）。

「意欲の源泉」に関して、当時、私の到達した結論（仮説）は、比較的簡単なことで、「意欲の源泉は、①目的・テーマを持って生きること、②豊かな共感・応答関係のなかで生活すること、この二点にある」というものであった。もちろん、人間の意欲や生きがい、働きがいといったものは、多様・多彩な形態をとって現われるから、仔細に論じ始めると、①の「目的・テーマを持って生きる」とはどういうことか、②の「豊かな共感・応答関係のなかで生活する」とはどのような生活環境をさし、いかなる人間関係（＝社会関係）のことを言うのかなどに関して、それ相当に深掘りし、広く展開することは可能である。だから、「意欲の源泉はどこにあるか」の問いに対して上記の「二大源泉」を指摘してそれで済ませる、というわけにはいかないのであるが、ここではあまり深入りはしない。その理由は二つある。一つは、上記の「意欲の二大源泉」に関しては、すでに、いまから三〇年ばかり前の拙著『生きがいの構造と人間発達』（労働旬報社、一九九四年）において、かなり詳しく論じたからである。いま一つは、人間に固有な意欲とは、究極のところ、人間とその他の動物との違い、ヒトがホモ・サピエンス（現世人類）になったルーツに根ざすものであり、言いかえれば、①人間に固有な労働の開始、②言葉を媒介にした人間的コミュニケーション関係の形成、の二点を起源にしたものだからである。簡潔にいえば、「労働」と「言葉」――この二つが人間のさまざまな意欲の（究極の）源泉である。これから論じようとする本書のテーマは、「意欲の源泉」ではなく、「意欲の源泉」にあたる「労働」・「言葉」の方であり、この「はじめに」はそのためのイントロダクションである。

とはいえ、「目的・テーマを持つこと」および「豊かな共感・応答関係を築くこと」が、なぜ意欲の二大源泉となるのかについて、若干の説明をつけ加えておくことが必要であろう。読者に対しては、それが親切というものである。

「目的意識」と「共感・応答関係」の二大ルーツ

まず、目的やテーマをもって生きるとは、あらためて指摘するまでもなく、普通の人間が毎日繰り返していること、日常的な営みの一つである。いまこの本を手にとり、目を通している人は、何らかの目的をもって読んでいるはずである。誰であろうと、毎朝、目覚めた瞬間から――どの程度意識的・自覚的にか、無意識的・暗黙裡にかの違いは別にして――その日の目的・目標・課題をもった生活を開始する。目的をもって生きることは、ある意味で人間の本性であり、宿命であるといってよい。それは、動物にはない人間ならではの特性が「労働」とともに生まれたことに起因する。

本書第一章で述べるように、人間の労働の何よりの特質は、実際の労働・作業にとりかかる前、つまり事前に、労働の成果を頭のなかに表象する点、あらかじめその目的を設定することにある。労働の成果・産物とは将来に生まれるものだから、労働目的とはいわば「将来の精神的先取り」である。「将来の精神的な先取り」とは、言いかえると、将来に一つの希望や夢、課題をもつことにほかならない。その意味で、人間の労働は、「将来に向かって生きること」の始まりを意味する。目的を持つことは、希望や夢を持って生きること、すなわち、将来に向かって生きることを意味する。だからこそ、目的やテーマを持つことに、人は生きがいや働きがいを感じるのである。豊かな人間的生活とは、多くの目的や豊かな希望をもった生活にほかならない。

ハンセン病患者の隔離施設であった長島愛生園の精神科医として、また心理学・医学研究者として、その生涯をまっとうされた神谷美恵子氏は、かつて「目的意識性＝使命感」と「生きがい」の一体関係を説明して、「生きがいをもって生きる人」とは、「自己の生存目標をはっきりと自覚し、自分の生きている必要を確信し、その目標にむかって全力をそそいで歩いているひと――いいかえれば使命感に生きるひとではないだろうか」と述べた（神谷美恵子『生きがいについて』〔神谷美恵子著作集1〕みすず書房、一九八〇年、三八ページ）。これにならって、『「生きがい」とは何か』の著者小林司氏も、「自分が生存目標を自覚し、自分が生きている必要性を確信し、その目標に向かって全力を注いで歩いている人、『ある特定のしごとが自分に課せられている』と感じている人、つまり使命感に生きる人、が一番生きがいを感じている人と言えよう」と述べている（『「生きがい」とは何か――自己実現へのみち』日本放送出版協会、一九八九年、二七ページ）。ここでいう「使命感」とは、言いかえれば、社会的目的（＝外的目的）を自己目的（＝内的目的）と一体化したときに生まれるミッション意識である。

これを逆に言うと、将来の目的や希望を持つことができない状態に陥れられると、人は、意欲の源泉を断たれ、生きがいを持つことができない状態、つまり絶望に陥ることを意味する。将来の夢や希望、目的や課題があらかじめ奪われてしまうことが「絶望」である。この絶望状態を極限の形態において示したのが、かつてのユダヤ人に対するナチスの強制収容所アウシュビッツであった。アウシュビッツを奇跡的に生き延びたV・E・フランクルは、収容所の体験を総括して、「何の生活目標をももはや眼前に見ず、何の生活内容ももたず、その生活において何の目的も認めない人は哀れである。彼の存在の意味は彼から消えてしまう」と書いている（V・E・フランクル、霜山徳爾訳『フランクル著作集　1　夜と霧――ドイツ強制収容所の体験記録』みすず書房、一九六一年、一八三ページ）。

アウシュビッツは、そこに収容された人にとっては、明日明後日《あすあさって》まで生きられるかどうかがわからない暗闇の空間、否、それどころか一時間先、一〇分先の生存の見通しですら奪われた場所、一言でいえば「未来を奪う場所」であった。収容所の人々にとっては、ガス室に移されたときが、この世の終わりである。未来の時間を一切奪われた生活は、死刑囚の牢獄生活以上に残酷・過酷である。未来を奪われた人間が、発狂・狂乱することなく、なんとか無事に毎日を過ごすための自己保身、自己防衛策は、人間らしい喜怒哀楽の感情の一切を捨て去ること、たとえすぐそばに遺体が横たわっていようと、瀕死《ひんし》の病人が目の前にいようと、無関心、無感覚、鈍感のままで己を保身すること、つまり己を「動物状態」を超えた「植物状態」において日々を過ごすことであった、という。将来の時間を奪われることは、「将来の精神的先取り」である生存目的があらかじめ奪われることであり、人間性に対する「死の宣告」に等しい。この極限的な恐怖から免れようと思えば、己の人間性をみずから抑圧し、抹消し、圧殺するほかはない——フランクルは、自ら体験したアウシュビッツの恐怖、非人間性を分析して、こう述べたのである。

人間にとって、目的を持つこと、希望をもって生きることは、かくも重要な、決定的といってよいほどの意味をもつものなのである。フランクルはみずからのアウシュビッツ体験を語って、「人間は本来ただ未来の視点からのみ、すなわち何らかの形で『永遠の相の下に』存在し得るということは人間に固有なことなのである」と述べている（同上、一七八ページ）。ここで「未来の視点からのみ存在する」とは、「将来の生存を前提にしてこそ生まれる希望」をもって生きることを意味しており、フランクルは、この希望のなかに生きることは人間に固有なことなのである、と主張したのである。「永遠の相の下に」というのは、子どもが毎夜、明日を夢見て寝床につく姿にみるように、目的をもった明日が来ることを固く信じて疑わない毎日、ということである。逆にいえば、明日があることを信じて疑わないところではじめて、生きる目的や、働く目的や、学び発達する意欲が生まれるわけである。

ただし、人間は一人で生きているのではない。アウシュビッツであろうと長島愛生園であろうと、また大企業であろうと中小企業であろうと、小中学校であろうと高校・大学であろうと、人は、老若男女や民族・人種・地域差を問わず、一定の社会関係、集団の中において生活している——つまり、孤島に生きたロビンソン・クルーソーではない。人間の意欲は、この集団的社会関係のなかにおいて、労働を起源とした目的意識性とはひと味違った、いま一つの源泉を持つことになる。これがすなわち意欲の第二の源泉としての「共感・応答関係」のことである。

共感・応答の言語的コミュニケーション関係に根ざす意欲

目的・目標に向かって全力を注いで歩むことの大切さを指摘した（先述の）神谷美恵子氏は、それと同時に、「共感・応答関係」の意義を次のように説いた。

「生きがいをうしなったひとに対して新しい生存目標をもたらしてくれるものは、何にせよ、だれにせよ、天来の使者のようなものである。君は決して無用者ではないのだ。君にはどうしても生きていてもらわなければ困る。君でなくてはできないことがあるのだ。ほら、ここに君の手を、君の存在を、待っているものがある。——もしこういうよびかけがなんらかの『出会い』を通して、彼の心にまっすぐ響いてくるならば、彼はハッとめざめて、全身でその声をうけとめるであろう」（神谷、前掲書、一七六ページ）

この指摘に余分な説明を加える必要はないだろう。神谷氏は、生きる意欲や生きがいの源泉を、①目あてをもつこと（目的意識性）にあわせて、②あてにされること、この二つの「あて」に求めたのである。人間の発達や意欲の源泉に関して、人間のコミュニケーション関係に根ざす「共感・応答関係」の大切さに目を向けたのは神谷氏ばかりではない。「目あてをもつこと」と「あてにされること」は、古今東西のどこでも、また老若男女の誰にも、意欲の二大源泉なのである。

私の知人の中小企業家同友会メンバーの一人は、企業内の労働を通じて人を育てるには、従業員に対して「褒める、認める、励ます」のモットーが重要であると話してくれた。また私は、ある中小企業家同友会の「どのような時に働きがいを感じたか」のアンケートにおいて、若手社員の圧倒的多数が「お客さんに喜んでもらったとき」と記していたのを読んだことがある。保育園の子どもが種々の腕前を誇って、保育士や親に「見て、見て」とせがみ、小学校の参観日に親が教室に来てくれるのを楽しみに待つのは、これと同じ「共感・応答関係」の持つ力、すなわち子どもたちの遊びや学習に親しい者が応答し、共感することが、子どもの育つ力、意欲を引き出す力になることを物語るものにほかならない。

三浦綾子の小説で、小林多喜二の母・セキを描いた『母』という小説がある。秋田の寒村で育ったセキは、極貧生活のせいで、ろくに字も読めない無学の母であった。その母が、なぜ戦前の日本を代表するプロレタリア作家、小林多喜二を育てあげることになったのか。その秘密を『母』は、セキの「聞き上手」に求めている。子ども期に学校で学ぶことのできなかったセキは、我が子の学習に学び、子どもの話に応答し、「聞き上手」の力を発揮して、文学者小林多喜二を育てたのである。

私が本書を読んだのは随分前の頃だから、今ではうろ覚えでしかないが、多喜二とその妹がまだ小学生の頃、母セキは子どもたちが帰宅するのを楽しみに待って、毎夜のごとく、「今日は学校でどんなことがあったのか」、「何を習い、勉強したのか」を、自分がまるで多喜二らの口を通して一緒に学ぶかのようにして耳を傾けたという。無学の母親は、毎日、子どもたちが外で学んだことを、子どもの口から聞いて学び、それを日々の喜び、無上の楽しみとし、生きがいとした。子どもたちもまた、学校で何があったのか、教室で何を習ったのか、友だちとどんな遊びをしたのかを母に話すのを楽しみとし、そのために小林家の夕方は、笑いが絶えることがなかった。三浦綾子『母』は、この様子をまるで自分で見てきたかのように、感動的に描いた小説であった。

『母』が教えていることは、要するに、人間の意欲は人と人との応答関係、コミュニケーション関係に源泉があるということである。人は、自分の役割や居場所、学習や勤労、存在価値を他者から認められ、評価され、その活動に応答的反応（『母』では「聞き上手」のセキの応答）が得られるときに、話してやろう、頑張ってみよう、働いてやろう、といった意欲をわかせるのである。

現代日本では、文科省調査によると（二〇二二年度）、小中学校の不登校児童は過去最多のおよそ三〇万人近い二九万九〇四八人に上るという。また内閣府「こども・若者の意識と生活に関する調査」（二〇二二年度）の推計値によると、一五～六四歳の「ひきこもり」は、およそ五〇人に一人、一四六万人に達する。比較的若い世代（一五～三九歳）のひきこもり状態にある人の割合は、二・〇五％であった。これら不登校やひきこもりの原因・要因は様々で――特に近年ではコロナ禍を要因にしたものが多くなっているので――一括りにして理解するわけにはいかないが、意欲の源泉であった「目的意識性」・「共感・応答関係」の希薄化が、その大きな背景要因にあげられることは疑いを入れない。意欲の二大源泉の希薄化は、言いかえると、「精神的その日暮らし」と「精神的ひとり暮らし」状態にある人々が増えている、ということを意味する。現代日本では、意欲の二大源泉に立ち返って「精神的その日暮らし」と「精神的ひとり暮らし」を克服していくことが、いまなお重要な課題なのである。

意欲の質にかかわるコミュニケーション的理性

意欲の二大源泉は、その起源を「目的をもった労働」と「言葉によるコミュニケーション」にもつものである。本書では、この目的意識性による意欲の喚起と、言語的コミュニケーション関係のなかの意欲の喚起とを、人間に固有な「人格的機能」の一つととらえる。「人格的機能」とは、人間を「人格＋能力の統一体」と捉えた場合の「人格サイド」の能力・機能」をさす。意欲やヤル気、また生きがいや働きがいが「人格的機能」に属する一つの人間的な力であるとすれば、それは万人に共通な、人間全員が有する普遍的・一般的な力だ、ということを意味する。

先に私は意欲の源泉に関して、私が到達した仮説的結論は、「意欲の源泉は、①目的・テーマを持って生きること、②豊かな共感・応答関係のなかで生活すること、この二点にある」というものであったと指摘したが、実は、この仮説には一つの重大な欠陥が含まれていた。その欠陥は、この結論が万人にあてはまること、人類に共通なことであるという仮説のポジティブな性格に根ざして生まれるものである。誰にでもあてはまるということは、逆にいうと、諸個人の独自性や個性、異質性は問わない、ということになる。また、「人格的機能」としての意欲の普遍性や万人妥当の共通性・平等性だけを取りあげるということは、個々人の能力の違い、能力面の個性や多様性は、さしあたり捨象し、無視することを意味する。

わかりやすい例をあげると、大学入試突破をめざす受験生の意欲と、甲子園や花園をめざす高校生では、同じ意欲の源泉によるといっても、その質に違いがある。子どもが時間の経つのを忘れて遊びに熱中するときの意欲と、仕事中毒と呼ばれるモーレツ型社員の勤労意欲とでは、比較困難なほどの違いがある。プーチンの傭兵の戦闘意欲とウクライナ民衆の祖国防衛の戦闘意欲とでは、雲泥の差がある。テロの銃弾の犠牲となった安倍晋三元首相と、アフガニスタンで六二万人もの命を救ったと言われる中村哲医師とでは、活動意欲の源泉という一面だけをとりだすと共通性を認めることができるが、その質的差異、能力的異質性を不問にするわけにいかない。サラ金業者のお抱え弁護士であった橋下徹元大阪府知事と、全国ヤミ金融対策会議代表及び反貧困ネットワーク代表として知られる弁護士・宇都宮健児元都知事選候補者とでは、(私にいわせれば) スッポンと月の差異といってよいほどの違い、水と油の関係ほどの差異がある。

このような諸個人間の差異や異質性をとりあげた「意欲の源泉論」に達しえないでは、人間発達と結びついた意欲論とはなりえない――これが先の仮説「意欲の二大源泉論」を補う結論となる。「意欲」が万人に妥当する普遍的な「人格的機能」にかかわる問題であったとすれば、意欲の質やその発揮領域、専門性にかかる問題は、等式「人間＝人格＋能力」を用いて言えば、「能力」に結びついた問題である。この能力は、労働能力、学力、身体能力、競走能力、知的能力、認知能力、語学能力、戦闘能力、歌唱能力、作曲能力等々、多岐にわたって発揮する人間に固有な具体的な諸能力をさす。これらの様々な専門的諸能力を万人に共通な人格的機能とあわせてとりあげないでは、「人間発達論」としては十分であるとは言えない。本論では、この「能力」面での発達をコミュニケーション的理性概念を通じて検討する。コミュニケーション的理性概念を設定して意欲の源泉を、人格・能力の両面から捉えなおしてみよう――これが読者に対する「はじめに」のメッセージである。

第1章　人間発達と独立した人格の形成・確立

はじめに――出発点としての人格と能力の範疇的区別

経済学で人間の発達を考える場合、その出発点は「人格と能力の範疇《はんちゅう》的区別」におかれる。もちろん、現実に生きている諸個人は、人格と能力をまるごと一体化した人間（human）である。たとえば、プロ野球スターの大谷翔平選手は投手としてマウンドに登るときも、打者としてバッターボックスにたつときも、その人格と能力を一体化して活躍しており、現代日本の岸田文雄首相も同様に、戦後安保政策の転換を意味する大軍拡を国会で演説するときも、出身地の広島において「核軍縮」を口にするときも、同じ人格・能力の保持者として、語っている。つまり、この世に生きる実際の諸個人は、人格・能力の両面を統一・融合して生活しているのである。

したがって、現実に存在している個々の人間は、いわば「人間＝人格＋能力」の等式関係のもとで生きているのであって、生身の人間の内部にあっては人格と能力は不可分一体の関係にある。つまり、人格と能力の区別とはいっても、両者の区分はあくまでも社会的範疇としての区別にすぎない。社会的範疇としての区別とは、大谷・岸田両氏の例でいえば、両氏以外の人々、つまり私たち世間一般の人々は、両人の人格と能力とをそれぞれ違ったものと理解し、評価しているということである。

ヒトラーやプーチンを引き合いにすると、現代社会において、仮に彼らの「独裁的政治家としての能力」を認める人がいるとしても、その人格を肯定的に評価する人は、まずいないだろう。

　このように、経済学が「人格」と「能力」とを社会的範疇として区別するのは、人格概念を「社会的諸関係のアンサンブル」として把握する視点に依拠するからである。かつて若きマルクスは「フォイエルバッハにかんするテーゼ」（走り書きのメモ）の一節で、「人間的な本質は個々の個人に内在する抽象物ではない。それは、現実においては、社会的な諸関係の総和《アンサンブル》である」と書き残したが[1]、この視点による人格規定（人格＝社会的諸関係の総体）に立脚した時に、人格と能力の範疇的区別が導き出されるのである。範疇的区別（カテゴリー的区別）という言い方はいささか難解な表現であるが、その意味は、さほど難しいことをさしているわけではなく、私たちが実際の社会生活において、日常茶飯におこなっている人物評価のことを言ったものにすぎない。たとえば、世間では「Aさんは、仕事上の専門的な能力の点では、非常に優秀だが、人格面では欠点の目立つ人物だ」とか、「Zさんは、人格的には尊敬に値する人物だが、仕事上の能力の点では、イマイチだな」といった具合に、人格概念と能力概念を使い分けている。もちろん、AさんもZさんも、一個の独立した人間としては、人格も能力も一体化して生活しており、その点では先述の大谷・岸田両氏といささかも変わりはない。

　いまでは当たり前の、こうした「人格」と「能力」の社会的区別は、歴史的に見ると、そう古くからおこなわれてきたことではなく、比較的新しい時代の産物である。大づかみにいえば、人格・能力の区別は近代社会以降に進行してきたこと、そして、この区別が社会的に定着するのは資本主義になってからである、といってよい。近代以前の封建制社会では、人格と能力とは区別されるのではなく、両方が込みにされ、「身分」のもとに一括されていたのである。封建制下の「社会的諸関係の総体《アンサンブル》」は身分であった。だが、資本主義はこの身分制の解体に向かう。資本主義下の「社会的諸関係の総体」は「身分」ではなく「階級」であり、社会の圧倒的多数を占める労働者の人格（person）は労働者階級ないし賃労働者となる。資本主義は過去の身分制的社会関係を解体し、新しい階級関係に置き換える過程で労働者階級を出現させた。この近代的労働者階級の登場こそは、「人格と能力の範疇的区別」を現実化したのである。

それゆえ、人格と能力の区別を出発点にして人間の発達を考えていくためには、まず、資本主義のもとでの労働者階級の歴史的特質の検討から始めなければならない。

1　資本主義のもとでの労働力商品化の画期的意義

労働力商品化とは何を意味するか

常識的にみて区別される人格範疇と能力範疇というのは、具体的イメージでいうと、人格（person）とは人柄、人間性、キャラクター、品格、気質、社会性、世界観などにかかわる概念であり、能力（ability）とは労働能力、運動能力、知力・学力、スキル、研究能力等の具体的活動能力をさす概念である。後の議論のために一言だけ追加しておくと、「意欲にあふれる」とか「協調性がある」・「誠実性に富む」といった性質は人格面の特性、これにたいして「記憶力がよい」・「理解力が高い」・「道具を器用にこなす」といった特性は能力面にかかわる評価である。両者の範疇的区別をもう少し深く理解するためには、人格・能力両概念にわたる理論的で厳密な分析が必要であるが、それは後回しにして、さしあたりここでは、このような常識的・具体的イメージによる区別だけで十分である。

近代労働者の「人格」と「能力」が区別されるようになったのは、資本主義が労働力の商品化を進めたからである。労働力の商品化とは、労働者の「労働能力」をその「人格」から切り離し、商品として市場で売買することである。この場合の市場とは労働市場をさし、そこでは、労働者（人格）が労働力商品の売り手となり、資本家がその買い手となる。資本家が労働力商品の買い手として登場するのは、労働力商品がその他の商品とは異なる特殊な性質をもっていることによる。

労働力商品の特殊性は、「その使用価値の消費がその商品に含まれる価値以上の価値、すなわち剰余価値（＝利潤）を生みだす」という点にある。食料や衣服、家具等の一般の商品は、それをどのように消費しようとも、その使用価値が新しい価値を生むことはなく、有用な役立ちを発揮するものの、価値の方は消耗されるだけに終わる。つまり、一般の商品交換は等価交換の原理で終始し、新たな価値を生み出すことはない。ところが、労働力という商品だけは、その具体的有用性（使用価値）を消費すると――すなわち労働能力を活用し、働かせると――、その対価として支払われた労働力の価値（＝賃金）以上の剰余価値を資本にもたらす。この剰余価値の取得を狙って資本家は労働力商品を買うわけである。したがって、労働力商品の売買は、その他の商品と同様に、交換価値の取引としてはあくまでも等価交換の原理にそって進められるが、買い手の側の資本は支払った価値以上の新価値を得て増殖する、という帰結をもたらす。資本主義の最大の特徴は、労働力商品の等価交換によるこの資本の価値増殖に求められる（換言すれば、形式的には等価交換による、実質的な不等価交換＝搾取にある）。

以上は、資本主義が労働力の商品化を押し進めることを簡単に説明したものであるが、いまここであらためて確認すべきことは、さしあたり二点ある。

労働力商品化による賃労働者の人格的独立・自由

第一は、資本主義の世界史的、時代的意義は、この労働力の商品化に求められるということである。マルクスは、この点を『資本論』でこう述べている。まず「資本は、生産諸手段および生活諸手段の所有者が、みずからの労働力の売り手としての自由な労働者を市場で見いだす場合にのみ成立するのであり、そして、この歴史的条件は一つの世界史を包括する。だから、資本は、最初から社会的生産過程の一時代を告示する」（傍点引用者）と指摘し、さらに再版では「第二版への注」をつけ加え、念を押すようにして、「それゆえ、資本主義時代を特徴づけるものは、労働力が労働者自身にとって彼に属する商品という形態を受け取り、したがって彼の労働が賃労働という形態を受け取る、ということである」と指摘している。[2]

マルクスがここで強調していることは、資本による労働力の商品化の「世界史的画期性」、「時代的特質」であり、「労働力の売り手としての自由な労働者」の生誕・出現の歴史的意義である。言いかえると、労働者が自らの労働力の売り手としてではあっても、他ならぬ「自由な人格の持ち主」として社会の舞台に現われるのは、資本主義において初めて起こったことだ、ということである。世界史上、勤労する階級に自由な人格が認められるのは、資本主義社会になってからのことなのである。

念のために述べておくが、「労働力の商品化」とは「人間の商品化」ではなく、まして「人格の商品化」を意味するものではない。人間を商品化し、市場で売買するのは奴隷制であり、「商品化された人格」とは奴隷に他ならない。資本主義のもとでの「労働力の商品化」が生み出すのは賃労働であり、その限りで、賃労働は「人格の商品化」の産物である奴隷とは対極的な位置に立ち、正反対の性格をもつ（「賃金奴隷制」とは、資本主義が「労働力の商品化」を超えて、絶えず「人格の商品化」にまで突き進む衝動に駆り立てられ、また奴隷制化に走る本性から逃れられない結果生まれる事態を比喩《ひゆ》的に表現したものにほかならない）。

さらに、「労働力商品に対する支配」は、「人格に対する直接的支配」とも区別される。人格に対する支配が生み出すものは隷属的身分であり、労働力の商品化による賃労働階級ではない。近代の賃金労働者は、「労働力は売るが、人格は売らない」という意味において、過去の奴隷とは区別され、「売った労働力は資本によって支配されるが、直接人格まで支配されるのではない」という意味において、封建制下の身分とは違うのである。

このように、賃労働者の人格と労働能力が社会的に分離され、彼らが「自由な人格の持ち主」として歴史の主役を演じることになったこと、これは資本主義がなしとげた刮目《かつもく》すべき成果であった。ここでは、世界史上初めて、人格範疇が能力から社会的に分離され、その資質・属性や能力の違いをとわず、互いに自由・独立・平等な社会関係のもとに置かれる。これによって、近代社会の市民的自由・平等は普遍化され、老若男女を問わず、人格的独立性の理念が万人に適用される歴史の口火が切られることになったのである。

ここからたとえば、能力的には未成熟な子どもの人格も成人と同様に取り扱われ、承認されるようになったし、家父長制下において人格的に差別・冷遇されてきた女性もその人格的独立性を認められるようになっていくのである。もちろん、労働力の商品化による労働者の人格的独立性の承認が、ただちに、万人の人格的独立・自由をもたらしたというわけではない。女性や子どもの人格権が確立するようになるには、労働力の商品化以降、長期にわたる歴史的試練・訓練の時期が必要であった（これはジェンダー平等や子どもの権利の追求にみるように現在もなお進行中である）。ここでは、その経過は省略するが、いまではひとまず、老若男女の人格に差別はない、というのが社会的常識ないしコモンセンスになったといってよい（一部の時代錯誤的右翼の動向は「常識外れ」としておく）。

現在では、女性や子どもに対する家庭内の虐待（ＤＶ　domestic violence）は、女性・児童の人格に対する虐待とみなされ、ＤＶは人格を暴力的に蹂躙《じゅうりん》するものとして許されざる行為になった。これは、家父長制や親権のもとにあって、昔流にいえば、一人前扱いされなかった女《おんな》・子どもが、独立した人格の持ち主であることを社会全体が承認するようになったからである。障害者についても同じである。戦後間もない頃まで、不妊手術の強制が許容・黙認されていたのは、なぜか。障害者を独立した人格として認めていなかったことによる。最近のＬＧＢＴＱの人格権に関しても同様である。生得的・後天的な能力・属性・素質等の違いのいかんをとわず、人格の独立・自由・平等性が万人に認められ、保障されるようになる歴史上の起点は、資本主義による労働力商品化に求められるのである。こうして労働力商品化は現代に通じるきわめて貴重な歴史的遺産を残した、といってよい。

市民的人格を受け継いだ労働者の人格的独立・自由

とはいえ、ここで注意しておくべき第二点目は、労働力の商品化それ自体は、人格的独立性の確立を（主）目的にしたものではなかった、ということである。資本による労働力の商品化が直接に意図したのは、労働者を「自由な人格の持ち主」にすることではなく、労働者の人格から労働力を切り離し、購入した労働力の消費から剰余価値を取得することにあった、つまり労働者の人格から労働力を切り離し、その能力の利用によって剰余価値を搾り取る（ausbeuten）点にあった、ということである（ドイツ語のAusbeutungには搾取という意味と、開発〔英語のdevelopment〕の意味があることに注意されたい）。資本による労働力の商品化が直接に呼び起こしたことは、労働者の「人格」と「能力」との社会的分離であり、労働者の「人格」とは、労働能力を売り渡した後に残存するいわば「残り物」のような性格をもって、労働者自身のものになったのである。

少し横道にそれる話になるが、日本の教育基本法は「教育の目的」として「人格の完成」を謳っている（この点は、二〇〇六年改正後の新基本法も戦後間もない時期に制定された旧法も変わりがない）。ここでいう「人格の完成」とは、その原案作成時（一九四六年九～一一月）には「人間性の開発」だったという。[3] つまり、教育基本法制定時の「人格」とは「人間性」とほぼ同義の言葉であったらしい。「人格＝人間性」という語用法の時期の戦後日本にあっては、本書の関心に引き寄せていうと、労働力の商品化のもとでの「人格と能力の社会的分離」が十分に理解されていなかったといってよい。人格と能力とは未分離のまま、融合され、「人間性＝人格」の等値関係のもとにおいて把握されていたのである。これは、人格と能力が分離されないまま、個々の人間がまるごと一括され、「身分」として評価されていた時代の名残りを示すものであった。

これに対して、労働力の商品化が呼び起こしたことは、労働者を「人間（性）＝人格＋能力」と再定義し、彼らを人格・能力の二要素の全一体（統一体）に置き直して捉える見方である。いま大胆に端折っていえば、資本主義以前の過去の封建制期には「人間（性）＝身分＝人格」の等式的社会関係が支配的であったが、この関係を資本主義は「人間＝人格＋能力」の形態に転換したのである。ただし、資本による労働力の商品化が、その当初、直接に呼び起こしたことは、生身の人間から労働能力を引き剥《は》がして商品化し、労働者の手元にいわば人格を残しておくといった関係であったから、彼らが手に入れた人格とは、あたかも「人間性－能力＝人格」の引き算による人格にすぎなかった。この引き算の意味することは、くだいていうと、「まるごとの人間個々人」から「その人物の諸能力」を差っ引いたものが、その人間の人格に当たるということである。

「人格＝人間性－能力」という引き算によって成立した人格概念は、その意味内容はいかにも曖昧《あいまい》である。人格的独立性の承認といっても、それは各自の人格は相互に独立したものであるという「形式的＝消極的承認」に過ぎず、いったい人格（person）とは何を意味するのか、諸個人の独立性（independence）の具体的内容は何をさすのかは、曖昧なままに成立したものにすぎなかった。

ちなみに、英語で言う個人（individual）は、「不・無（in）」と「分割可能（dividual）」の合成語であり、その具体的意味は「これ以上分割不可能な単位」としての「個」をさしたものであり、そこから、社会（共同体）を分割・分解していって最後に残る単位＝個体、すなわちこれ以上は分割不可能な単位として残る個人を意味するようになったものである。これに対して人格（person）は、比較的よく知られているとおり、近代以前の共同体社会における仮面を意味したラテン語ペルソナ（persona）に由来する。つまり、さまざまな社会部面において、諸個人が自己を対外的に表現するために用いた仮面・仮装、これがもともとの人格の意味であった。したがって、労働力の商品化がもたらした人格的独立性とは、その当初は、労働者各自が、これ以上には分割不可能な単位としての個体＝個人の人格的独立性を表わす仮面をつけて市場に現われる、ということを意味するものにすぎなかったといってよい。

さまざまな人間が、これ以上には分割できない単位としての個体＝個人として、社会の場にあらわれるのは、共同体の外部において、あるいは共同体の崩壊後である。共同体が強く根を張った世界では、これ以上に分割不可能な単位は（個人ではなく）共同体であって、諸個人はその共同体内部に埋没していたのである。だからこそ、人格（person）は仮面、外面《そとづら》であり、共同体から独立した個体、すなわち独立・自由な形態の個人を意味するものではなかったわけである。

では、「分割不可能な単位としての個体＝個人」が共同体の外側の世界において、歴史上登場するのはいつからか。通説では、それは市場社会＝市民社会の形成以降のことである。この場合、市場社会は商品社会と同義であり、人間の生存に不可欠な主要生産物（財・サービス）を商品として生産し、売買する社会のことである。かかる商品社会は、一言でいえば「私的所有プラス社会的分業」によって形成される社会関係の総体にほかならない。これが市民社会と言いかえられるのは、市場社会の担い手が商品生産・所持者であり、その典型的で最も単純な形態が独立自営業者、すなわちプチ・ブルジョアジー（小市民）だったからである。

市民は、自由・独立な商品所有者として、市場社会を形成する。この近代的市民の独立性の基礎は、かつてJ・ロックが説いたように、自己の労働にもとづく財産（＝商品）の所有であり、人格的自由の基礎は財産取引の自由にあった[4]。すなわち、近代的市民は、「自己労働に基づく私的所有」を社会的基礎にして、人格的自由・独立を我がものにし、近代の市民社会モデルを築いたのである（近代的市民のこの「自己労働に基づく財産所有を社会的基礎にした人格的独立」は、続いて議論する近代的賃労働者の人格的独立性の社会的基礎がこれとは異質なものであるから、ここで記憶にとどめておいていただきたい論点である）〈補注〉。

〈**補注**〉　上記の「個人」と「私人」との違いについて一言説明を加えておくと、私有財産（private property）の私的（private）の語源が「奪う、私略する」の意味のラテン語（フランス語の priver）に由来しているように、私有財産とは、そもそも「共同財産＝公共財産」から個人が奪い取ったものを意味する。たとえば、現在でも private room（私室）は、共同の空間（たとえば家族共用の住宅）から奪い取った個人専用の部屋を意味しており、デパート内や新幹線車中で private と記された部屋（空間）は従業員専用（独占）の場所をさし、その他の部外者は立ち入り禁止となっている。私的所有とは、その外部にある者を排除し、立ち入り禁止にする物質・空間等を意味しており、「私的なもの」は「公的なもの、共同的なもの」とは反対の、公的権力や共同体的介入の禁止領域をさしたものなのである。これに対して、「個人」は共同的なものを排除するものではなく、共同体と併存する。したがって、私的所有に基礎をおいた独立・自由とは、公的権力から自由放任された市場取引の自由を意味することになる。

資本主義社会の賃労働階級は、彼らに先行する市民から、形式のうえでは、この商品所持者の自由・独立を継承し、自らの人格的自由・独立をものにした。とはいえ、いまここで重要な点は、近代的市民と労働者階級とでは、形のうえでは同じ人格的独立・自由を有するとはいっても、その社会的基礎において大きな違いがあったということである。一口に人格的独立・自由といっても、その成立基盤に違いがあれば、自由・独立の内実が異ならざるをえない。すなわち、自由・独立の具体的な意味内容に質的な差異が生まれるのである。

あらかじめ、両者の違いの要点を述べておくと、近代市民と労働者階級の差異は、①前者は自己の労働にもとづく財産を所有するのに対して、後者の所有物は私有財産ではなく自己の労働能力のみであること、②同じ商品の売買といっても、一方での私有財産の売買と他方での労働力のそれとでは質的な差異が生まれることである。こうした違いが生まれるのは、労働力の商品化が「二重の意味での自由」の産物として、半ば強制的に進められたことによる。そこで、私たちも、「二重の意味での自由」をつくりだした資本の本源的蓄積に目を向けておくことにしよう。

2　「二重の意味での自由」のなかの絶対的貧困

「共同体からの自由」と「財産からの自由」の「二重の意味での自由」

「二重の意味での自由」とは、労働力の商品化の必要・前提条件を述べたものである。『資本論』は、その内容を説明して言う。「ここで、自由な、と言うのは、自由な人格［freie Person］として自分の労働力を自分の商品として自由に処分するという意味と、他面では、売るべき他の商品をもっておらず、自分の労働力の実現［Verwirklichung］のために必要ないっさいの物から解き放されて自由であるという意味との、二重の意味で、自由な、ということである」（『資本論②』二九五ページ）。

念のために、この指摘の含蓄を確認しておくと、ここで「自由」の言葉に込められた意味内容は文字どおり「二重」である。

〈注記：以下、『資本論』からの引用は、本文中に日本共産党中央委員会社会科学研究所監修『新版資本論』（新日本出版社）の分冊、ページのみを記して示す〉

まず、第一の自由とは、労働者が自分の労働力を自由に処分できる人格的自由を持っているということである。この場合の人格的自由は、労働者が過去の奴隷的隷属や身分的従属から解放され、先述のとおり、形態的には近代的市民と同じように、共同体に埋没していた拘束的状態から自由になる、ということを意味する。労働力を商品化するために人格的自由が必要になるのは、自分の労働力を商品として自由に処分するには、他の商品所持者と同じように、自由な人格の持ち主でなければならないからである。この事情を『資本論』は、「労働力の所有者が労働力を商品として売るためには、彼は、労働力を自由に処分することができなければならず、したがって自分の労働能力、自分の人格[Person]の自由な所有者でなければならない」と説明している（『資本論②』二九二ページ）。

自分の労働力を商品として処分できる自由とは、言いかえると、「共同体からの自由」を意味する。この「共同体からの自由」による人格的自由の創出は、資本主義の母国イギリスでは、農村におけるエンクロージャー（土地囲い込み）に代表される資本の本源的蓄積過程において、暴力的に遂行された。農民は、「共同体からの解放」というよりも、むしろ「共同体からの追放」と呼ぶべき暴力によって、ただ自らの労働能力を商品として売るほかには生きるすべのない賃労働者に転化していったのである。自らの生存のラスト・リゾート（最終的拠り所）として、共同体に生活基盤を持たない階級の出現は、近代の労働者階級が初めてである。独立自営業者による市民社会、近代の都市社会は、人格的自由・独立の市民の集合体であったが、市民生活を維持するための何らかの形態の共同体をラスト・リゾートとして保持していた。

それは、近代の都市といえども、個々バラバラの市民の弱さや独立自営業の低い生産力を補完するために、共同体の力が不可欠だったからである。自由な市民をモデルにした近代市民社会は、独立・自立した市民の自由な連合であったわけではなく、個々に独立した個人の弱さをカバーする共助・協働、共同財産など、現代日本風にいえば「共助・連帯のコミュニティ」の支えを必要とし、またそれに依拠してきたのである。だが、近代の労働者はそうはいかなかった。彼らは共同体から追放・排除され、生活保障のラスト・リゾートを奪われ、その犠牲のうえで「人格的自由＝共同体からの自由」を手に入れたのである。つまり、共同体のセーフティ・ネットを失ったいわば裸の個人として独立性を手に入れたのである。

話を一歩進めて、「二重の意味での自由」の第二番目の自由は、「共同体からの自由」に対比して言うと、「財産からの自由」である。近代の賃労働者は、労働力以外には、商品として売るべき財産を持たず、一切の生産・生活手段の所有からフリーになった（見放された）人格である。独立自営の近代的市民と違うのは、彼らが持ち合わせる「労働にもとづく財産」および「財産獲得のための諸手段」、すなわち生産手段を所有せず、先述の『資本論』がいう「自分の労働力の実現のために必要ないっさいの物」から自由にされている、という点にあった。賃労働者が、一般の商品所持者と同じ人格的自由を持つといっても、売り物がただ自分の労働力以外には何も無い場合には、商品の自由な処分権とはいっても、きわめて限られた自由でしかない。生活のためには唯一の商品である労働力を売るほかはないわけだから、この場合の人格的自由は形式的・消極的なものに過ぎない――これはおよそ自明であろう。

マルクスは、「共同体からの自由」によって生活の最終的な拠り所を失い、売るべき商品として労働力以外には何も持たない「財産からの自由」の状態におかれた労働者の貧しさを、「絶対的貧困」と呼んだ。[5]「絶対的貧困」の反対にあたる言葉は「絶対的富裕」または「絶対的豊かさ」になるはずである。この場合の「絶対的豊かさ」は「人間的富＝諸能力の実現」を意味する。

マルクスが「絶対的富裕」の対極に位置する概念として、「絶対的貧困」の概念を「二重の意味での自由な労働者」に適用したのは、彼が真に「人間的な富」を「人間的諸能力の実現」とみなし、生産手段を剥奪《はくだつ》された労働能力を自己実現の条件を持たない単なる潜在力、可能性にとどまると把握したからである。労働能力は、あたかも母体の胎内で産声をあげる時を待つ胎児の生命力のような、人間の内奥に息づく精神的肉体的諸力の総体であるが、実際に誕生のための諸条件から切り離されたときには、「絶対的貧困」の状態にとどまる。マルクスは、人間的富の精髄を精神的・肉体的諸力の総体とその発揮・実現に求める視点から、生産手段から自由になった労働者の状態を「絶対的貧困」と呼んだのである（後の議論のために、一言追加しておくと、「絶対的貧困」の否定から生まれる労働者の新たな可能性は「普遍的発達」ないし「全面発達」の潜勢力となる）。

人格と能力の社会的分離と機能的一体性との間の矛盾

「絶対的貧困」下の労働者の人格・能力に関して、ここでひとまず、これまでに見てきた点を小括しておくと、要点は二つに分かれる。

まず第一は、社会的諸関係の総体としての人格の自由・独立性を普遍化したのは、資本主義のもとでの労働力の商品化であり、その労働力商品化は「二重の意味での自由」の産物に他ならなかった、ということである。ここで成立する近代的人格の範疇内容は、キー概念でいえば、「独立性」にあるといってよい。なぜなら、労働力の商品化によって生まれた人格範疇は、従来なら共同体に埋没していた人間が市場社会における独立した個人としてあらわれ、同時にまた、過去の身分制によって拘束されていた個人が労働者階級を構成する独立した人格としてあらわれた時に成立したものだったからである。この人格的独立性は、「二重の意味での自由」と不可分の関係にあったから、人格的自由・独立性と言いかえることもできるだろう。

第二は、労働者人格の自由・独立性は労働力の商品化による「人格と能力の社会的＝範疇的分離」がよびおこしたものである、ということである。ここで人格概念と能力概念の区別を「社会的＝範疇的分離」と表現したのは、本章「はじめに」でも述べたように、人格・能力の両者は現実の生きた個々人の内部では不可分一体の関係で統一され、機能的にも融合しているからである。人格と能力の相対的区別はあくまでも社会的なものであり、概念上の区別にすぎない。社会的諸関係の総体としての人格を、アウトサイド（社会面）からみると「能力とは区別された人格」が問題になり、したがって個々人の諸能力とは切り離された人格的自由・独立性が主題になるのに対して、インサイド（内面性）からみると、両者の機能的統一、すなわち人格的機能と諸能力との区別と連関、一体的関係が主題になる、ということである。

ここで、以上の二点をあらためて取りだしたのは、一方での「人格と能力の社会的・範疇的分離」と、他方での具体的人間内部における「人格的機能と諸能力の機能的一体的関係」との間には、一種の衝突・軋轢《あつれき》・矛盾が生まれるからである。両者間に軋轢・矛盾が生まれるのは、「種々の人格的機能」と「様々な人間的諸能力」とは、そもそも人類史の開始以来、具体的機能面からみれば、不可分一体の関係にある（この論点については後章で詳述）、ということによる。言いかえると、人格・能力の「社会的分離」は歴史的なものであるが、その「機能的一体性」は歴史貫通的＝超歴史的なものである。そのために、人格・能力間の「社会的分離」と「機能的一体性」の両者からは軋轢・矛盾が生じる。だが、この軋轢・矛盾は、一種の衝突力の意味をもつから歴史を前進させる原動力ともなる。これをいま二点にわけて考えてみることにしたい。

私有財産から自由時間への人格的自由の社会的基礎の転換

第一は、賃労働者の人格的自由・独立の社会的基礎、依拠すべき基盤が、近代的市民（小商品生産者）のそれとはまったく異なる、ということである。賃労働者と市民の両者に共通するのは、人格的自由・独立の社会的基礎が商品の所有にある、という点にあった。端的にいうと、賃労働者の商品は労働力であり、市民の商品は労働生産物である。両者は商品所持者という面では共通しているが、その商品の性格は異質である。両者の違いは、賃労働者の商品は労働力だから、それを資本に売ってしまえば、自由・独立の土台・基礎を失ってしまうが、市民はその労働生産物を商品として販売したあとでも、なお、手元には生産手段と労働能力が所有物として残り、人格的自由・独立の基礎は保持されているという点にある。たとえば、独立自営農民は自ら生産した穀物を売ったからといって、土地を手放すわけでもなく、また穀物の生産に要する労働能力を失うわけでもない。

労働力を唯一の商品とする賃労働者は、その処分権を一年三六五日、一日二四時間のあいだ、一括して資本に売ってしまえば、人格的自由・独立性をまるごと手放すことになるから、これは奴隷に逆戻りするのに同じことになる。だがしかし、繰り返して強調しておきたいと思うが、賃労働者の人格（＝社会的範疇としての人格）は、近代市民のそれと同じく、あくまでも「独立・自由な人格」であって、決して奴隷ではない。独立・自由な人格が同時に奴隷である、というのは矛盾である。賃労働者が独立した人格でありながら、同時に労働能力の処分権を一年三六五日、一日二四時間、まるごとにして売ってしまえば奴隷である。この矛盾を打開するには、「労働力の所有者がつねにただ一定の時間を限ってのみ労働力を売るということが必要である」。なぜなら、「ひとまとめにして全部一度に売り払うならば、彼は自分自身を売るのであって、自由人から奴隷に、商品所持者から商品に、転化するからである」（『資本論②』二九二ページ）。

賃労働者が、たとえ自らの労働力を商品として販売するにしても決して奴隷に零落することなく、一般の市民（商品所持者）と同様に、独立・自由な人格を維持し続けるために必要なこと、その最低限の要件に関する『資本論』の一つの結論は、こうである。「彼がいつでも一時的にだけ、一定の期間だけに限って、自分の労働力を買い手の自由な処分にまかせて消費させ、したがって労働力を譲渡してもそれにたいする自分の所有権は放棄しない」こと（同上、二九三ページ。なお、マルクスはわざわざ、全時間を譲渡することが人格を他人の所有に委ねることになる、と最初に指摘したのはヘーゲル『法の哲学』であると注記している。同上、二九三〜二九四ページ）、つまり時間決めで労働力の処分権を売ることである。

時間決めで労働力を販売するということは、賃労働者は労働力の処分権を資本に譲渡している時間、すなわち労働時間中は自由ではないが、それが終わったあとでは、自由になり、人格的独立性を取り戻すことができる、ということを意味する。このことは、賃労働者の独立・自由な人格は、資本によって支配・拘束された労働時間から解放された自由時間においてこそ確保されること、したがって彼らの人格的自由・独立性の社会的基礎は他ならぬ自由時間に求められる、ということを意味する。近代市民の自由・独立の社会的基礎は、自己の労働に基づく財産の所有とその自由な処分権にあった、ということはすでに述べたとおりであるが、賃労働者では、事態は一変し、自由・独立の社会的基礎は、財産所有にあるのではなく、自由時間の確保に移る、ということになるわけである。(6)

史上初めての意識的・計画的規制としての工場法の意義

労働者の人格的自由・独立性の社会的基礎は自由時間にある——しかつめらしくこう述べたからといって、現代の賃労働者にとっては、これは日常茶飯に体験するきわめて実感的なことであるにすぎない。一般のサラリーマンにとって、会社勤めの終わったあとの時間、残業から解放された時間、休日・休暇の時間こそが自分の時間であり、自由な時間である。この、いまさら指摘するまでもない常識的なことを、ここであらためて確認しているのは、資本主義の発生・誕生期には、これはなんら当たり前のことではなく、むしろ反対に労働時間は事実上無制限というのが常態であり、労働時間の取り決めなどはそもそも存在しなかったからである。

ちなみに、産業革命期一八二〇年代のイギリス綿工業では、一日の成人労働者の労働時間は一四時間、年少労働者のそれは一二時間半（食事時間一・五時間を含めると一三・五拘束時間）程度だったとされているが、それも厳格な法的制限のもとにおかれているわけではなかったから、事実上は、無制限というのが常態であった。そのうえ世間では、非労働時間は労働者に安息や自由を与える時間とはとらえられておらず、むしろ怠惰を助長するものとみなされていたから、労働から解放された自由時間を与えること自体が否定的に評価されていた。[7] 資本主義の形成期には、「労働者が販売する時間がいつ終わり、彼自身のものである時間がいつ始まるか」（「工場監督官報告書」の一節）はいわば未決の状態であり、一日二四時間のうち、いかなる時間帯が労働時間であり、いつ労働が始まり終わるのかは、何もルールがないというのが常態（ノーマル）だったのである。この「ルールなき資本主義」の初期状態から、一日の標準労働日を制定し、労働時間の始まりと終わりを明瞭にする工場法が生まれるのである。

工場法こそは、「社会が、その生産過程の自然成長的姿態に与えた最初の意識的かつ計画的な反作用」であった（傍点は引用者、『資本論③』八四〇～八四一ページ）。その工場法が生まれた事情を、『資本論』は次のように指摘している。少し長くなるが、「人間発達論的視点」からみれば『資本論』の中でも最も重要な箇所の一つであり、個人的好みで言えば筆者の好きな一節でもあるので、そのまま引用したいと思う。

「労働者が自分の労働力を資本家に売るときに結んだ契約は、彼が自分自身を自由に処分するということを、いわば白い紙に黒い文字で書きとめたようにはっきりと証明した。取り引きが終わったあとになって、彼は『なんら自由な行為者ではなかった』こと、彼が自分の労働力を自由に売る時間は、彼がそれを売ることを強制されている時間であること、実際に、彼の吸収者は『一片の筋肉、一本の腱、一滴の血でもなお搾取することができる限り』手放しはしないことが暴露される。自分たちを悩ます蛇にたいする『防衛』のために、労働者たちは結集し、階級として一つの国法を、資本との自由意思による契約によって自分たちとその同族とを売って死と奴隷状態とにおとしいれることを彼らみずから阻止する強力な社会的バリケードを、奪取しなければならない。『譲ることのできない人権』のはでな目録に代わって、法律によって制限された労働日というつつましい〝大憲章〟が登場する。それは『労働者が販売する時間がいつ終わり、彼自身のものである時間がいつ始まるかをついに明瞭にする』」（『資本論②』五三二ページ）

いまここで、工場法に関するこの『資本論』の一文から読み取るべき論点は、三つある。第一は、労働日の制限を資本に強制し、「労働時間」と「非労働時間」の区別を明確にした工場法は、労働者階級が奴隷状態に陥るのを防ぐバリケードの役割を果たすものであったこと。第二は、労働者階級は工場法による労働日の制限によって史上初めて、その人格的自由の社会的基礎となる「自由時間」を獲得することになったこと。(8) 第三は、工場法は生産過程の自然発生的形態に加えた世界史上初めての意識的・公的な規制であったこと。マルクスは、これら三点において、工場法の持つ意義をきわめて高く評価したのである。

私は、先に、人格と能力の社会的区別は、資本主義のもとでの労働力商品化の歴史的産物であり、資本主義の世界史的偉業の一つであると指摘したが、労働力の商品化自体は、まだ能力とは区別された労働者の人格にただ「自由・独立の形式（形態）」を与えたにすぎなかった。だが、人格的自由・独立の形式だけを与えられた労働者は、その労働能力を資本によってむさぼられ、消費されている間は、実質上、奴隷状態におかれているに等しい。労働力の商品化は、それがスタートした瞬間から、独立・自由をめぐるこの「形式・実質間の対立・矛盾」、つまり「独立・自由な労働者という形式」と「奴隷状態に陥る労働者の実質」の間の矛盾を呼び起こすのである。

この形式・実質間の矛盾は、資本自体が生み出した矛盾であり、資本主義社会のルールにそって「解決」されなければならない。ここで、社会は「独立・自由の形式」をとるか、「奴隷状態の実質」をとるかの選択に迫られる。いずれが選択されるか。言うまでもなく、社会が優先したのは「形式」の保持であり、いまさら「実質」を選択して奴隷制に舞い戻るわけにはいかない。「社会が、その生産過程の自然成長的姿態に与えた最初の意識的かつ計画的な反作用」としての工場法は、労働者側にある「自由・独立の形式」の力を生かし、「奴隷状態の実質」を防止するバリケードを築いたのである。言いかえると、「奴隷状態に陥る労働者の実質」の渦中から「独立・自由な労働者という形式」を救いだし、労働日を制限して（わずかながらとは言え）労働者に「自由に処分できる時間」を与え、独立した人格の社会的基礎づくりに着手したのである。

もちろん、労働日の制限によって人格的独立の社会的基礎が与えられたといっても、それはただちに人格的独立性のための盤石《ばんじやく》の堡塁《ほるい》構築を意味するものではなかった。資本側は、労働時間延長の巻き返し策にでるし、労働の強化・過密化によって、自由時間の形骸化、空洞化を押し進めようとする。人格的独立性の社会的基礎は薄っぺらなものにとどまり、到底、確固たる安定的な基盤になったとはいえない。人格的自由・独立の保障は、依然として形式的なもの、つまり法規上の「自由・独立の人権」にとどまり、自由時間の確保といっても、それがただちに実質的な人格的独立・自由の確たる土台を意味するわけではなかった。にもかかわらず、私がここで労働力の商品化による「人格的自由・独立の形式」と「人格的不自由・従属の実質」の間の対立・矛盾に注目し、強調するのは、資本の蓄積過程では、これに類する「形式・実質間の対立・矛盾」が繰り返しあらわれ、その打開をめぐる社会の運動が歴史を前進させる原動力になっていくからである。工場法は、この歴史の第一歩、原型を示すものにほかならなかった。

実際に、初期の工場法（一八三三年、四四年、四七年法）は、この「形式・実質間の対立・矛盾」に根ざし、労働者階級の人格的自由・独立性の内実を発展・拡充するための突破口を切り開いた。その第一歩は労働日の制限とともに児童・女性労働の制限に乗り出すこと、すなわち、男子成人労働者に比べ、人格的自由・独立の承認が大きく立ち遅れていた女性・児童の人権（＝人格）を社会の場に引き出し、明るみにすることであった。

女性と子どもの人格的独立性（＝人権）に向けた画期的第一歩

初期の工場法は、その内容を大きく分けると、①標準労働日の制定、②児童・年少・女性労働の制限・保護、③工場内の安全・保健・衛生条件の確保、④工場監督官（新しい公務員）の任命・配置、の四つを主要な課題にしたものであった。標準労働日の制定の意義に関してはすでに述べたとおりであるが、ここでは第二の児童・年少・女性労働の保護措置について、その意義を簡単にみておくことにしたい。

いまでは常識となっているが、近代の市民社会モデルでは、女性・子どもは成人男子と同様の市民権を有するものではなかった。たとえば、フランス革命時の「人と市民の権利の宣言」（人権宣言）は、その第一条で「人は生まれながらにして自由かつ平等の権利を有する」と謳ったが、この場合の「人」とは man（男）であり、woman は含まれていなかった。この「人間の権利」から子どもの権利が除外されていたことは指摘するまでもない[9]。

近代的市民権や人権宣言から女性・子どもの権利が外されていたのは、ごく簡潔にいえば、近代市民社会（ブルジョア社会）が、近代的家父長制の社会形態をとっていたためである[10]。近代家父長制のもとでは、過去の封建的大家族制度に典型をみる「家父長による家族構成員の支配」が継承される。家父長制一般は、「家長が家族構成員に対して支配命令し、後者が前者に服従する社会関係」と説明されるが[11]、近代家父長制でも、家父長が妻子の人格を支配する関係が成立する。

いまここで重要なことは、資本主義はその当初、基本的に、この近代家父長制を引きずったまま労働力の商品化を押し進めたという点にある。「資本のもとへの労働の形態的包摂」段階の労働力の商品化は、資本主義に固有な生産様式――その完成形態が機械制大工業――が確立する以前の歴史段階において、伝統的な手工業的生産様式を丸呑みするような形態で進められるために、近代家父長制もそのまま引き継がれるのである。ところが、産業革命期の機械制大工業段階の「資本のもとへの労働の実質的包摂」段階になると、労働力は機械の単なる部品となり、手工業では必要不可欠であった熟練、技能は不要となり、不熟練の女性・子どもの労働能力でも用が足せるようになる。そこで、労働力商品化の波は女性・子どもにまで及ぶようになる。ただ、ここで注意しておかなければならないのは、この労働力の商品化は、近代家父長制のもとでの妻子において起こる、ということである。家父長制下の妻子は、家父長の支配から独立した人格の持ち主とはみなされておらず、自分で自らの労働能力を販売するわけではない。子どもの労働力は、父親（親権）によって売られることになる。この事態をマルクスは次のように描いた（文中の子どもは、女性または妻と読みかえてもかまわない）。

「児童労働の採用によって、労働者は、彼自身の労働のかわりに彼の子どもの労働を、それゆえに彼の子どもを売る、つまり子どもで奴隷の商いをするところまで追いこまれる。こうして資本家と労働者のあいだの関係が本質的に変化する。というのは、いまや労働能力の買い手に相対しているのは、もはや、自分の労働の売り手ではなく、他人の労働の、つまり責任能力のない、また契約能力のない労働能力の売り手だからである。……この場合は、資本と労働のあいだの関係の特徴である契約の形式すら、つまり双方の競争者の形式上の自由すら欠いている。というのは、契約は子どもがするのではなく、彼らにかわって親がするのだからである」[12]（傍点は引用者）

ここで問題にされていることは、形態的にいえば、労働力商品市場における「人格的自由・独立の形式」と「人格的不自由・従属の実質」の間の対立・矛盾である。ただし、これは成人男子労働者の場合の矛盾、すなわち労働力商品化の進行過程で起こる「形式的自由・独立」と「実質的不自由・従属」の間の対立・矛盾と同じものではない。なぜなら、そもそも女性・子どもは、成人男子労働者とは違って、労働市場に入る前から独立した人格の持ち主ではなかったからである。彼らは「自由な取引当事者（agent）」として自らの労働力を販売する者ではなく、人格上の「形式的自由・独立」ですら持つものではなかった。女性・子どもは、のっけから家父長制下の不自由・非独立状態のままで、労働市場に包摂されたのである。

ひょっとして今でも、たかが昔の女《おんな》・子どもの話を大げさに言い立てることはない、と思う人がいるやもしれないので、念のために指摘しておくが、産業革命の真っ最中、工場法による労働日の制限や女性・児童労働の規制が課題になった一八三〇～四〇年代のイギリスでは、当時の最先端産業の繊維工業で雇用された労働者の七〇パーセント以上は児童・年少・女性労働者によって占められていた。児童・年少・女性労働に対して比較的厳しい禁止・制限・保護措置がとられるようになった一八七〇年代半ばでも、綿工業の労働者の四分の三は彼ら婦女子であり、男子成人労働は残りの四分の一に過ぎなかった[13]。しかも、年少・児童労働は、親が子どもを下請け代わりに使う、職人労働者が子どもを雇いあげて工場内で働く、親子・家族ぐるみで雇用される、という形態のもとで頻繁に行われていたから、労働現場には家父長制的関係がそのまま持ち込まれていた。さらにつけ加えておくと、一口に児童労働といっても、その子どもは四～五歳の幼児にまで及んでいた（レース業や麦稈真田《ばっかんさなだ》製造では二～三歳の幼児の賃労働が報告されている）。紡績・織布をはじめとする繊維産業の労働者の多数派はこうした「女《おんな》・子ども」であったのであり、児童・年少・女性の多数労働者は家父長制の軛《くびき》をはめられたまま工場で働いていたのである。

だが、こうした家父長制を引きずった児童・女性労働と、労働力の商品化のもとでの人格的自由・独立とは、明らかに矛盾する。これは家父長制と資本主義との間に生まれる矛盾・軋轢を物語るものだといってもよい。再び『資本論』の一節を引用しておくと、マルクスは次のように指摘している。

「機械はまた、資本関係の形式的媒介、すなわち労働者と資本家とのあいだの契約を根底から変革する。商品交換の基礎上では、資本家と労働者とは自由な人格として、独立の商品所有者として、すなわち一方は貨幣と生産手段との所有者、他方は労働力の所有者として、相対するということが、第一の前提であった。しかし、いまや、資本は、児童や未成年者を買う。以前には、労働者は、彼が形式的に自由な人格として処分できる自分自身の労働力を売った。いまや労働者は、妻子を売る。彼は奴隷商人となる」（『資本論③』六九五ページ。傍点は引用者）

家父長が奴隷商人のように妻子を売る――これは労働力商品の自由な取引関係が奴隷的売買関係に転換する一種の法律革命を意味する（『資本論』の言葉では「労働力の買い手と売り手とのあいだの法的関係における革命」）。この「法律革命」は家父長権に由来するものではあるが、その「父権濫用」による奴隷制の復活という事態は資本主義が呼び起こしたものである。かかる「家父による妻子の売買」という奴隷制的関係を阻止するには、まず妻子の人権を父権＝親権の支配下から救い出し、解放してやらねばならない。子どもの場合には、彼らの人格を親権が支配する世界からその外側に移すこと、つまり家父長家族から市民社会の場に引き出してやることである。これを担ったのが、工場法であり、幼い子どもの労働の禁止、児童・年少労働の制限は、親の支配から子どもの人格的独立性を――当面は少なくともその一部を――国法上の人権として認めることを意味した。

子どもの人格を親権の支配下から解放し、その独立性を法的に承認すること、これを『資本論』は

「児童の権利宣言」と呼び、当時の『児童労働調査委員会報告書』の一節、「親たちに、自分の子供たちをいくらかの週賃銀をたたき出すための純粋な機械にしてしまう絶対的権力をもたせてはならない」（『資本論③』八五五ページ）を引きつつ、こう指摘した。「事実の力は、ついに、大工業が古い家族制度とそれに照応する家族労働との経済的基礎とともに、その古い家族関係そのものを解体するということを、いやおうなく認めさせた。児童の権利が宣言されなければならなかった」（同前八五四ページ）。児童労働の禁止・制限について言えることは、子どもとともに家父長の支配下におかれていた妻・女性の労働の制限についても当てはまる。

工場法は、標準労働日の制定とともに、児童・女性労働の法的制限を通じて、それまでは家父長制のもとに閉ざされ、埋没していた子どもと女性の人格的独立性に、したがって彼らの人権に、たとえまだ形式上の第一歩であったにすぎなかったとしても、その社会的礎石《そせき》を築いたのである。工場法によるこの「児童・女性の権利宣言」は、女性および子どもの人格的独立性の社会的基礎が他ならぬ「人権」にあること、過去の市民的独立性の基礎が「財産」にあったのとは違って、「人間としての権利」にあるということを示すものであった。工場法による労働日の制限は、労働者階級の人格的独立性の基礎が「自由時間」にあることを示すものであったが、それに加えて、児童・女性労働に対する制限措置は、彼らの人格的独立性の社会的基礎が「自由時間プラス人権」にあることを示したのである。労働力商品化は歴史上初めて「人格と能力の社会的分離」を呼び起こすものであったが、それ以降、社会範疇としての人格の独立性は、各自の有する「自由時間＋権利」の水準に規定されることになっていくのである。

3　独立した人格の社会的基礎としての「自由時間プラス人権」

人格的自由・独立のためのバリケードとしての工場法

工場法制定の引き金になったのは、一九世紀前半の産業革命期におけるイギリス綿工業の児童・女性労働の「賃金奴隷的状態」、すなわち戦後日本の社会政策学会では「原生的労資関係」と呼ばれた「イギリスにおける労働者階級の状態」であった。原生的労資関係の特徴は、一方での労働力商品の売買における形式的には自由・独立の人格関係（労資関係）と、他方での労働力の担い手（労働者）側の実質的な人格的不自由・隷属とのあいだの対立・矛盾にあった。この矛盾は、資本主義がその初発において呼び起こした「形式・実質間の矛盾」と表現することができる。本書がこれまで問題にしてきたのは、「社会的諸関係の総体としての人格範疇」にかかわることだから、この矛盾は、資本主義のもとでの「人格的独立性の形式・実質間の矛盾」と言いかえられる。

労働力の商品化がその当初に呼び起こしたことは、「人格と能力の社会的分離」による労働者の人格的独立性の承認であり、労働者はこれによって歴史上初めて、形態的には「独立した人格」を我がものにすることができた。このことはすでに何度も確かめたとおりである。だが、この形式的には「独立した人格」が、労働力商品化の現実的進行のなかで陥った事態とは、独立・自由とは正反対の「実質的従属・隷属」という奴隷的状態であった。これが「人格的独立性の形式・実質間の矛盾」の正体である。工場法は、この矛盾を一時的・部分的に打開する国家の介入、ただし奴隷制に逆戻りする方向においてではなく、労働力の商品化の論理と整合性をもった形態で打開する「社会による意識的・計画的介入」であった。かかる工場法の成果は、あらためて確認すると、三点にまとめられる。

第一は、賃労働者の人格的独立性を保持するためのバリケードを築いたことである。彼らは独立した人格の持ち主として自らの労働能力を商品として資本に販売したが、原生的労資関係のもとでの無制限に近い長時間労働の野放し状態のなかでは、その人格的独立性を失い、事実上、奴隷状態に陥ることになった。さらに、近代家父長制下の女性・児童の「労働力商品化」は、「家父長が妻子を資本に売る」という奴隷的取引を復活させ、真っ向から、独立した人格相互の商品売買という形式を蹂躙する事態をよびおこした。これらは明らかに、労働力商品化の前提であった「独立した人格どうしの自由な商取引原則」に反しており、そこでは、売り手側の人格的独立性は実質上失われている。彼らが奴隷状態に陥ることなく、人格的独立性を保持していくためには、そのためのバリケード（社会的堡塁）を築いてやる必要がうまれる。工場法はさしあたり標準労働日の制定、女性・児童労働の制限等を通じて、その必要性に応じた。労働者階級は、工場法という社会的バリケードによって、その人格的独立性と発達のための社会的基礎として、新しく「自由時間＋人権」を獲得することになったのである。

ただし、念のために注記しておくが、産業革命当時の工場法が手がけた「自由時間＋人権」の保障という歴史的偉業は、ほんの第一歩、いわば萌芽段階の偉業を示すものにすぎず、労働者階級は、人格的独立性や人間発達に最低限不可欠な条件の一部を確保したにすぎなかった。とはいえ、千里の道も一歩からという。ここで、私が確かめておきたかったことは、この歴史的第一歩を『資本論』が見抜いていたということである。これは、マルクスの驚嘆すべき慧眼《けいがん》を示す一例である。

自由権から社会権への人権概念の転換の始まり

第二は、労働者が工場法で手に入れた人格的自由・独立性は、近代市民のそれと同一性（＝共通面）と異質面（＝断絶性）との両面を持ち合わせていた、ということである。ここで市民的自由・独立性とは、市民社会＝市場社会における商品保持者の自由・独立をさす。原生的労資関係のもとでの女性・児童は、資本主義が引き継いだ近代家父長制のもとにあって、そもそもこの市民社会における人格的自由・独立性を持ち合わせていなかったが、工場法は家父長制に介入し、女性・児童労働の制限を通じて、彼らに労働力商品の保持者としての人格的独立性――ただし、当面はその一部――を保障したのである。これは賃労働者と近代的市民の人格的独立性の同一性、共通面を物語る。標準労働日の制定を通じて、賃労働者の一日二四時間丸ごとの奴隷状態化、すなわち彼らの人格丸ごとの奴隷化を防止したのも、彼らに市場社会における商品保持者の人格的独立性を保障する意味を持ち、この市民・労働者双方の人格的独立性の共通面を物語っていた。

だが同時に、ここでは、両者の人格的独立性の異質面に目を向けておかなければならない。近代市民の人格的独立性の基礎は自己労働に基づく財産の所有、すなわち私的所有にあったが、他方の労働者の人格的独立性は「自由時間＋人権」を基礎にしたものであった。同じ人格的独立性とはいっても、市民のそれは「私有財産」、労働者のそれは「自由時間＋人権」を社会的基礎としており、独立した人格の拠って立つ基盤に目を向けてみれば、両者間には大きな質的な違いがあるといわなければならない。

イメージを鮮明にするために端折っていうと、私有財産を基礎にした市民の人格的独立性と、「自由時間＋人権」を基礎にした労働者のそれとの違いは、一方での財産＝お金の力（金権）をバックにした自由・独立と、他方での人間の権利（人権）で支えられた自由・独立との違いにあるといってもよい。「金の力による独立」と「人権の力による独立」とではまるで大違いである。この両者の差異は、国家権力と人格的自由・独立との関係における違いに照らしてみると、より鮮明になるはずである。

市場経済に根ざす市民的自由、すなわち私有財産に基礎をおいた人格的自由・独立性は、国家との関係で言えば、権力的干渉・介入を排除して成立する自由権のことである。たとえば、商取引の自由、営業の自由、契約の自由、居住・職業選択の自由等は、言論の自由や思想・信条の自由、教育の自由等と並んで、近代市民的自由の代表例であるが、国家との関係でいえば、これらの自由権は公権力の介入・干渉からの自由、すなわち「国家介入からの自由（free from the intervention of state）」として把握される。これらは「権力からの自由」という特質を持っているために、しばしば「free from 型自由」と呼ばれる。この自由は、公権力の干渉を受けないという意味では受動的であり、団結するとか、働く、学ぶ、教える、助けるといった「能動的・積極的活動の自由」とはいかにも対照的なために、「消極的自由」とも呼ばれる。要約すると、私有財産を基礎にした市民的自由は、公権力との関係でいえば、国家干渉からの「free from 型自由」であり、「消極的自由」であり、「自由放任型の自由」である。

だが、工場法が労働者に与えた「自由時間＋人権」とは、この「自由放任型の自由」のタイプではなく異質である。標準労働日の制定による労働時間の制限、したがって労働者に対する非労働時間＝自由時間の保障は、「権力からの自由」とは反対の「公権力の介入」によってなされたものである。ここでは労働力商品をめぐる取引の自由、契約の自由は、公権力の介入・干渉によって「free from 型自由」の性格を失い、「自由放任型の自由」から「公的規制・制限下の自由」に転化している。とはいえ、工場法によって手に入れた労働者の自由時間そのものは、権力が介入できない自由な時間、すなわち「自由放任型の市民的自由」と同質の性格のものでもある。春秋の筆法を用いていえば、労働者は「公権力の介入」（工場法）によって「公権力からの自由」（自由時間）を手に入れたのである。

一般に、市民社会＝市場社会に根ざす市民権は「自由権」と呼ばれ、国家権力の介入を伴う人権は「社会権」と呼ばれる。「自由権」の代表は、上記した「free from 型自由」・「自由放任型自由」であり、その具体例は売買の自由、契約の自由、言論の自由等である。「社会権」の代表は、憲法を引き合いにすると、生存権・教育権・労働権である。これらの社会権的人権の特徴は、その歴史的始原というべき工場法で見てきたように、その権利の実現のために公権力の介入を呼び起こすこと、つまり、人権が絵に描いた餅に終わることのないように、国民が国家に対してその公的保障を義務づける点にある。たとえば、生存権は生活保護制度、教育権は義務教育制度を国家に義務づける人権に他ならない。社会権的人権が、「free from 型自由」の「消極的自由」ではなく、「公権力の介入」による「積極的自由」と呼ばれるのは、自由権的人権の実質的保障、実効性を公的権力に義務づけているからである（ついでながら、「積極的自由」は、「free from 型自由」との対比では、「to do 型自由」と呼ばれる）。

その意味では、「自由権」と「社会権」とは概念上では異質であるが、対立的な人権であるというわけではない。なぜなら、社会権は「生存の自由」や「教育の自由」、「労働の自由」といった自由権の実現に公的保障を賦与《ふよ》し、実質化しようとするものだからである。社会権は、ただ公権力から自由に放任されたままでは、形骸化してしまいかねない労働者の自由権的人権を、公的保障の対象に組み入れ、その実現に確かな礎石を置く新しい人権なのである。工場法は、労働者のための「自由時間＋

人権」のバリケードを築き、彼らに市民的自由権と社会権的人権を統合する社会的基礎を与えるものであった。

子どもの教育権に突破口を切り開いた工場法

これに続いて、いま注目すべき工場法の成果の第三は、特に子どもに対して、社会権の道に突破口を切り開いたことである。これは工場法に含まれた教育条項で確かめることができる。

一八三三年工場法は、児童労働を制限し（当初は九歳未満、徐々に一三歳未満の労働時間を八時間に制限）、綿・羊毛工場等の工場児童に対して教育条項を設けた。工場主に対して、働く子どもたちに一定時間の通学保障を義務づけたのである。Ｂ・Ｌ・ハチンズとＡ・ハリソン『イギリス工場法の歴史』は、工場法の教育条項の意義に関して、二点を指摘している。「第一に、教育は児童の労働時間を制限するための根拠とされ、同時にその目的とされた。第二に、工場監督官が義務教育の促進者、助成者になる。なぜならば、義務教育によってのみ、労働時間の制限が有効に実施されることができるということを、かれらはよく理解していたからであった」[14]。

この指摘で重要なことは、児童労働の制限――したがってそれに連動する標準労働時間の制限――はこの「義務教育制」があったからこそ実効性を有したこと、またその義務教育による児童労働の制限効果は、工場監督官という「新しい型の公務員」による工場及び教育現場に対する公的介入によって初めて実効性を持った、ということである。児童労働の制限は、すでに確かめてきたように、子どもの人格的独立性を、部分的ではあれ、家父長制的拘束から解き放ち、「子どもの権利」を社会の場において承認するものであったが、その人権は工場児童の教育権の萌芽を公的介入によって承認したこと、この措置によって初めて裏打ちされた、ということである。先に述べた自由権と社会権の関係にそって、これを敷衍《ふえん》していうと、子どもの人格の自由・独立（自由権）は、子どもの教育権（社会権）によって初めて守られ、実質化することになったのである。

もちろん、「教育条項」のもとでの教育現場の実態は、子どもの権利の誕生を単純に祝えるほどのものではなく、学校などと言える代物ではなかった。工場監督官報告書によれば、その実態は、ただ、児童たちが毎日一定の時間数（三時間）のあいだ、学校と称する場所の四つの壁のなかに閉じ込められるべきこと、また児童の使用者が、これについて、毎週、一人の人物が男性または女性の学校教師として自分の名前を署名した証明書をその人物からもらわなければならない、といった程度の義務付けにすぎず、当初の教師役には自分で署名すらできない者がいたといった杜撰《ずさん》なものであった（この点については、次章でもふれる。『資本論③』七〇二～七〇三ページの工場監督官報告書からの引用）。

このように、工場法制定当時の「義務教育」の現場は、教育権を保障する場と呼ぶにはあまりにも貧弱でみすぼらしい状態であったが、それでも「人権の世紀」と呼ばれる一八世紀を凌駕《りょうが》する子どもの権利の扉を開いたのである。しばしば歴史上初めて子どもの権利や児童教育を発見したのは一八世紀のルソーやペスタロッチだとされる。だが、子どもの人格の独立性、教育権の視点からみれば、工場法のなしとげた偉業は、彼ら以上のものであったといわなければならない（と私は考える）。ルソーやペスタロッチの発見した子どもは、まだ親権から独立した人格の持ち主ではなかったし、フランス革命期にコンドルセが構想した子どもの公教育は、親権から独立した義務教育制を提唱したものではなかった[15]。たとえばルソーの『エミール』は、これまで、「子どもの権利宣言」の意義を持つと評価されてきたが、その主たる内容は、独立した子どもの人権を謳ったものではなく、ひらたくいうと「子どもの躾方《しつけかた》・育て方」「子ども教育のあるべき姿」を描いたものであって、独立した子どもの教育権（憲法に言う「教育を受ける権利」）にそった教育論ではなかった、と言ってよい[16]。

労働力の商品化とその第一の帰結としての工場法は、ルソー等には見えなかった子どもの人格的独立性と、まだ胎児期にあった子どもの教育権を社会の場において明るみに出したのである。我が国における工場法研究の先駆者・戸塚秀夫氏（東京大）は、一八三三年工場法の特色を三点あげ、①年少者、ことに児童の保護規制に特別の重点を置いていること、②法の実施監督制度を画期的に整えたこと（つまり工場監督官を配置したこと）に続けて、「第三の特色は、工場児童の教育についての規定を整え、遙かに一般的教育制度樹立への道を展望しはじめたことである」（傍点は引用者）と指摘している[17]。ここで指摘された「一般的教育制度への道」が一つの到達点を迎えるのは、一八七〇年代の教育法（一般教育法、義務教育制度）においてである[18]。この義務教育制度は、「子に対する親の教育権」や「親権の共同化」の産物ではなく、親権からは独立した子どもの権原に由来するものであり、語弊《ごへい》をおそれずにいえば、ここから現代的社会権の一部としての教育権が発展するのである。その意味で、工場法は、子どもの人格と人権確立への千里の道の第一歩であった、と言わなければならない。

小括――「自由時間＋人権」起点の人間発達へ

この第一章は、本書全体の序説的意味をもたせて書いてきたので、くどくなるのを覚悟して、これまで述べてきたことの要点を指摘し、次章に進むことにしたい。

まず第一は、資本主義の歴史的特質は、「二重の意味での自由」を前提にした労働力の商品化にみることができること、そこでは「人格と労働能力の社会的分離」が進行することである。「人格と能力の社会的分離」は、現代では自明のことのように見えるが、歴史的にみれば、資本主義のもとでの労働力の商品化によって、初めて起こったことであり、現代でも顧みておくべき論点である。

第二は、この「人格と能力の社会的分離」において初めて労働者階級が人格的独立性を手に入れることになった、ということである。現代社会では当たり前の、万人の人格的自由・独立性は、労働力商品化のもとで開始した、という点はあらためて注目するに値する。これを起点にして、女性や子どもの独立した人格、女性や子どもの権利等も認められるようになるのである。

第三は、労働力商品化によって形式的に確立する人格的独立性は、資本のもとへの労働の包摂（特に実質的包摂）が引き起こす実質的な人格的支配・従属関係と対立・矛盾する事態に陥る、ということである。人格的独立の形式と人格的隷属の現実とは、誰がみても対立・矛盾する関係である。この「形式と実質の間の矛盾」は、特に女性・児童労働において顕著に現われる。児童・女性労働の場合には、資本主義が近代家父長制を引きずって進展するために、人格的従属関係が彼らの人格を破壊するほどの残酷・悲惨な現実をよびおこすことになった。だが、この人格的独立性の蹂躙と人格的隷属の復活という現実は、工場法を呼び起こす引き金となる。

第四は、工場法が、資本主義下の自然発生的な生産過程に対する史上初めての意識的・公的な規制として、労働者の人格的独立性を守るバリケードの役割を果たしたことである。工場法は、人格的独立性の新たな社会的基礎としての「自由時間＋人権」を措定することになった。

第五に、労働者階級の人格的独立性の社会的基礎としての「自由時間プラス人権」は、自由権に代わる社会権的人権形成の歴史的開始を告げるものであった。その先駆的形態が工場児童の教育権の萌芽を物語る工場法の教育条項であった。その意味でいえば、労働者に対する自由時間の保障は、労働者の新しい生存権保障の出発点を意味するものであった、といってよい。

これら五点を確認して、これまでは検討を留保してきた、人格とは区別された能力、すなわち労働能力の方に次章では視点を切り換えて、労働力の商品化のもとでの人格・能力の相互関係を見ていくことにしよう。

〈注〉

（1）マルクス／エンゲルス、服部文男監訳『〔新訳〕ドイツ・イデオロギー』新日本出版社、一九九六年、一一二ページ。

（2）『資本論②』二九七ページ。『資本論』におけるこの指摘は、直接的には、「貨幣の出現」と「資本の誕生」との間の決定的な違いを説明する箇所でなされたものであり、従来は、主に、資本主義の形成は、労働力商品化の前提条件である「二重の意味での自由」（本書では後述）を創出した「資本の本源的蓄積過程」の意義を強調したものと解釈されてきた一文であるが、本書では、もう一歩踏み込んで、マルクスが「労働力の商品化」に込めた世界史的意味を強調した文章と解釈した。というのは、戦後日本の経済学では、マルクス学派多数の「労働力商品化＝搾取説」、宇野学派の「労働力商品化無理説」、哲学分野の「労働力商品化＝全般的物象化説」等のいわば「労働力商品化に対する否定的評価」が支配的であって、本書が重視する「労働力商品化による人格・能力の社会的・範疇的区別」に込められた「歴史的進歩性」に着眼した議論はマイノリティにとどまっていたからである。

（3）広田照幸『学校はなぜ退屈でなぜ大切なのか』ちくまプリマー新書、二〇二二年、五四ページ。

（4）ロック、鵜飼信成訳『市民政府論』岩波文庫、一九六八年、エレン・メイクシンス・ウッド、平子友長・中村好孝訳『資本主義の起源』こぶし書房、二〇〇一年。

（5）二宮厚美「経済学における人格論」基礎経済科学研究所編『人間発達の経済学』青木書店、一九八二年所収参照。

(6) マルクスは、一八六一～六三年段階の「資本論草稿」において、匿名の著作『国民的苦難の根源と救済策』（一八二一年、ロンドン刊）を引用し、必要労働時間（六時間）を超える剰余労働時間（六時間）が万人が「自由に利用できる時間」になった場合、したがって六時間の剰余労働が自由に処分できる時間になった場合を想定した、次のような一文を「みごとな文句」と高く評価した。「一国が真に富裕であるのは、一二時間ではなく六時間だけ労働がなされるときである。富とは、自由に利用できる時間であって、それ以外のなにものでもない」。これを「みごとな文句」と評価したのは、マルクス自身が、「この時間は、直接的に生産的な労働によって吸収されないで、享楽に、余暇に、あてられ、したがって自由な活動と発展とに余地を与える。時間は、諸能力などの発展のための余地である」（傍点は原文）という〝自由時間を人間発達の社会的基礎として捉える視点〟を持っていたからである。ついでに指摘しておくと、「自由な活動」について、マルクスは、「この自由な活動は、労働とは違って、実現されなければならない外的な目的の強制――その目的の実現が自然必然性であろうと、社会的義務であろうと――によって規定されてはいないのである」と説明している（以上の引用は『資本論草稿集⑦』大月書店、一九八二年、三一二～三一四ページから。ただし、分かりやすいように訳文の一部に手を加えた）。マルクスがいかに「自由に処分できる時間」の意義を高く評価していたかを示す一文である。

(7) B・L・ハチンズ＝A・ハリソン、大前朔郎他訳『イギリス工場法の歴史』新評論、一九七六年。

(8) マルクスは、インタナショナル（国際労働者協会）「第一回大会に向けた個々の問題についての暫定中央評議会代議員への指示」（一八六六年）において、「労働日の制限は、それなしには、いっそうすすんだ改善や解放の試みがすべて失敗に終わらざるをえない先決条件である。／それは、労働者階級、すなわち各国民中の多数者の健康と体力を回復するためにも、またこの労働者階級に、知的発達をとげ、社交や社会的・政治的活動にたずさわる可能性を保障するためにも、ぜひとも必要である。／われわれは労働日の法定の限度として八時間労働を提案する」と指摘した（『全集』第一六巻、一九一ページ。傍点は原文。さらに、マルクスは、自分で書いたこのインタナショナル決議文の当該箇所を『資本論』第一巻第八章〈『資本論②』五三〇ページ〉においてわざわざ引用し、労働日制限の持つ意義を強調している）。

(9) たとえばこのことをわかりやすく、堀尾輝久氏（東京大　教育学）は「私たちは18世紀を人権の歴史と呼ぶことがあります。アメリカの独立宣言やフランス革命での『人権宣言』のことをみなさんもよくご承知だとおもいます。これらを通して、まさに人間の権利は宣言されたのです。しかし、人間の権利の宣言はなされたが、現実にはその人間から女性が外され、子どもがはずされ、労働がはずされ、奴隷がはずされていた事実がありました」と説明している（『子どもの権利とはなにか――人権思想の発展のために』岩波ブックレット第七二号、一九八六年、二〇ページ）。

(10) 資本主義と近代家父長制の関係については、二宮厚美『ジェンダー平等の経済学』新日本出版社、二〇〇六年、家父長制の日欧間比較については、中村敏子『女性差別はどう作られてきたか』集英社新書、二〇二一年を参照。

(11) 川島武宜『日本社会の家族的構成』岩波現代文庫、二〇〇〇年、一五六ページ。

(12) マルクス、中峯照悦・伊藤龍太郎訳『1861－1863年草稿抄　機械についての断章』大月書店、一九八〇年、二〇八ページ。

(13)　戸塚秀夫『イギリス工場法成立史論』未来社、一九六六年、徳永重良『イギリス賃労働史の研究』法政大学出版局、一九六七年、Ｂ・Ｌ・ハチンズ＝Ａ・ハリソン、前掲『イギリス工場法の歴史』を参照。

(14)　ハチンズ＝ハリソン、前掲『イギリス工場法の歴史』八〇ページ。なお、工場監督官の学校への立ち入り検査を認めたのは一八四四年工場法からである。

(15)　近代家父長制が残した親権のもとにある教育権、たとえばコンドルセの教育権の歴史的意義については堀尾輝久『現代教育の思想と構造』岩波書店、一九七一年、同『人権としての教育』岩波書店、一九九一年を参照。

(16)　ルソー、今野一雄訳『エミール（上）』（改版）岩波文庫、二〇〇七年（原著は一七六二年出版）。たとえば、ルソーはそこで「子どもにほんとうの自由をあたえ、支配力をあたえず、できるだけものごとを自分でさせ、他人になにかもとめないようにさせること」（一〇七ページ）とか、「はやくから子どもに話をさせるようなことはしてはいけない」（一二〇ページ）、「子どもがなにかもとめるからといってそれを手に入れさせてはならない」（一五九ページ）といった「躾け方」をさまざまに述べている。それでも、ルソーが発見した子どもは、アリエス『〈子供〉の誕生――アンシァン・レジーム期の子供と家族生活』（杉山光信・杉山恵美子訳、みすず書房、一九八〇年）が、大人とは異なる「子どもらしさ」を発見するようになったと指摘した一七世紀末から一八世紀初頭の社会よりも、遙かに優れた視点からの「未熟な人間としての子ども」であった。幼い子どもの「育て方」についても、ルソーの視点は群を抜いていたといってよい。

(17) 戸塚、前掲『イギリス工場法成立史論』二六九〜二七〇ページ。

(18) 岡田与好『経済的自由主義——資本主義と自由』東京大学出版会、一九八七年参照。

第2章　資本主義における人格と能力の相互関係

はじめに――人格とは区別された労働能力とは何か

前章では、労働力商品化とともに進行する「人格と能力の社会的分離」をとりあげたが、人格範疇と能力概念のうち、主に検討してきたのは「人格的独立性」の方であり、人格とは区別された労働能力についてはほとんど検討しないままに議論を進めてきた。人間の発達を人格・能力の両面から見ていこうとする本書の立場からすると、これでは明らかに不十分である。「人格と能力の相互関係」を把握するためにも、人格範疇とあわせて、能力とは何を意味するのか、独立した人格を担い手とする労働能力とは何を意味するのか、という論点に立ち入ってみなければならない。

そこで本章では、前章の「人格視点」を切り換え、「能力視点」にあらためて、「人格と能力の相互関係」を見ていきたいと思う。まず、手始めに、労働力の商品化で問題になる「労働能力」とは何をさすのかについて、『資本論』の規定をみておくことにしよう。

『資本論』は、労働力を説明してこう述べている。「われわれが労働力または労働能力と言うのは、人間の肉体、生きた人格のうちに存在していて、彼がなんらかの種類の使用価値を生産するそのたびごとに運動させる肉体的および精神的諸能力の総体のことである」（『資本論②』二九二ページ）。労働能力の規定としては、これ以上に説明を加える必要がないほどに明瞭で、簡潔な指摘だと思われるが、後の議論との関係を意識して、ここではあえて三点ばかり注釈を付け加えておきたいと思う。

まず、マルクスはここで、人格範疇と労働能力概念とを明確に区別している。本書では、人格と能力の区別に関しては、すでに何度も言及してきたから、ここであらためて指摘するまでもないことではあるが、実は、戦後日本では、『資本論』のこの一節を根拠にして、人格を労働諸能力の総体とみなす哲学的見解が有力だった時期があった。[1] つまり、理論上、人格と能力を区別して論じるのが必ずしも当たり前とは言えない時期があったのである。

だが、人格範疇を労働能力概念と等置する見解は、労働力の商品化をもって「人格の商品化」とみなす過ちに陥る。その意味で、『資本論』が労働能力を「生きた人格のうちに存在」するものとして説明し、能力と人格とは範疇的に区別していることは、いまあらためて注目に値するといわなければならない。なお、後に見るように、現代日本では、人格と能力とを等置するまでには至らないものの、「人格と能力の概念的混合・融合」に向かう議論は広範囲に及んでいる。つまり、「人格」と「能力」とを概念的に区別しない議論が相当に普及している。ここではとりあえず、このような「人格・能力概念の混合・融合」も「人格・能力概念の等置」と同じほどに問題をはらむ、ということを指摘しておきたいと思う。

第二は、マルクスはここで、人格・能力の区別だけではなく、「人間」と「人格」の言葉の使い分けもやっていることである。これは、「人間の肉体」と「生きた人格」の言葉の使い分けにあらわれている。ここで「人間」とはドイツ語のMensch（英語ではhuman being）であり、「人格」とはドイツ語原文ではPersönlichkeitである（そのためPersönlichkeitとPersonとの区別を意識して、「人格性」と訳す場合もある）。つまり、上に引用した労働能力を規定した『資本論』の一文では、「人間」、「人格」、「能力」の三つの概念がそれぞれ使い分けられている、ということになる。ここで重要なことは、「人間（Mensch, human being）」とは、荒っぽくいえば「生身《なまみ》の人間」をさし、「人格（Person）」とは前章で述べたとおり一つの「社会的範疇（カテゴリー）」である――即ち、社会的諸関係の総体という意味を持った概念である――、という点にある。

第三は、労働能力を大きく「肉体的力」と「精神的力」の二面に分け、その総体（肉体的・精神的諸能力の総体）として把握していることである。肉体・精神両面の力の総体として能力を把握することは、ある意味で常識的な捉え方であって、特にここで、ことさらに取りあげるべき論点ではないかもしれない。先述の「人間（Mensch, human being）」を、肉体と精神の両面に分けて捉える見方も、きわめて常識的なことであって、世間一般では、「精神力」だとか「身体能力」、また「精神的な弱点」とか「身体的強さ」といった風に、両面を区別して評価するのは日常茶飯のことである。

にもかかわらず、ここでマルクスが労働能力を「肉体的・精神的諸能力の総体」として規定したことに注目するのは、二つばかりの理由による。

一つは、人間以外の動物の活動・作業能力に関しては、最初から精神的力は問題にされず、ただ身体的・肉体的な力だけがとりあげられ、「精神的能力」とは、一般には、人間に固有な力だと見なされていること。第二は、精神・肉体の両概念が、「精神労働」と「肉体労働」という形で使い分けられる場合には、①生物学的な「頭脳労働」と「身体労働」と、②社会機能的な「構想」と「実行」との区別を表わし、二重の意味を持たせて使い分けられていること（後者の社会機能的な精神労働・肉体労働の区別については後述する）[2]。一言でいえば、「精神的力」や「精神労働」といった「精神」にかかわることは、動物一般にあてはまることではなく、人間に固有な力・機能・働きをさすこと、したがって「人格概念」と密接に結びついた能力をさす、ということである（日本猿やゴリラ、チンパンジー等の類人猿には「人格」に匹敵する「猿格」というものは存在しない）。

なお、一言付け加えておくと、いささか些細な話になるが、ここで「肉体的・精神的諸能力」をさすドイツ語原文は「physischen und geistigen Fähigkeit」であり、英訳版では、「mental and physical capability」である。私は語学に精通した人間ではないので、正直なところを述べておくと、本書の執筆直前に初めて、ここで「能力」を表わす英語に capability があてられていることに気づいた。管見の限りでは、この英語のケイパビリティは、わが国では、アマルティア・セン（インド出身の経済学者）が「福祉の経済学」で使用した概念として、有名になり、一種の論争テーマになった言葉である。センの用いたケイパビリティは、通常は、日本語訳としては「潜在能力」があてられている[3]。「潜在能力」の訳語が間違いだというわけではないが、かねてより私は、センの使用法におけるケイパビリティの意味には、「能力」と「人格的機能」の二つが含まれていると考え、「潜在能力」の日本語訳には少しばかり齟齬感を抱いていた。そこで、この『資本論』における精神的・肉体的諸能力の「能力（Fähighkeit）」の英訳にケイパビリティがあてられていたことに気づいて、一種の「我が意を得たり」の思いを持ったのである。

センのケイパビリティ概念は、労働能力のなかでも「人格的機能」に深くかかわり、また「潜在能力アプローチ」と称される彼の「福祉（well-being）論」の核心部分にあたるので、ここでは、いま少し立ち入ってみておくことにしよう。

1　A・センのケイパビリティ概念に込められた人格的機能

「潜在能力アプローチ」のセンの福祉観

まず、A・センのいう潜在能力（capability）は、要約して言えば、人間に宿る諸機能（functions）を選択的に組み合わせて発揮する能力をさす。[4] 彼は、このケイパビリティの発達・発揮に本来の意味での福祉（well-being）の実現を求めた。ここで人間に内在的な諸機能とは、たとえば健康に生きる、おいしく食べる、ぐっすり眠る、楽しく語らう、芸術を楽しむ等の人間的生存のための基本的機能・

能力をさす。わかりやすく言えば、普通の人であれば、誰もが持ち合わせている諸機能のことであって、要するに、健やかで文化的な生活を送る機能（能力）のことである。これらの人間的諸機能は、後章で詳しく検討するように、人間に固有な労働（特に道具生産労働）と言葉を通じて獲得したいわば人間の類的能力＝属性というべき機能＝能力にほかならない。したがって、これらの機能は、万人が平等に持ち合わせる普遍的・潜在的能力である。センは、こうした人間の有する普遍的・潜在的諸機能を自由に発揮すること、したがってこれら諸機能を選択的な組み合わせによって発揮すること（ケイパビリティの発揮）に、「平等な福祉」の実現を求めたのである。

センのこの福祉観は、従来の伝統的・支配的な欧米の「福祉＝良き生（well-being）」観を転換するものとして画期的な意義をもつ見方であった。というのは、戦後の比較的良質な福祉観は、ジョン・ロールズ（ハーバード大）の「正義論」に依拠して、[5]社会的基本財の平等な分配に福祉（welfare）の実現をみる見解だったからである。この福祉観は、荒っぽくいえば、市場社会における所得分配の平等性を追求すること、すなわち、人間らしい最低限度の生活に必要な所得の平等を第一に置く見方であった。指摘するまでもないことだが、この福祉観は現在でも積極的な意義を持つ良質なものであり、センもこのロールズ的見地を否定したわけではない。

そのうえで、センが注目したのは、たとえば子どもと老人、病弱者と健康な人、障害者と健常者等との間では、人間的諸機能を発揮するときの主体的・客観的条件に違いがある、ということである。下半身が不自由な人に、普通に歩ける人と同じ移動の自由を保障しようとすれば、車椅子が必要である。持病をもった病弱者と普通の健康な人に、同じように人間らしい生活の質、活動の自由を保障しようとすれば、日常生活に必要な諸条件を形式的に平等化するだけではなく、むしろ各々の必要性の違いを考慮して、異質な生活条件を保障することが肝要である。

子どもと老人とでは、また健常者と障害者とでは、人間的基本諸機能を発揮して生活する時の主体的条件に違いがある。福祉はこのケイパビリティの差異を汲みとったものでなければならない。「良き生（well-being）」としての福祉は、各自の有する人間的諸機能を選択的に組み合わせて活動する時のケイパビリティの発揮・実現を平等に保障すること――この時に初めて実現されるものである。センは、通常の福祉観が所得や社会的基本財の平等性や最低限保障を重視したのに対して、ケイパビリティという主体的能力の発揮、ケイパビリティを発揮した活動の自由の方を重視したわけである。

第一章では、一口に「自由」といっても、社会科学・哲学では、「消極的自由」（free from 型自由）と、「積極的自由」（to do 型自由）との二つに分けて理解される、ということを指摘した。この「自由」概念の使い分けに照らして言うと、センの言う「ケイパビリティ発揮の自由」とは、「人間的諸機能を選択的に組み合わせて実現する自由」を意味しているから、「to do 型自由＝積極的自由」にあたるといってよい。公権力との関係にそくしていえば、「権力的介入からの自由（free from 型自由）」ではなく、「人間的活動の保障を公権力に義務づける自由（to do 型自由）」を意味する。したがってこの見方は、積極的自由の保障、すなわち社会権的人権の保障に福祉の実現をみる福祉観である。

かかる福祉観を、第一章で見た人格的独立性の社会的基礎としての「自由時間＋人権」にあてはめると、センは、人権概念を「to do 型自由＝積極的自由」のレベルに高めてとらえ、たとえば乳幼児には保育サービスを享受して発達する自由を、就学期の児童には教育や学童保育を享受して発達する権利を、さらに身体に障害を持つ高齢者や障害者にはケアを受給して生活する自由を保障することに求め、それによって彼らの人格的独立性を支える社会制度を導き出したのである。それゆえ、この福祉観は、単なる最低限所得保障にとどまらない総合的な社会保障制度を展望するものといってよいだろう。ケイパビリティの発揮・発達を保障しようとしたセンの福祉観に私が共感を覚える理由は、この点にある。

人格的機能を含意したケイパビリティ概念

問題なのは、センのこの「潜在能力（ケイパビリティ）アプローチの福祉観」には、能力とは区別された人格概念がほとんど登場しないことである。ノーベル経済学賞受賞者として誉れ高いＡ・センに対して、私ごとき凡人がケチをつけるのはいささか気が引けるが、彼の「福祉の経済学」は「社会的範疇としての人格概念」を欠いており、その代わりに、capability（潜在能力）の概念は、社会機能的な「人格的機能」を包摂した能力概念として把握されている、と見てよい。換言すれば、彼のケイパビリティ概念は、「能力」にプラスして「人格的機能」を混入した概念、人格・能力の混成・融合による概念となっている、と考えられる。(6)

センの言う人間の基本的諸機能とは、先に紹介したように、健康に生きる、おいしいものを味わう、熟睡する、恋人と語らう、歌を楽しむ、子どもを愛し育てる、自由に歩きまわるといった機能をさしていたが、これらは人格機能というよりは、人間的な諸能力＝機能である。かかる基本的諸機能は、人間の五感（視覚・聴覚・嗅覚・味覚・触覚）に基づいて形成されてきたいかにも人間的な（人間に固有な）身体的・精神的な諸機能である。

若き日のマルクスは、その『経済学・哲学草稿』において、「五感の形成は、これまでの全世界史の一つの労作である」と述べ、その一例として「人間的な耳」と「粗野な耳」との比較を取りあげ、「非音楽的な耳にとってはどんなに美しい音楽もなんらの意味ももたない」、「音楽がはじめて人間の音楽的感覚をよびおこす」関係にある、と指摘した。[7] くだいていえば、出来上がった「音楽的な耳」すなわち「音感」が最初にあって音楽が作られたのではなく、音楽があって「音楽的な耳＝人間的音感」がつくられ、発達してきたのである、と述べたわけである。「音楽を楽しむ」とか「形態美（美術）を堪能する」、「美味しいものを味わう」といった「人間的な享受能力の諸感覚」に根ざす生活、その基にある五感は「全世界史の労作」、つまり人間の労働による世界史的産物なのだ、ということである。

マルクスは、同じ『経・哲草稿』において、「労働の産物」のことを「人間的本質の対象的に展開された富」（人間固有の労働＝対象化行為による産物）と呼び、この労働の世界史が、「音楽的な耳」や「形態の美にたいする目」、また「主体的な人間的感性の富」、総じて「人間的な享受をする能力のある諸感覚」＝「人間的本質諸力として確証される諸感覚」を生み、完成する、と主張した。さらに彼は、これに加えて「五感だけではなく、いわゆる精神的諸感覚、実践的諸感覚（意志・愛など）」も、つまり「人間的感覚、諸感覚の人間性は、感覚の対象の現存によって、人間化された自然によって、はじめて生成する」とも述べている（以上の引用文傍点は原文）。

ここでいささか難解な青年マルクスの指摘に耳を傾けてきたのは、センの言う「人間に内在する基本的な諸機能」とは、マルクスのいう「全世界史の労作」によるものだ、ということを確かめておきたかったからである。世間には、人間の五感は目・耳・鼻・舌・皮膚の五官に根ざすいわば「本能的感覚」と捉える向きが見られるが、五感をはじめ、そこから派生する種々の感覚的諸機能、さらにセンが重視したケイパビリティ等は、「全世界史の労作」であって、決して先天的な「本能」だとか「天性」に属するものではなく、人類が築き、その全史を通して現在まで引き継がれてきた人間に固有なものである。この人間に固有な属性（力）の総体を、第一章で見た「人格＋能力」として把握すれば、この見方は、大ざっぱにいって、「ケイパビリティ＋人間的諸機能」のセン的人間観と重なることが理解されるだろう。

ただし、本書の「人間＝人格＋能力」の等式と、センの「人間＝ケイパビリティ＋人間的諸機能」の捉え方とは同じものではない。結論を先取りしていえば、センのケイパビリティは「人格的機能」、人間的諸機能は「能力」としてつかみ直すことが適切ではないか、というのが私見である。[8] 仮にケイパビリティを人格的機能と捉える私見が適切であるとすれば、基本的諸機能とは、その人格的機能

（ケイパビリティ）のもとで選択的に組み合わされて発揮される諸能力、すなわち身体的・精神的諸力の総体としての能力（ability, potentiality）にカテゴライズ（範疇化）されることになるだろう（イメージ的にわかりやすくいえば、ケイパビリティは「人格的範疇」、諸機能は「能力的範疇」として再定義される、ということである）。ケイパビリティを「人格的機能」と見なすのは、先述の通り、センの議論には「人格」概念が欠けており、その不足を補うためである。これを確かめるためには、労働能力の発揮の場、すなわち労働過程に視点を移さなければならない。

2　『資本論』における労働能力と労働の世界

『資本論』における人間的労働の本源的規定

労働とは、労働能力を実現すること、労働能力を発揮して対象化する行為のことである。視点を転換して、商品として労働能力を買った側（資本）からみれば、その使用価値を消費することである。『資本論』はこの労働を説明して、「労働は、まず第一に、人間と自然とのあいだの一過程、すなわち人間が自然とのその物質代謝を彼自身の行為によって媒介し、規制し、管理する一過程である」と述べている（『資本論②』三一〇ページ。本節の、以下の『資本論』からの引用は、すべて②三一〇〜三一一ページからのもの）。労働に関するこの有名な規定は、「マルクス経済学」では周知のところだから、通常の教科書であれば、それほど解説を加える必要はないと考えられるが、本書のような「人間発達論的視点」に立った場合には、あえて立ち入っておくべき論点が二〜三ある。

まず第一に注目しておかなければならない点は、マルクスはここで労働を、人間・自然間の物質代謝そのものとしてではなく、物質代謝を媒介し・規制し・管理する過程、すなわちその意識的な制御過程として説明していることである。物質代謝過程の全体は、大きく分けると、①労働過程（あるいは生産的行為過程）と、②消費過程との二局面から構成される。労働とは、このうち①の生産的行為の部面をさすのであって、②の消費過程とは別である。後者の「消費過程」は、人間以外のその他の動物も行なう営み、行為である。この消費と区別していえば、労働過程とは、人間に固有な物質代謝の一つの過程、すなわちその意識的な制御過程である、ということになる。[9]

第二に留意すべき点は、ここで取りあげる労働とは、「人間にのみ属している形態の労働である」と、マルクスはわざわざ断っていることである。『資本論』は、「われわれはここでは、労働の最初の動物的、本能的な諸形態を問題としない」と明言している。動物的形態とは異なる人間に固有な労働の特徴的内容については、次にとりあげるが、ここでは、マルクス自身が「労働の最初の動物的、本能的な諸形態」と「人間に固有な形態の労働」とを意識的に区別し、労働力が商品として売買される歴史的段階における労働の特質はどこにあるかを明示しようとした点に、私たちは十分注意を払っておかなければならない。

「動物的形態の『労働』」と「人間に固有な労働」との違いは、動物的段階の「労働能力（実際にはいわば「作業能力」）」と人間的段階の「労働能力」との差異に深く結びついているはずである。人間発達をテーマにした本書では、この動物的段階と人間的段階における労働能力の差異は無視・軽視できない問題であるから、第五章で立ち戻るが、いまは、人間だけに見ることのできる「物質代謝労働」がここでは問題にされている、という点を確認するにとどめる[10]。

この視点から、マルクスは先に引用した箇所に続けて、物質代謝労働を次のように規定している（第三の留意点は、この規定の読み方にかかわっており、また本書の「発達論的視点」から見ても、きわめて重要な内容を含んでいるので、やや長くなるが全文を引いておくことにしたい）。

「人間は自然素材そのものに一つの自然力として相対する。彼は、自然素材を自分自身の生活のために使用しうる形態で取得するために、自分の肉体に属している自然諸力、腕や足、頭や手を運動させる。人間は、この運動によって、自分の外部の自然に働きかけて、それを変化させることにより、同時に自分自身の自然を変化させる。彼は、自分自身の自然のうちに眠っている諸力能［Potenzen］を発展させ、その諸力［kraft］の働きを自分自身に服属させる」（補注：マルクスは、この文章のように、Potenz と Kraft を使い分け、また両者の合成語 Kraftpotenz の言葉を使用する場合があるので、ここでの「力能＝Potenz」は「ME全集〈大月書店版〉」邦訳のように「潜勢力」

〈あるいは潜在能力〉と捉えた方が分かりやすいかもしれない。ついでに指摘しておくと、ここで「諸力［Kraft］の働き」とされているのは、先述のセンの潜在能力〈capability〉概念に照らしていうと、諸機能〈functions〉にあたる言葉である）

この『資本論』の有名な一節において、私が最も注目したい点は、労働とは、その対象（外部の自然）を変化させると同時に、労働者自身に宿る潜勢力［Potenz］を発達させ、その内在的諸要素（Kraft）を自己の統御のもとにおく営みだ、としていることである。人間発達の視点からみて重要になるのは、労働は働きかける対象を改造しつつ、同時に自己自身をも変革する――この点にある。ここで説明されている労働は、直接には、自然素材を対象にした「物質代謝労働」のことであるが、この「対象を変革しつつ、同時に自己自身をも変革する」という労働の構造については、人間を相手にした「精神代謝労働」――たとえば教育労働やケア労働――に関しても、あてはまることである。

以上、『資本論』の労働概念の本源的規定とは、人間に固有な物質代謝労働に関する規定であり、その特質は労働対象を改造しつつ、同時に労働者自身の潜在能力［Potenz］を開発・発達させる点に求められる、という点を確認して、人間に固有な労働の特徴的内容はどこにあるのか、という肝心な論点に進むことにしよう。

労働による目的の設定と表象化能力

『資本論』からの引用が続くことになるが、マルクスは、先述の「動物的段階の作業」と比較した「人間に固有な労働」の特徴的内容を、「事前における目的の表象（Vorstellung, representation）」にあるとして次のように指摘している。ここでも煩《はん》を厭《いと》わずに全文を引用する。

「クモは織布者の作業に似た作業を行なうし、ミツバチはその蝋《ろう》の小室の建築によって多くの人間建築師を赤面させる。しかし、もっとも拙劣な建築師でももっとも優れたミツバチより最初から卓越している点は、建築師は小室を蝋で建築する以前に自分の頭のなかでそれを建築しているということである。労働過程の終わりには、そのはじめに労働者の表象［Vorstellung］のなかにすでに現存していた、したがって観念的にすでに現存していた結果が出てくる。彼は自然的なものの形態変化を生じさせるだけではない。同時に、彼は自然的なもののうちに、彼の目的――その目的を彼は知っており、その目的は彼の行動の仕方を法則として規定し、彼は自分の意志をその目的に従属させなければならない――を実現する」

私たちの当面の関心事、「人格と能力の相互関係」に引き寄せて、この一文から読み取るべき内容は、少なくとも三点ある。

第一は、「動物的作業」（ここではクモやミツバチ）と「人間的労働」（ここでは建築師）の違いは、実際の作業・労働にとりかかる前に、その目的（成果）をあらかじめ頭脳のなかに表象しているかどうかにある、ということである。つまり、大工仕事でいえば、ミツバチが無意識のうちに六角形の巣穴が密集した見事な蝋を作りだすのとはちがって、人間は、どんなに下手くそな日曜大工であっても、あらかじめ完成したときの設計図を頭のなかに表象して工作にとりかかる、ということである。労働の目的は、将来において実現する課題にほかならないから、この「目的の表象化能力」は「将来の精神的先取り能力」と呼ぶことができるだろう。

「将来の精神的先取り」とは、「いま・ここに存在しないもの」を頭のなかに思い浮かべることである。すなわち、目的を設定することは、人間が「いま・ここ」の狭隘《きょうあい》な時空間から脱出して、過去・現在・将来の時系列を思い浮かべること、目に見えない空間や世界を想像すること、空想することでもある。私は、保育園期の幼い我が子があるとき、赤・青色等のクレヨンで画用紙に殴り描きした謎のような画像を、これはドラえもんを描いたものだと各パートの色使いを説明し、絵解きしてくれたときのことを思い出すが、人間は幼児期にあって早くも、クレヨンをでたらめに塗りたくるのではなく、自らの手で絵を描くまえに、あらかじめ何を描くかを頭のなかに表象化して画用紙に向かうのである。子どもの積み木遊びや粘土細工も、これと同様に、「将来の精神的先取り」の能力を発揮して、作業にとりかかる点に人間らしい能力があらわれているといわなければならない。

このような幼児の殴り描きの時期に匹敵する人類の労働、すなわち動物的作業から抜け出して人間的労働に向かい始めるときの作業は、原始的石器の製作にも推定することができる。原始的石器は、もっとも古いタイプのオルドワン（オルドヴァイ型石器）とその発展形態のアシューリアン（アシュール型石器）に分けて理解することができるが、マルクスのいう「人間にのみ属している形態の労働」の痕跡を残しているのは、アシューリアンである。[11]

オルドワンが現われるのはおよそ二八〇万年前頃（あるいは三〇〇〜二八〇万年前頃）、それより複雑なアシューリアンは一八〇万年前頃（あるいは二〇〇〜一七五万年前頃）に登場する（両者間には約一〇〇万年程の、途方もなく長い時間の経過が必要だったという点に注意されたい）。アシューリアンの典型はハンドアックス（石斧）と呼ばれる多面加工の涙滴《るいてき》型石器に見ることができる。このハンドアックスの特徴を評して、たとえば更科功氏は、「原材料の形に関係なく、石器製作者が頭の中に描いたイメージ通りに作られている」と指摘している。[12] つまり、アシューリアンの製作には、事前に、その完成された石器像をイメージに浮かべる能力が必要だった、ということである。タッターソルもこれと同様に、ハンドアックスの製作過程を推理して、「石の塊から特定の実現可能な涙滴形の石器の形を思い描くような知的な石器デザインは、ハンドアックス製作者が実際にそれを作り始める前に彼らの実際の脳の中に存在していたはずだ」と指摘している。[13]

要するに、人間的労働に固有な「将来の精神的先取り」の起源は、原始的石器を生産する労働に遡るということである。「個体発生は系統発生を繰り返す」の「反復説」（エルンスト・ヘッケル）にならって言えば、現代の幼な子は人類が数百万年間もかけた石器づくりの歴史をきわめて短縮された時間のうちに繰り返し、ヒトが長期にわたる労働の歴史を通じて獲得し、発達させてきた能力を急速に我がものにしていくのである〈補注〉。『資本論』の労働の本源的規定から読み取らなければならない第一の論点は、労働こそがこの「目的の表象化能力」を生み出した源泉である、ということである。本書の「はじめに」で、「生きがい・働きがいの第一の源泉は目的を持つことにある」とした理由は、ここにある。

〈**補注**〉ダーウィンの進化論の影響を受けたエルンスト・ヘッケルは、『一般形態学』（一八六六年）において「反復説」を主張したが、その二年後、『自然創造史』において、これを、「生物発生の二系列、即ち個体の発生と、それが所属している種族発生とは、相互に最も密接な関係を持っている」、「個体の発生は、遺伝と適応の法則によって決定される、個体が所属している種族の発生（系統発生）の短期間の速やかな反復である」と要約して説明している（石井友幸訳『自然創造史　第二巻』晴南社、一九四六年、九七ページ）。なお、同書の検索は本書の編集者田所稔氏の労によるものである。

精神労働と肉体労働の統一としての労働

『資本論』の人間的労働論から読み取るべき第二の論点は、労働者は、労働の目的を自覚し、「自分の意志をその目的に従属させなければならない」としている点にある。「自分の意志」を目的に従属させることは、目的にそって自分自身の運動を制御することである。たとえば、大工が鉋《かんな》で板を削るときには、腕・手の筋肉の動きを自分の頭脳・神経等でコントロールしなければならない。しかも、その目的を達成するためには、鉋・木板の属性に即した技術的合法則性に精通し、合理的な技術要件を充足しなければならない。つまり、労働には目的合理性が要求される。『資本論』はこれを「注意力として現われる合目的的な意志」と呼んでいる。この意志を抜きに、ただ手や腕の力を恣意的に発揮し、でたらめに手足を動かせばよいというものではない。すべての物質代謝労働には、技術的に合法則的で、目的合理的な道具的理性が求められるのである。

これを逆にいうと、一定の目的をもった労働は、その達成に必要な技術的合理性（道具的理性）を発展させる、ということである。技術的合理性とは、働くうえでの知恵・知見、労働に求められる正確な知識・判断力等のことである。鉋で柱や板を削る労働では、例えばその木材の堅さや弾力性等の素材的特性や、道具としての鉋の刃の切れ味、現場の気温・湿度等を見極める見識・理性が必要であり、それらを見誤ったのでは、所期の目的は達成されない。パンの製造であろうと、布の縫製であろうと、労働一般にはこうした合目的的な技術的合理性が求められる。

労働一般に必要となる合理性（＝理性、rationality）の発揮と、この理性的制御による手・腕・足等の筋肉の運動とを仮に区別するとすれば、前者は「頭脳労働」、後者は「筋肉労働」となる（この区別はいわば「生物学的・生理的な区別」である）。集団単位の労働にこの区別をあてはめると、頭脳労働は司令部、筋肉労働は実働部隊の役割にあたる。かかる指令・指揮の役割と実働・実行の役割とを機能的に区別する際には、しばしば、前者を「精神労働」、後者を「肉体労働」と呼ぶ。ただ、一言断っておくと、これらの「頭脳労働と筋肉労働」、「精神労働と肉体労働」という言葉（＝概念）の使い分けは、一般には、それほど厳密に行われているわけではないし、私としても、概念的区別の厳密性に強くこだわるつもりはない。以下では、もっぱら機能的区別を意識した「精神労働」と「肉体労働」の概念を使用するが、それは、本書が「人格と能力の区別・相互関係」を重視しているためである。

人格・能力を区分する視点から、この精神労働・肉体労働の機能的区別に目を向ければ、精神労働とはいわば「人格的力能＝機能」、肉体労働は「労働力能＝機能」（あるいは端的に「能力」）としてカテゴライズ（範疇化）することができるだろう（これが留意すべき第三の論点である）。『労働と独占資本』の著者ブレイヴァマンの用語でいえば、前者の人格的機能は「構想」、後者の労働力能＝機能とは「実行」にあたるわけである。私がここで強調しておきたい点は、精神労働とは、労働能力に内在する諸機能（functions）における「構想機能」、すなわち「人格的機能」と見なすことができる、ということである。この「人格的機能（human function）」は、厳密にいうと、労働力の商品化によって「労働能力」とは区別されて確立する「社会範疇としての人格 person」とは、異なる。もちろん両者は機能的に深く関連しているのであるが、相対的には区別される（べき）カテゴリーである。話がごちゃごちゃして、わかりにくくなっていると思う向きには、さしあたりここでは、人格概念は、①「社会的諸関係の総体としての人格」を表現する、人格的独立性を核心にした「人格」概念（社会的範疇としての人格）と、②生身《なまみ》の個人内部における「目的設定・合目的的意志や構想」を担う「人格的機能」との二重の意味が含まれる、と理解しておいてもらえばよい（ついでながら、次章で扱う教育学や社会学等における「能力」や「コンピテンシー〈competency〉＝知力」「メリト〈merit〉」概念には、こうした「人格・能力概念の区別」がほとんど見られないことを指摘しておく）。

話を戻して、「頭脳労働＋筋肉労働」および「精神労働＋肉体労働」とを、総体としてとらえると、その労働は「全体労働」（全一体としての労働）と呼ぶことができる。ここで「全体労働」とは、一個の労働まるごとを表わす呼称である。「全体労働」に対比される言葉、対語は「部分労働」である。全体と部分、あるいは総体と断片は互いに対語関係にある。ところが、独立した人格が個々人で営む個別労働は、それ自体が常に「全体労働」であり、かつ、精神労働・肉体労働を統一した全一体としての労働であって、そこには「部分労働」と呼ぶに値する労働は存在しない。全体労働と部分労働の区別、そして精神労働と肉体労働の区別がはっきりと現われるのは集団的労働、すなわち協業・分業による協働においてである。先に引用した『資本論』の労働論は、直接には労働一般ないし個別労働を扱ったものであり、集団的な協働・共働を分析したものではない。したがって、全体労働と部分労働の関係を補って、人格・能力の範疇的区別と相互関係を理解するためには、『資本論』の労働一般論から協働論に目を転じなければならない。

単純な協働＝協業から生まれる分業

『資本論』で協働論が扱われるのは、協業・分業論においてである。協業の最も単純な形態は、綱引きやよいとまけの作業のように、複数の人間の集団が、同じ作業を同時に進める単純協業である。これに対して、餅作りのように、作業工程を、餅米を蒸し、蒸し米をつき、団子状にまるめる、といった形で分割し、一つの完成品に仕上げるのが分業（division of labour）である。この協業・分業は協働（共同労働、collaboration）で行われるが、協働は個別的労働にはない固有の労働生産力、すなわち集団に固有な社会的な力を生み出す。協働に固有な合成された労働能力は、すでに単純協業段階において二つの力を生み出す。

第一の協働に独自な能力は、『資本論』が「結合された労働［kombinierten Arbeit］の効果」と呼んだ力である（『資本論③』五七五ページ）。この単純協業の力をマルクスは、「個々別々の労働によってはまったく生み出されないか、またははるかに長い時間をかけてようやく生み出されるか、もしくは小規模でしか生み出されないか」の力として把握し、これを「協業による個別的生産力の増大だけではなくて、それ自体として集団力［die an und für sich Massenkraft］であるに違いない生産力の創造である」と説明している。この結合労働による新たな力は、個別的力の機械的な集合＝総和ではあるものの、単純な算術的集合力を超える、「多くの力が一つの総力に融合することから生じる新しい力能［Kraftpotenz］」である。[14]

この協業が生み出す集団的潜勢力は、個々人がバラバラでは発揮することのできない、多数の力の融合にもとづく新たな潜勢力だから、比喩的にいえば個人aと個人bとの和の自乗、すなわち$(a+b)^2$から生まれる力のようなものである。個人aと個人bは、それぞれがバラバラに自乗の力をだしあってもa^2プラスb^2にしかならないのにたいして、aプラスbの協働にもとづいて力を自乗すると、$(a+b)^2 = a^2+2ab+b^2$という数式に明らかなように、a^2プラスb^2のうえに2abという新たな力が生み出される。2abは、aとbの力の合成・融合にもとづいてのみ発生する一つの新たな潜勢力、すなわち協業にもとづく結合労働の効果にほかならない。

この協働による結合労働の効果は、先に使った概念を用いていえば、協業における「全体労働」の力であると言いかえられる。協業の内部に分業が入り込み、「分業にもとづく協業」が展開されるようになると、その協働体を構成する諸分肢（要素）は「部分労働」として目に見えて現われるから、協業集団は、はっきりと「全体労働」と「部分労働」の二つの労働に分割されることになる。一人の人間の個別的な労働だけをとりあげた場合には、先述のとおり、その労働自体はまるごと一体的な状態にあって、常に「全体労働」でしかありえなかったが、集団による協働になると、とりわけ「分業にもとづく協業」になると、協働体は集団総員の「全体労働」と個々の構成員による「部分労働」との二つに分けて捉えることができる。ここに「全体労働」と「部分労働」との概念的な区別が成立するわけである。

したがって、協業による結合労働に固有な新しい力能とは、この「全体労働の力能＝機能」と見なすことができることになる。マルクスは、協業によるこの新たな力能の発展を、「労働者は、他の労働者たちとの計画的協力のなかで、彼の個人的諸制限を脱して、彼の類的能力〔Gattungsvermögen〕を発展させる」と説明している（『資本論③』五八二ページ）。「類的能力」とは、人類がその協働史をつうじて獲得してきた普遍的能力であり、一つの社会的な能力であるが、個々人は、先述の「系統発生を繰り返す個体発生（＝成長）」の過程を通じて、個別的に我がものとし、その内部において潜在的な人格的機能として蓄えているものである。これをここでは、「協働による全体労働固有の能力に根ざす人格的機能」と呼んでおくことにしよう。

協業による分業の産物としての精神労働

これに続く、協働に固有な第二の労働能力（労働の生産力）は、いわば「協業にもとづく分業」から生まれる。これは、食品や衣服の生産過程にみる「分業にもとづく協業」とは異なる分業概念、つまり「協業が生み出す分業」のことである。[15] 前者は、いま見た「全体労働と部分労働の区別」を生み出したが、後者が生み出す分業（区別）は、「精神労働と肉体労働の分業」である。この「精神労働・肉体労働の分業」はすでに見てきたとおり、個々人の労働においては、頭脳労働と筋肉労働との生理的分業、および両者の機能的分業として把握されたものである。オーケストラを例にしていえば、コンダクターの指揮労働と種々の楽器担当者の演奏労働との間の分業のことである。

ただ、この精神労働と肉体労働の分業関係については、すでに個別的労働から析出される「人格的機能」をとりあげて検討した際にふれたので、ここでは、これ以上は深入りしない。ここで確かめておきたい点は、精神労働・肉体労働間の（機能的）分業における精神労働の機能は、「目的設定・合目的的意志や構想」を担う「人格的機能」として把握される、ということである。

そうすると、人間に固有な協働＝協業は、社会的な労働能力として、その内部に、この①精神労働に根ざす「目的設定・合目的的意志や構想の人格的機能」と、前述の②「全体労働固有の能力に根ざす人格的機能」との二つの人格的機能を生み出す、という結論が導き出される。[16] これらの人格的機能の位置や意味を明確にするために繰り返しておくと、これらは、①精神労働にもとづく人格的機能、②全体労働にもとづく人格的機能の二つに分類され、ともに協働を通じて形成され、発揮される社会的労働能力の要素となる。したがって、①のほうは①′「協働能力＝精神労働にもとづく人格的機能＋肉体労働」、②のほうは②′「協働能力＝全体労働にもとづく人格的機能＋部分労働」の等式関係において理解されることになる。この等式が、労働力の商品化を通じて「人格とは社会的に分離された労働能力」側に視点をおいて分析してきた本章の労働能力論における一つの結論である。

視点を転換し、労働能力サイドから人格サイドに視点を移してみると、人格は社会範疇としての人格面と、機能的範疇としての人格面との二面から捉えられ、両面をまとめると「人格＝自由独立性＋二重の人格的機能」として理解される。このような、いささか込み入った人格・能力概念の分析に立ち入ってきたのは、本章の関心が主に「人格と能力の相互関係」におかれていたためである。

ただ、これまでの人格・能力の検討は、『資本論』に依拠してすすめられてきたものであり、概念的・抽象的な展開によってきたために、経済学になじみの薄い人には、わかりにくい点があったかもしれない。とりわけ、本章のキーワードにあたる「人格的機能」概念の意味や位置づけについては、いささか話が込み入っているために、難解なところがあったのではないか、と思う。この晦渋さの欠点を多少とも補うために、以下、教育学や心理学、認知科学、社会学等の知恵を援用しつつ、若干の補足説明を加えておきたいと思う。

3　人格的機能の意味内容に関する補足説明

労働力商品化を画期にした人格概念成立の意義

まず指摘しておきたい点は、上でみてきた「人格的独立性」や「人格的機能」等は、本書第一章で指摘したように、労働力商品化によって起こる「人格と労働能力の社会的分離」のもとでの「人格範疇」に関することだ、ということである。言いかえれば、ここで議論してきた人格・能力概念は、一般的人間論や超歴史的・普遍的人格論におけるそれではなく、資本主義のもとで歴史上初めて出現する人格範疇であり、また労働能力範疇である。「労働能力とは区別された人格」とは何を意味するのか、「精神労働にもとづく人格的機能」とは何か、「全体労働にもとづく人格的機能」とは何のことか、といった問いかけは、労働力の商品化以前には、したがって資本主義社会以前には起こりようもなかった、と言ってもよい。

むろん、資本主義社会であっても、労働力の商品化のもとで起こる人格と能力の社会的分離に注目せず、さほど意識的・自覚的に対応しようとはしない場合には、ここで見てきたような「人格と能力の相互関係」についても、それほど強い関心の的にはならないであろう。また、本書で指摘してきた社会的範疇としての「人格的自由・独立性」と機能的範疇としての「人格的機能」との区別、および両者の相互関係についても、理論的な注意はあまり払われないだろう、と思われる。その代表例が、A・センの潜在能力（ケイパビリティ）論であった。本書で私がセンのケイパビリティ概念に注目したのは、そこでは人格概念が欠如していることをあげつらうためではなく、逆に、ケイパビリティ概念には、事実上、きわめて重要な人格的機能が含まれている、と考えたからにほかならない。本章が試みたのは、マルクスとセンとのいわば接続にあったといってもよい。

人格的諸機能の測定可能性に対する考え方

第二は、人格と能力とは、教育学や社会学では、しばしば、前者は計測不可能な「力」、後者は測定可能な「力」として理解されている、ということである。[17] これに近いのは、人格的なものは「非認知能力（非認知スキル）」、能力的なものは「認知能力（認知スキル）」と理解する区別論である。[18] 認知科学や心理学では、認知能力と非認知能力とを区別し、認知能力としては、たとえば読み書き計算に代表される数学、自然科学、社会科学、人文科学等の学力をあて、それ以外の道徳・倫理・心理などの計測不可能なものは非認知能力として扱われている。

測定・計測可能性を基準にして、人格と能力とを相対的に区別する方法は、一定の説得力をもった見方である。能力は、たとえば労働能力をとりあげると、その発揮による出来高や産物量の差違は計測できるし、学力は学力試験・検査で一応測定可能である。これにたいして、人格的機能となると、目的意識性や意欲・関心・注意力、また協調性や適応性といった人間に固有な資質や態度のことをあらわしているから、それらを学力テストのように測定したり、数値化することはほぼ不可能に近い。意欲・態度・関心といった人格にかかわる範疇は、一見して、測定・計測することは困難なのである。資本主義社会で問題になるのは、これらのうち、人格とは区別された能力の側、つまり主に労働能力や学力の側であるから、考察の対象として議論すべきは、人格論ではなく能力論であってよい。

こういう傾向が作用して、これまでのところ、能力とは区別された人格範疇、および人格的諸機能は、本格的に議論される機会が少なかったように思われる（ただ、これは筆者の勉強不足によるもので、一種の偏見かもしれないが、最近の教育学が案外と「人格と能力の範疇的区別」に立脚しない傾向にあるのではないか、という点については次章以下で論じる）。

とはいえ、厳密にいえば、人格・能力の両者を、ただ計測・測定可能性を基準にして区別するのは正確だとはいえない。能力であれ機能であれ、それらの水準を数値化し、比較し、等級化・序列化するのは、論理的には可能である。比較的わかりやすいスポーツを例にとると、異質な身体的運動能力を数値化したり、比較したりする競技に十種競技やトライアスロン、個人メドレーがある。これは、一定の基準（たとえばオリンピックのモットーにある速さ・高さ・強さ）、共通の尺度・指標のもとで運動能力を測定すれば、数値化できるし、総和化し、比較し、序列化できる例を示している。教科教育でも、数学、生物学、地理学のそれぞれの学力（内容）は、厳密には相互に異質な能力であるが、共通の基準・尺度のもとにおいて、その高低・強弱・大小の程度を測定し数値化すれば、比較し、序列化することができる（各種入学試験はその例である）。さまざまな人格的機能といえども、たとえば忍耐力、協調性、集中力、向上心等に関して、一定の尺度・指標を基準にして高低・多寡・優劣等を数値化（点数化）して比較することは可能である（ただし、それが適切であるかどうかの判断は別問題である）。

実は、それぞれに異質な労働能力を、その質的差異を捨象して量的差違に置き換える作業を行ったのは、市場である。市場は、まず商品市場において、パン、衣服、茶碗、家具等の異質な財貨を価値・価格の量的差違に置き換えて、交換しあう場として成立する。異質な使用価値を同質な価値の量的差違に置換して等価交換する場が、市場にほかならない。市場が異質な使用価値を同質の価値（＝交換価値）に転換するのは、異質な商品に含まれる具体的有用労働と抽象的人間労働のうち、後者の、個々の商品に投入された抽象的人間労働（量）を共通の基準にし、それを尺度としてそれぞれの商品価値を測定するからである。労働能力の価値の算定も、この商品価値の測定と同一の原理に基づいており、その商品（労働力商品）を再生産するのに必要な労働量（抽象的人間労働の量）によって労働力の価値は規定される。

話が横道にそれたので、元に戻していうと、労働能力であれ、人格的な機能であれ、食料等の商品であれ、一定の共通基準・指標、価値尺度のもとに置けば、特定の限定的な視点からではあるが、異質なものであっても、各々を数値化し、比較し、序列化することは可能である、ということである。ただし、労働力商品を取引する労働市場で重要になる主題は、労働力価値（賃金）とその量的差違であり、労働力の質的な差異は量的差違に還元される。その結果、逆にその持ち主の人格的差異、つまり過去の身分・地位差等は捨象され、無視され、平等化されることになる。同じような靴を職人が作ろうが、貴族が作ろうが、百姓がつくろうが、作り手の人格・身分は一切捨象・無視するというのが市場原理である。労働力商品化が呼び起こすこの人格的格差（身分差）の無視・無関心、排除、平等化が、身分的拘束から解放された労働者を独立化させ、その人格の自由・平等な関係をつくりだすのである。本書で取りあげてきた人格および人格的機能とは、この近代社会における自由・平等な人格に関するものである。

ただし、この近代市民の人格的諸機能を労働能力と同じように、一律に計測可能である、とみなすのは無理であって、たとえば教育学が、数学や物理・生物学等の教科教育の学力は計測可能であるが、生徒の意欲・関心・態度といった人格的諸機能は測定不可能である、と区別するのは合理的識別だと考えられる[19]。質的に異なるものを量的な差違に置き換えることは、一般的には可能であり、能力・機能等の測定可能性はあくまで相対的なものであって、数値化や測定化の是非は、その目的次第で判断すべきものであろう。その意味でいえば、教育学や心理学が、人格範疇に属するものを計測不可能なものと扱うのは合理的である。

独立性・主体性・統一性の人格的機能の三系列

第三に補足しておきたい点は、「社会範疇としての人格」および「人格的機能」の具体的意味内容についてである。

まず、「社会的範疇としての人格」は、これまで説明してきたとおり、「社会的諸関係の総体《アンサンブル》としての人格」および「人格的自由・独立性」を意味する概念だから、それほど説明を加える必要はないだろう。独立した近代的人格には、フランス革命時のスローガン「自由・平等・友愛」の内容がそのままあてはまる。自立・自律した人間だとか、自主性・独自性にあふれた人格という場合の、自律・

自主・独自性も、この「独立した人格」概念の意味内容の系譜に属する。

問題なのは、「精神労働にもとづく人格的機能」とは、具体的に何を意味するかである。

本章では、これを「目的設定・合目的的意志や構想」を担う「人格的機能」としてきた。「目的の設定や合目的的意志」からただちに想定される人格的機能は、目的を達成するための意欲・態度・能動性・積極性などである。新しい目的とその達成は、現在の能力の到達水準を超える課題であるから、目的と到達度の間には乖離《かいり》があり、その乖離を埋めるには意欲や能動的態度が必要になる。さらに、目的達成には、諸能力を集中し、指揮・指導・制御する力が必要である。これらは自制心と呼ばれる機能にほかならない。こうした意欲・関心・態度、動機・志向性、能動性・積極性等の人格的機能は、たとえば手作業の技能・熟練、筋肉を中心にした身体的運動能力、あるいは記憶力や知識量、算術能力、文章の読解能力とは区別された「人格的機能」として把握されるだろう。

たとえば、私たちは、特定の人物をさして「○○さんは何ごとにも意欲的で熱意あふれる人だ」とか、「△△さんは常に見通しをもって課題にとりくむ人だ」といった人物評価をするが、これは「精神労働にもとづく人格的機能」を評価したものである。逆に「××さんはその場その場の思いつき、行き当たりばったりで動く人」だとか、「××君はいささか注意力散漫で自制心に欠ける」という場合も、おなじ人格的機能に着眼した人物評をあらわしている。

目的を表象化する能力、構想力も、目的意識性や意識的計画性として言いかえられる人格的機能である。新しい目的や課題、ビジョンを描き出す能力は、すでに獲得した労働能力を繰り返して発揮する技能やスキル、技《わざ》、こつ等とは区別される人格的機能に属するとみてよい。将来を展望する力、夢や希望を抱く力も、一つの人間的な能力ではあるが、人間ならではの人格的機能に属する（本書「はじめに」で指摘した意欲の源泉の一つはこれにあたる）。

　このような目的意識性・意欲・態度・関心・構想・志向性などは、いま思いつくままにあげてきた人格的機能の例であるが、理論的整理の便宜上、ここでは「主体性」の概念で一括しておくことにしたい。つまり、「精神労働にもとづく人格的機能」は「主体性」の概念で要約しておくことにする。[20]

　次の問題は、「全体労働にもとづく人格的機能」とは、具体的には何をさすのかということである。「全体労働」とは「部分労働」の集合・結合から生まれる力だから、部分労働を専門性、特殊性、特性、個性の性質から把握する場合には、全体労働に根ざす人格的機能は総合性、包括性、構造性、調和性といった性質のものになるだろう。全体労働を部分労働の担い手たちの集団・結合・総和の視点からつかむ場合には、部分的・専門的労働を担う労働者相互のコミュニケーション関係が問題になるので、全体労働に根ざす人格的機能には、労働者相互のコミュニケーションに不可欠な協力・協調性、共同性、友好性・誠実性・信頼性といった人格的機能が含まれることになる（補注：ここでは、まだ人間的・言語的コミュニケーション関係は十分に考察していないので、人間的コミュニケーション関係にもとづく人格的機能には、これ以上深く立ち入らず、後章の検討課題としておく）。

　この「全体労働に根ざす人格的機能」を表わした人物評には、「彼は偏狭ではなく、バランス感覚をもった人物だ」とか、「彼女は誰からも慕われる誠実な人だ」といった評価、それとは逆のネガテイブな人物評としては、「あの人は頑ななまでに持論にこだわる頑固者」、「彼は思い込みが激しく、自分のからに閉じこもる」といった例があげられるだろう。これらはよく言えば個性であるが、悪くいえば偏屈な人柄のことを表わすものである。

ただ、こうした人格的機能の細かな分析課題は、教育学や心理学・認知科学のテーマに属すると考えられるので、これ以上には深入りせず、ここでは「全体労働に根ざす人格的機能」を「統一性」の一言で一括しておくことにしたい。ついでに断っておくと、この「統一性」や上述の「主体性」といった人格的機能概念は、教育学や認知科学には素人の一経済学者が、人格・能力論の理論的な整理を意図して、便宜上使用している言葉であり、また、人格的機能に内包された豊かな内容を表現するには舌足らずの感がぬぐえないため、筆者としてはさほど強く拘泥《こうでい》する用語ではない。要するに、仮説的概念として使っている用語である。

人格概念と能力との相互関係に関するまとめ

以上のような補足を加えたうえで、あえて人格概念と能力との相互関係を一覧図にまとめるとすれば、次ページの別図「社会範疇としての人格と労働能力」のようになるだろう。この図はこれまで検討したきたことの見取り図のようなものであり、その内容に関しては、追加的な説明は不要だと思われるが、蛇足ながら、その読み取り方に関して若干の注釈を施しておきたいと思う。

社会範疇としての人格と労働能力

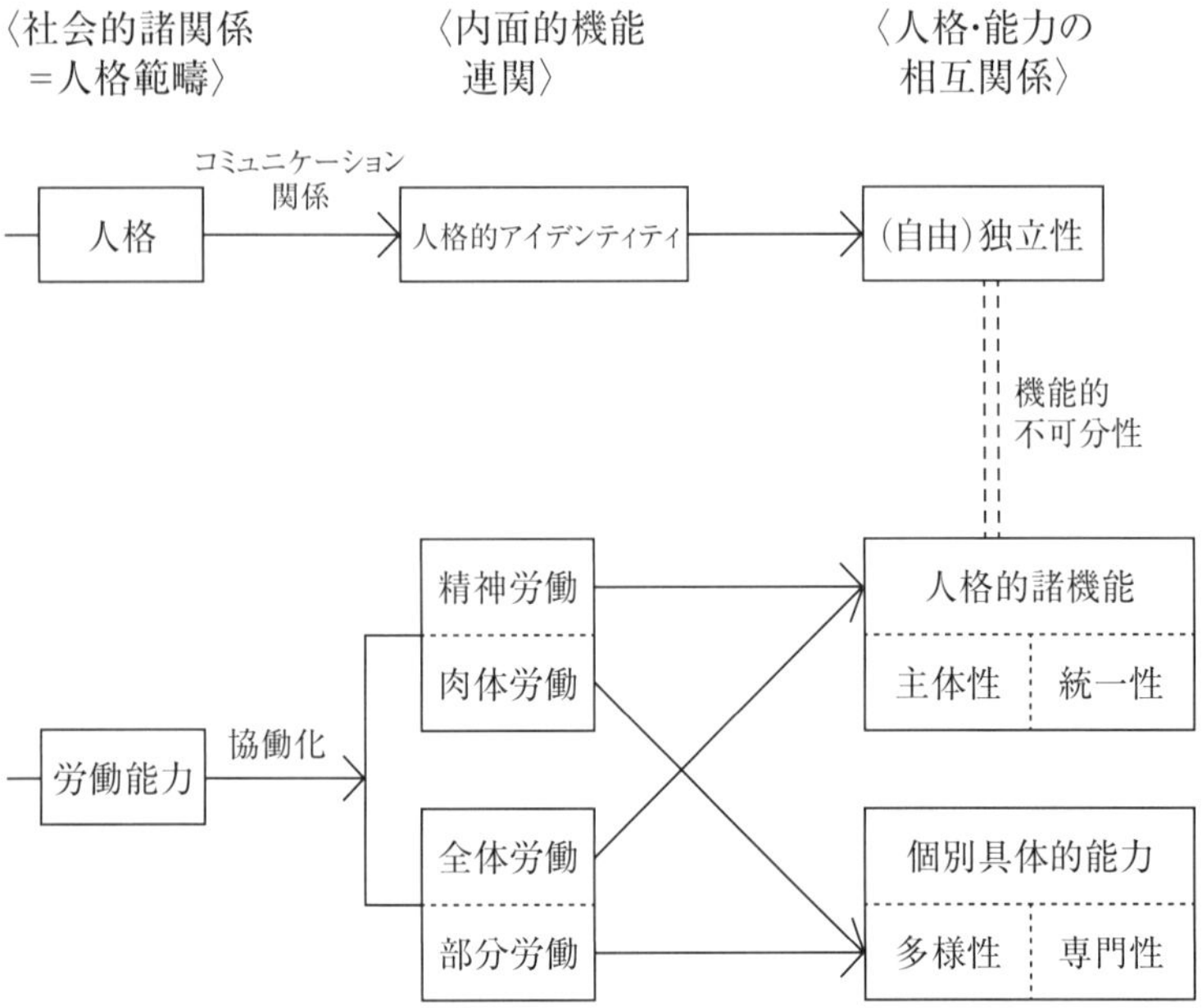

別図は左から右に視線を動かして読んでもらうと、その意味が理解できるはずである。出発点は、図の左サイドに記した「労働力の商品化」にある。これが引き金となって、社会範疇としては、「人格と労働能力の社会的分離」が呼び起こされる。本書の出発点においたのは、繰り返し指摘してきた通り、この「人格・能力範疇の社会的分離」であり、ここから歴史上初めて「独立した人格」が成立する。別図の上段は、この「独立した人格」が社会的コミュニケーション関係を媒介にして、各自の内面ではそれぞれの「人格的アイデンティティ」を形成し、労働諸能力との関係においては、「人格的自由・独立性」の社会的機能を発揮す

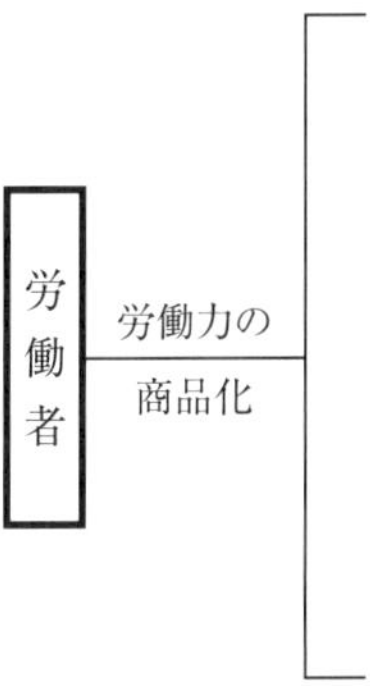

る、という流れを描いたものである。よって、「独立した人格」の特質を表現するキーワードは「人格的自由・独立性」である。

別図下段の「人格とは区別された労働能力」の系列では、まず協働（協業的労働）の進展によって、労働は「精神労働＋肉体労働」・「全体労働＋部分労働」の二面から把握される関係に入る。次に、この二面を反映して、人格的機能は精神労働・全体労働にもとづく主体性と統一性の二つから構成され、個別具体的能力は、「専門性」と「多様性」に集約される諸機能を発揮することになる。独立した人格に対応するこの労働能力の特質をあらわすキーワードは、「多様性」である。

以上が、別図の読み取り方に関する補足説明であるが、話を前に進めるために、ここで一点だけ振り返っておかなければならない論点がある。それは、この別図は、マルクスが「最初の動物的、本能的諸形態を問題としない」と述べた労働、すなわち「人間にのみ属している形態の労働」を分析した結果、それも労働力が商品化された歴史段階における人間的本源的労働を分析した結果の一覧だ、ということである。言いかえると、別図に表された「人格と労働能力の相互関係」は、資本によって実質的に包摂された労働（＝実質的に支配された労働）という側面を捨象した人格・労働能力を取り扱ったものだ、ということである。だが、現実の労働は、資本主義に独自な生産様式（機械制大工業）のもとでの労働であり、「資本による実質的包摂のもとでの労働」である。資本に包摂された労働能力は、本源的には社会的・人間的な労働能力ではあるが、現実には「資本の生産力（＝生産能力）」に転化したものとしてあらわれる。工場法を生み出した原生的労資関係のもとでの労働は、この「資本によって実質的に包摂された労働」にほかならなかった。

したがって、本章を締めくくるためには、最後に、「資本に包摂された労働」における人格・能力の相互関係に目を向けておかなければならない。

4　資本主義に独自な生産様式のもとでの人格・能力

資本による実質的包摂下の労働者の「自乗化された貧困」

資本主義に固有な生産様式は協業に開始し、マニュファクチュア的分業の展開を経て、機械制大工業において確立する。技術史的にいえば、資本主義的生産様式の独自性は、労働手段が道具から機械に転換した時点にあらわれる。道具と機械の違いはどこにあるか。道具は人間（主に手）の制御によって操作され、作業機能を発揮するものであるが、機械は、作業部面が人間の手による制御から切り離され、自動的に運動する作業具の結合体（装置）になっている点にある。端折っていえば、道具は人間の手で制御される労働手段、機械は人間の手で制御されない自動的運動装置[21]、という点に両者の違いが求められる。

したがって道具と機械を識別する際のキーワードは「制御」にある、といってよい。動物の作業と区別される人間の労働の特質は、既述のとおり、目的の設定・構想という点に求められたが、その人間的労働自体は、目的を達成するための動力（エネルギー）と制御（コントロール）の二つの力を要素にしたもの、すなわち労働は「動力プラス制御」の二面によって構成されるものである。一個の人間の労働は、動力を担う筋肉・肉体と制御を担う神経・頭脳の働きを合体したものであるが、労働生産力の発展（したがって労働能力の発達）を主導するのは、このうち制御（コントロール）力の側である。道具とは、すでに原始的な石器に現われているように、この制御機能を人間の手の延長として客体化・対象化したものにほかならない。つまり、道具は人間の手の機能を延長した作業手段である。

道具は、人間の手による制御のもとで利用され、発展させられるから、その技術史は人間の制御能力の発達、すなわち技能・スキル・知恵の蓄積・伝承、頭脳労働・精神労働の発達、それに付随した筋肉・身体能力の発達の歴史でもある。したがって、上記の別図「社会範疇としての人格と労働能力」の下段に記された労働能力の系列は、この道具段階の個別具体的労働能力および人格的機能の歴史にもあてはまる。すなわち、道具が支配的な労働手段であった資本主義以前の時代には、道具の生産能力の発展は、「主体性＋統一性の人格的諸機能」や「専門性＋多様性の個別具体的労働能力」の発達を促す歴史でもあった（ただし、この発展＝発達の単位は個人ではなく、共同体を単位にしたものであったという点は注意を要する）。

ところが、労働手段の技術が道具から機械に移行した資本主義的生産様式のもとでは、この技術・労働能力・人格的機能相互のいわば三位一体的調和性は崩れ、まず技術の発展が技能（スキル）の発達とは必ずしも結びつかなくなる。なぜなら、機械は、道具にとっては不可欠であった手による制御、したがって手に蓄えられた技能・熟練や、手のスキルと不可分の関係にあった頭脳の知恵、経験知・暗黙知等を不要化するからである。一言でいえば、機械は手工業の主人公、職人の熟練・技能を解体する。機械制大工業の労働者は、産業革命期の綿工場の多数が女性・子どもで占められていたことが示すように、スキル・熟練を要さず、機械の部品、付属品として働く者たちとなる。チャップリンの映画『モダン・タイムス』は、その工場労働者の典型的な姿を描き出した名作であった。

機械の単なる部品化した労働者は、先の別図に照らしていうと、精神労働および全体労働を握った資本が支配する肉体労働及び部分労働の担い手にすぎなくなる。したがって、資本主義に固有な機械制大工業が発展する過程では、①「主体性＋統一性」を構成要素とする人格的機能も、②「多様性＋専門性」を構成要素とする個別具体的労働能力も、労働者からは一切合切が剥奪され、不要化される。かかる労働者は、自らの労働能力を実現する手段を奪われた「絶対的貧困」の状態におかれたまま、同時に、個別具体的な労働能力も人格的諸機能をも絶えず陳腐化され、剥奪される。これを仮に

「絶対的欠乏」と呼んでおくとすれば、資本主義に独自な生産様式のもとでの労働者は、いわば「自乗化された貧困＝欠乏」に陥れられるのである。[22]

資本主義は、労働力の商品化を起点にして、労働者をまず、労働手段を奪われた「絶対的貧困」の地位にたたき落としたが、続いて彼らを独自の生産様式である機械制大工業のもとに包摂し、具体的な労働諸能力もろとも人格的独立性を剥奪された「絶対的欠乏」の状態に陥れ、それらの帰結として「自乗化された貧困＝欠乏状態」を呼び起こしたのである。資本主義の発展過程は、「労働の生産能力」の「資本の生産力」への転化の、絶えざる歴史であるが、その結末を物語るのがこの「自乗化された貧困」である。

ただし、以上は駆け足で見た「資本主義的生産様式に包摂された労働者」の物語にすぎない。具体的な事例を省略した、荒っぽい筋書きの物語となったので、いささかわかりにくい説明になったのではないか、と恐れる。その弁明をかねて、ここで少しばかり一息入れ、三点を追加しておきたい。

ICT革命の進行と情報による制御

第一は、労働者側の上記の「自乗化された貧困」物語には、続篇があって、現代社会から見れば、未完の話に終わっていることである。続篇とは、機械制大工業に続く新たな生産様式段階の「物語」である。[23]機械制大工業下の労働者状態については、すでに『資本論』で克明に描かれているとおりであるが、技術史的、生産様式史的な流れからみると、機械制の後にはコンピュータ段階、続いて現在のＩＣＴ革命段階（さらに言えば、近年のＡＩ〈Artificial Intelligence〉技術の発展期）が現われる。これらを加えて、上述の「自乗化された貧困」物語を続けようとすると、話が複雑になるし、さらに膨大な紙数を要する（これが荒っぽい議論で済ませた主な理由である）。ただ、未完のままこの章を終わるのは、無責任でもあるので、ここでは一点だけ、続篇のポイントを指摘しておきたいと思う。

要点は、機械制大工業の技術とコンピュータ段階の技術とは、労働者の視点からみて、どこに違いがあるか、という点にある。機械の特質は、道具と比較した場合、労働者の手作業による制御、つまり技能・熟練が機械に移転し、不要化するという点にあった。ただし、制御機能自身が丸ごとなくなるというわけではない。作業過程の手による制御は不要化するが、その代わりに、機械に対する頭脳と目による監視・管理・制御が必要になる。端的にいうと、道具から機械への移行は、人間による労働手段の制御が手から頭脳に移行する、という点に画期があったわけである。ところが、コンピュータの制御によるオートメーション（自動機械・装置）になると、機械ではまだ必要であった頭脳による制御を人間から奪い、機械自身がまさに自動的に制御する装置になる。手によるばかりではなく、人間の頭脳による制御を不要化した点に、コンピュータ段階の自動制御機械（auto-machine）の特質があるわけである。

すでに指摘したように、労働手段の発展史は、労働＝技術を構成する「動力と制御の二要素」のうち、制御サイドの力によって牽引され、主導された歴史であったが、「道具→機械→コンピュータ」

という技術史の流れは、この制御機能を「手→頭脳→コンピュータ」の順に置き換えてきた歴史であったと言ってよい。ここから話を一歩前に進めると、制御機能を担う力はどこからくるのか、という問題が浮上する。結論をずばり言えば、情報である。言いかえれば、情報が制御に必要な媒体となる。たとえば、道具を利用した手の作業（＝制御）は、頭脳から発信され神経を通じて手に伝動される情報による。機械の最も単純な典型であるミシン（マシンから転じた日本語）を制御するには、ミシンの機能・仕組み・運動に関する情報が不可欠であり、人はそれらの情報を使い、目・頭脳の働きによってミシンを制御し縫いものをする。[24]

そうすると今度は、道具の制御に必要な情報は、いかなる形態の情報であったか、という新しい問題が発生する。ここでも結論だけをいえば、それは言葉である。原始的石器の製作（つまり人間的労働）の始まりが、言葉の獲得の始まりであったのは偶然の一致ではない。先にアシュール型石器の製作には、目的の設定、「将来の精神的先取り」の能力が必要であったはずだ、と指摘したが、原始的石器・アシューリアン期に、人類は言葉の最初の形態である「身振り言語」を獲得したと考えられる。[25]言葉こそは、人間の労働に必須であった「目的の設定」、その表象化能力、そして、「いま・ここ」の時空間を超える想像能力等の源泉であったが、道具・機械段階までの制御に必要な情報は、この「言葉による情報」であった、といってよい。ところが、コンピュータを起点にした制御技術は、この「言葉による情報」を「デジタル化された情報」に切り換えることになった（より正確には、「言葉による情報」にとって代わったのではなく、言葉を「デジタル化された情報形態」に切り換えることになった、というべきである)[26]。

コンピュータを頭脳部分に備えた自動制御機械は、従来の機械に対する制御機能を人間の頭脳から機械装置そのものの頭脳部分に移転させたのにとどまらず、制御の媒体機能を持つ(あらゆる)情報――聴覚・視覚・触覚・味覚・嗅覚情報にいたるまで――を、言葉から「デジタル化された情報形態」に転換したのである。そのうえにいま重要なのは、情報は、人間の生活にとって、制御機能を担うばかりではなく、コミュニケーションの機能を担う、という点にある。それは、「言葉による情報」が、人類史上、①労働過程における制御機能と、②動物的コミュニケーションの人間的コミュニケーションへの転換との、二重の役割を担ったことに由来する。したがって、コンピュータ技術の発展は、「制御プラスコミュニケーション」の二大機能を担う情報のデジタル化を発展させるために、やがて現代の(現在進行中の)ICT革命(Information & Communication Technology, 情報通信革命)を呼び起こすことになる。

ICT革命はコンピュータ技術の新段階という性格を持ったものである。新しさの意味は、大づかみに言って、二重である。①情報のデジタル化の範囲・質が飛躍的に高度化・広範化していること、②情報の処理のみならず伝達・通信・交流等のコミュニケーション機能に及んでいることである。このICT革命は、前世紀末、すなわち一九九〇年代から本格化したものであったが、二一世紀に入って以降、特に二〇一〇年代において、情報収集・蓄積および処理・加工技術面で新たな局面を迎えるにいたった。それが、ニューラルネットワーク型AIの登場である、とされている。ニューラルネットワーク型（神経回路網型）とは、人間の頭脳のニューロン（神経細胞）網にヒントを得、その構造をいわば模した数式モデルのことをさすらしい。私は、こうしたＡＩ技術についてはまったくの素人だから、十分理解しているわけではないが、このニューラルネットワーク技術のうえに、近年のチャットＧＰＴ〈Generative Pretrained Transformer〉が開発されたという。したがって、現在の生成ＡＩ技術、チャットＧＰＴの出現は、コンピュータ技術の発展史、ＩＣＴ革命の進行過程でも一つの新局面を表わす、といってよいだろう[27]。

　技術論を専門にするわけではない筆者が、急ぎ足で機械制大工業以降の技術史を追っただけでも、以上のように、かなりの紙数を費やすことになった。技術にそれほど関心を持たない読者にとっては、この駆け足の説明だけでも退屈感を催したかもしれない。そこで、一区切りつけるために述べておくと、以上の機械制大工業以降の技術の「資本の生産力化」、すなわちコンピュータやＩＣＴ等の技術と労働の資本のもとへの包摂は、労働者の「自乗化された貧困＝欠乏状態」に変更を加えるものではなく、むしろその拡大再生産を呼び起こすようなものであったということ――ここで述べておきたかったのは、この点にある。「自乗化された貧困」が資本主義のもとでの労働者の一般的状態であることが確かめられれば、以下に述べる「人格・能力の発達」の展望も、現代に通用することになるだろう。この点を確認するために、ここではＩＣＴ革命やＡＩにまで言及したわけである（ただし、人間発達の社会的基礎に対するＩＣＴの影響は、深刻な意味を持つので本書後段であらためて取りあげる）。

欠乏＝貧困は必要＝発達を生む母親

追加的・補足的論点の第二として指摘しておきたい点は、ここでの主題は、「自乗化された貧困」ではなく、その裏側で進行する人格・能力の発達の可能性、展望にある、ということである。言いかえれば、資本主義に独自な生産様式の展開過程で生まれる労働者の発達可能性とはどのようなものであるか、これが本書の主たる関心事である。筆者の関心は「貧困＝欠乏」にあるのではなく「発達」にあるのである。

そうすると、先に確かめた「自乗化された貧困」（絶対的貧困×絶対的欠乏）は、その裏側において、いかにして「脱貧困」に向かう新たな可能性を生み出すのか、という面をとりあげなければならない。つまり、「自乗化された貧困」の裏面にある新たな「脱貧困」の潜在力の発見が主たる課題になるわけである。ちなみに、欠乏・困窮の英語 want の複数形 wants は必要物であり、動詞としての want は「欲望する」と「必要とする」の意味を兼ねる。いわば「欠乏は、必要の生みの母である」というのが、英語の want の意味するところである。

マルクスの欠乏（英語の want にあたる独語の Not）概念は、若い頃から一貫してこの「欠乏＝必要」視点に立って捉えられた「欠乏」であった。マルクスは弱冠二〇代期に、早くも、「ゆたかな人間は、同時に人間的な生命発現の総体を必要としている人間である。すなわち、自分自身の実現ということが内的必然性として、必須のもの［Not］として彼のうちに存する人間である」と書いている(28)（傍点は原文）。これは、「欠乏」のなかから「必要」が生まれる、「欠乏が欲望を生み出す」という視点を語ったものである。

この視点に立つと、「絶対的貧困＝欠乏」は、潜在的には「絶対的必要＝要求」を生み出す源泉として把握される。労働能力にこれをあてはめると、労働能力の「絶対的・全面的欠乏＝剥奪」は、裏返して言うと「普遍的・全面的必要」の潜在的な源泉になる、ということである。この「欠乏が必要を生む母親になる」という関係は、『資本論』の論理に即してまとめると、三段階に分けて捉えられる。

まず第一は、大工業が限られた仕事・職種・職位における技能・熟練を解体し、その意味では、労働者を「絶対的欠乏」の状態に陥れることである。『資本論』は、これを「靴匠《くつしょう》は靴型以上に出るなかれ」という古代ギリシャの言葉を引いて表現している。この言葉にあたる日本語は「餅は餅屋」であるが、その意味を少々敷衍して言うと、機械制大工業はそれ以前の職人的労働者の技能・熟練を不要化し、過去の特殊な能力・秘技等を役に立たなくするということ、「餅は餅屋」の時代を終わらせるということである。資本主義以前は、「餅は餅屋」・「仕立職人は生涯仕立人」・「大工の子は大工」・「百姓には学問は要らぬ」・「板前は死ぬまで調理人」といった生き方や働き方の時代であるが、大工業はこのような古い時代のギルドや徒弟制度を通じて継承されてきた熟練・技能を陳腐化する。

これは、機械制大工業が労働者に襲いかかって起こる「絶対的貧困＝欠乏」を意味する。コンピュータ段階のＩＣＴ時代にあっても、これと同じ「貧困＝欠乏」化が進行する。新しいのは、ＩＣＴ時代には、手の熟練・技能ばかりではなく、その上に頭脳のスキル・知恵・知識の陳腐化、したがって「貧困＝欠乏」化が進行する、という点にある。たとえば、ＡＩの広汎《こうはん》な普及によって、一〇年後には、四人に一人は失職する、学校では、大半の教師は不要になるといった「ＡＩ脅威論」が流行しているのは、このことを示している[29]。

第二は、大工業は、偏狭な職人技・技能を解体する代わりに、職域間の壁を打ち砕き、いまや機械の部品化した労働者を、移動させ、流動化し、転職に追い込み、彼らにあらゆる職能への適応を強要するということである。大工職人は生涯大工、鍛冶職人は死ぬまで鍛冶屋の時代は機械制大工業の出現によって終わるが、その代わりに、機械に始まりコンピュータを経て現代のＩＣＴに至る技術の発展は、労働者階級に対して、あらゆる職能、職種、職域に通用し、適応できる能力を否応なく求める。これをマルクスは、全面的可動性、能力の流動化、一般的適応性と呼んだ。『資本論』は、大工業のもとでのこの転換を次のように述べている。

「近代的工業は、……生産の技術的基礎とともに、労働者の諸機能および労働過程の社会的諸結合を絶えず変革する。近代的工業は、それとともに社会の内部における分業も絶えず変革し、大量の資本および大量の労働者をある生産部門から他の生産部門へ間断なく投げ入れる。だから大工業の本性は、労働の転換、機能の流動、労働者の全面的可動性を条件づける」（『資本論③』八四九～八五〇ページ）

ここで指摘された「労働の転換」、「機能の流動」、「労働者の全面的可動性」とは、一見すると難解なように見えるが、実は簡単なことである。たとえば、現代の「日替わり」「月替わり」、「季節替わり」の派遣労働者を見ればよい。彼らは、今日ビルメンの仕事で働いたかと思えば、明日は宅配業務に従事し、翌月は自動車の組み立て工、翌々月は野菜ファームで汗を流しているかもしれない。現代日本では非正規労働が約四割に達しているが、彼ら・彼女たちの労働能力には、過去の職人的スキルとは異なり、きわめて弾力的・流動的な種々の職種への適応性、全面的・一般的可動性が求められるといってよい。

ただし、その労働の流動性・可動性は、資本主義社会では、相変わらずの「古い分業の骨化した分立制」（同前八五〇ページ）のもとでのそれである。骨化した分業システムが維持され、再生産される場合には、労働者諸個人は、一方では不断に進む技術革新に要請されて多面におよぶ適応能力が求められながら、実際に従事するのはほんの一部の断片的な業務にすぎない。つまり、個々人に割り当てられる仕事は単純労働、部分労働となる。この矛盾を視野に収めて『資本論』は、上記の引用文に続けて、労働者の新たな可能性を次のように語っている。

「大工業は、労働の転換、したがって労働者の可能な限りの多面性を一般的な社会的生産法則として承認し、そしてこの法則の正常な実現に諸関係を適合させることを、自己の破局そのものを通じて、死活の問題とする。大工業は、資本の変転する搾取欲求のために予備として保有され自由に利用されうる窮乏した労働者人口という奇怪事を、変転する労働需要に応じる人間の絶対的な利用可能性で置き換えることを——すなわち、一つの社会的な細部機能の単なる担い手に過ぎない部分個人を、さまざまな社会的機能をかわるがわる行なうような活動様式をもった、全体的に発達した個人で置き換えることを、死活の問題とする」（同前八五〇ページ）

これは、先に使った言葉でいうと、大工業のもとでの労働能力の「絶対的・全面的欠乏＝剥奪」は、その裏側に、「普遍的・全面的発達の必要」を生みだす、という関係を述べたものである。「（古い）能力の剥奪＝欠乏」が「（新しい）全面的能力の必要」を生む母となる、という関係である。資本主義に固有な生産様式は、こうして、絶えず「必要を生み出す欠乏」の、母親のごとき役割を果たしていくのである。

制御機能を担う一般的科学的労働の必然化

さて第三は、こうした「欠乏が生み出す必要」を一歩一歩現実化していく条件を資本主義自身が作り出さずにはおかない、ということである。いま、この「必要性」を「普遍的・全面的発達の必要性」に焦点を当てて把握するとすれば、新たな発達可能性の鍵となる能力＝機能とは「制御機能」である。というのは、一定の技術と労働との結合様式を表わす生産様式の核心は、上述した簡単な技術史からも理解できるように、人間の労働に固有な制御能力にあるからである。「技術プラス労働の結合様式」の中枢は、単純な道具では手、機械では頭脳・目、オートメーションでは知識・情報、IC

Tではデジタル形態情報の処理能力、という人間の有する制御能力にあった。

機械制大工業以降の制御能力を担うのは、マルクスが用いた言葉でいうと、「自然科学の意識的応用」、「自然諸科学の技術学的応用」、「科学の自立的な生産力能」、「科学的な性格をもつ一般的労働」、「一般的科学的労働」、「一般的社会的知能・知識」、「一般的知性の制御」等である。[30] これらの言葉が物語ることは、機械やオートメーション、ＩＣＴ等の技術を制御する人間の労働の特質は、科学の力、自然科学の意識的適用、一般的科学的労働、一般的社会的知性にある、とマルクスは捉えていたということである。かかる科学にもとづく労働、社会的知性にもとづく労働のことを、ここでは一括し、簡略化して「一般的科学的労働」と呼んでおくことにしたい（後に議論する「コミュニケーション的理性」概念との関係で、ここで一言付け加えておくと、この一般的科学的労働は「理性にもとづく労働」としてとらえ直すことができる）。

この「一般的科学的労働」が、資本主義的生産様式において必須のものとなり、また社会全体においても必要不可欠になるのは、労働者の手と頭に残された労働手段に対する制御機能＝能力が、絶えずめくるめく変化し、柔軟化し、高度化するため、さらに「私的所有プラス社会的分業」のもとでの社会の無政府性が絶えず新たな管理・調整・制御の社会的能力を要請するためである。ここでは、こうした「一般的科学的労働」の必要性、「一般的社会的知能・知識」の求めに応じる新たな社会的制度が要請される。それは何か。手始めに必要となるのは、新しい学校制度、正確には義務教育制度である。この新しい「欠乏が生み出す必要」の第一歩である学校・教育制度を指摘して本章を締めくくるとしよう。

小括――バージョンアップされる「自由時間＋人権」

大工業段階が必然的に要請する「全体的に発達した個人」は、いかなる形態、媒介をつうじて生み出されることになるのか、『資本論』はその見通しを語って次のように指摘している。

「大工業を基礎として自然発生的に発展したこの変革過程［部分的機能の単なる担い手を全体的に発達した個人に置き換えること］の一契機は、総合技術および農学の学校であり、もう一つの契機は、労働者の子供たちが技術学とさまざまな生産用具の実際的な取り扱いとについてある程度の授業を受ける『〝職業学校〟』である。工場立法が、資本からやっともぎ取った最初の譲歩として、初等教育を工場労働と結びつけるにすぎないとすれば、労働者階級による政治権力の不可避的な獲得は、理論的および実践的な技術学的教育の占めるべき席を、労働者学校のなかに獲得することになることは、疑う余地がない」（『資本論③』八五〇～八五一ページ）

『資本論』初刊から一五〇年以上たった現在、この指摘の含意を読み取るにあたって、私たちが頭に入れておかなければならないことは、少なくとも三点ある。[31]

第一は、当時の学校制度は現代のそれとは大きく異なっており、子どもたち向けの初等教育はもっぱら宗教・道徳教育を中心にした訓育にすぎなかったこと、青年・成人向け職業・技術教育等は皆無といってよい状況だったことである。一九世紀半ばのヨーロッパ人のおよそ半数、四五～五〇パーセントは文字が読めなかった、と推定されるほどの教育水準にすぎなかった、という事情も頭の片隅においておくとよい。当時の初等教育の最大の課題は、児童の就学の徹底とともに、宗教・道徳教育（訓育）中心の学校を「世俗教育」に切り換えること、すなわち初等の3R's（reading, writing, arithmeticの読み・書き・算術）の知育・陶冶《とうや》型のもの（instruction）に転換することにあったといってもよい[32]。高等教育が一般の労働者・大衆には無縁のものだったことは指摘するまでもない。

第二は、英仏等の先行する資本主義諸国であっても、義務教育制度が導入されるのは、一九世紀後半の一八八〇年代になってからだった、ということである。イギリスでは小学校が全国各地に設立されるのは一八七〇年以降、初等義務教育制が導入されるのは一八八〇年である。フランスでは、無償の義務教育が発足するのは一八八一年ジュール・フェリー法によってであった（ついでながら、日本の義務教育は一八八六年開始）。子どもの「就学義務」が始まるのは、既述のとおり、工場児童に対する工場法の教育条項からであったが、イギリスの場合、一八七八年の工場法の統合・一本化が、一八八〇年の初等教育義務化の引き金になった（無償制になるのはその一〇年後の一八九一年である）。マルクス自身は早くからの無償義務教育制度の推進論者であったが[33]、それが英仏等で実現するのは、彼の死後であった。厳密な意味での公教育の始まりは、義務教育の無償化に求められるから、先の『資本論』の指摘は、この公教育の開始以前のものだという点は留意しておいてよいことである。

第三は、その『資本論』によって、全体的に発達した諸個人を準備するのに必要な第一・第二の契機とされた「総合技術及び農学の学校」、「〝職業学校〟」とは、現時点から見れば、公教育制度としての学校、あるいは無償の学校制度として位置づけられることである。ここで例示された「総合技術学校」「農学校」「職業学校」は、その呼称に引きずられて現代社会の「技術専門学校」や「職人養成校」と理解されてはならず、むしろ大工業時代が要請する先述の「一般的科学的労働」の担い手を養成する学校だと理解するのが適切である。

機械制大工業は、伝統的な熟練・技能を陳腐化するとしても、資本主義的生産様式が必然化する絶えざる技術革新のもとで、それに適合的な労働能力、新技術に適応できる労働能力を求めるのであって、この事情が、資本主義にふさわしい学校・教育制度を作り出すことになる、とりわけ義務教育制度を呼び起こす背景になる。ここに生まれる「公教育＝義務教育制度」が、すなわち「一般的科学的労働」の担い手を育てる制度になるのである[34]。「総合技術及び農学の学校」、「〝職業学校〟」とは、この「一般的科学的労働」の担い手を育成する学校として把握されなければならない。

ただし、一九世紀後半期に制度化された義務教育制は、言うまでもないことであるが、発足当初にあっては、国民の教育権を反映したものではなかった。労働者側の「必要＝要求」に応えるというよりも、むしろ資本主義の求める労働能力、国家が求める「公民」を育成するための制度であったといってよい。一九世紀後半は、先進資本主義国が帝国主義時代に突入する時期に当たるから、発足当初の義務教育は帝国主義の臣民、帝国の公民を育成することに主目的があったといってよい。戦前日本の義務教育は天皇制国家の臣民・赤子《せきし》を育成する教育であった。だが、義務教育＝強制教育の仕組みは、やがて弁証法的帰結を呼び起こす。

ここで「弁証法」というのは、「欠乏＝不足が必要＝充足の母体になる」、という一種の逆転の法則のことである。全児童の就学義務は、子どもの中に「就学の必要」や「教育を必要とする子ども」を発見させる。この関係は、全児童の就学義務が社会において障害児を発見させた、と言われるのに同じである。全児童の就学義務が障害児に固有な教育の必要性を発見させ、その発展を呼び起こしたように、義務教育は「教育に欠ける子ども」・「教育に不足する子ども」を発見させ、「不足する教育の充足」・「能力に応じた教育」の必要性を喚起するのである。

日本の憲法第二六条は、「すべて国民は、法律の定めるところにより、その能力に応じて、ひとしく教育を受ける権利を有する」（傍点は引用者）と明記し、国民の教育権を謳っている。「その能力に応じて」とは「その必要に応じて」と読みかえられる、というのが現代の通説である。[35]「必要に応じた教育」を受ける権利を生む母体の役割を果たしたのは、それに先立つ義務教育制度であった。必要に応じて教育を受ける権利とは、健康で文化的な最低限度を維持するのに必要なものを充足する権利（生存権）と同様に、一つの社会権である。これは、大工業時代に転々と流動化させられ、転職を迫られ、労働市場において失業・就業の排除・吸引の磁力に翻弄される労働者が、「仕事の欠乏＝失業」から生まれる労働権＝雇用保障を求めるようになるのと同様である。教育権は生存権・労働権に並ぶ社会権の代表である。

前章では、人格的独立性の新たな社会的基礎としての「自由時間＋人権」を確かめたが、本章で確認できることは、その「人権」カテゴリーが資本主義の発展過程において、かつての自由権から社会権へと確実に高められ、バージョンアップされる、ということである。「自乗化された貧困＝欠乏」が母となって「社会権の必要」を生み、バージョンアップされた人権を誕生させたのである。

〈注〉

(1) たとえば、島田豊「科学的世界観と人格の形成」矢川徳光編『講座　現代民主主義教育　第三巻　民主教育の基礎理論』青木書店、一九六九年所収。また芝田進午氏（哲学者）は、「人格は人間の肉体的・精神的活動（欲望、関心、感情、思考、意志等をふくむ）の総体であり、また他の側面からみれば、肉体的労働能力と精神的労働能力の総体として、また『社会的諸関係の総体』として規定される」と把握していた（『人間性と人格の理論』青木書店、一九六一年、一四七ページ）。人格に対するこの「包括的視点」に立って、同氏は、労働力の商品化をただちに「人格の商品への転化」とみなしたが（同上、一八二ページ以下）、これが誤りであることは、すでに第一章で述べたとおりである。

(2) 精神労働と肉体労働の区別を「構想」と「実行」の区別として捉え、オーケストラの指揮者と楽器演奏者の役割に対応させたのは、ハリー・ブレイヴァマン、富沢賢治訳『労働と独占資本――20世紀における労働の衰退』岩波書店、一九七八年である。

(3) アマルティア・セン、鈴村興太郎訳『福祉の経済学――財と潜在能力』岩波書店、一九八八年。鈴村興太郎・後藤玲子『アマルティア・セン――経済学と倫理学』実教出版、二〇〇一年。なお参考のために記しておくと、私の記憶では、作家の大江健三郎氏はこのセンのケイパビリティ概念に注目し、確か「伸びる力」の訳語をあてていたと思う。

(4) セン、前掲『福祉の経済学』は、潜在能力を説明して、「彼／彼女が達成しうる機能のさまざまな組合わせ（「ありかた」）を反映するものである」としている（二六ページ）。

(5) ロールズの正義論の核心は、許容できる社会的・経済的不平等とは、最も不遇な人びとの最大の便益に資するよう「公正な機会均等原理」が働く場合のみである（「格差原理」と呼ばれる）、という考え方にある。センとロールズの比較については、アマルティア・セン、後藤玲子著『福祉と正義』東京大学出版会、二〇〇八年、神島裕子『正義とは何か――現代政治哲学の6つの視点』中公新書、二〇一八年参照。

(6) これは、たとえば、センが「潜在能力はその人の目的を遂行する機会を文字通り意味している」、「機能は福祉の構成要素であり、潜在能力はこれらの構成要素を追求する自由を反映している」と述べているところにあらわれている（アマルティア・セン、池本幸生ほか訳『不平等の再検討――潜在能力と自由』岩波書店、一九九九年、一〇、六二ページ）。

(7) マルクス、城塚登・田中吉六訳『経済学・哲学草稿』岩波文庫、一九六四年。全集では第四〇巻『マルクス初期著作集』にも「一八四四年の経済学・哲学手稿」と題して真下信一訳で収録されているが

（四六一〜四六三ページ）、同書の引用はすべて文庫の一三八〜一四〇ページから。

(8) 二宮厚美「現代国家の公共性と人間発達」池上惇・二宮厚美編『人間発達と公共性の経済学』桜井書店、二〇〇五年所収参照。

(9) 私は『社会サービスの経済学――教育・ケア・医療のエッセンシャルワーク』（新日本出版社、二〇二三年）において、物質代謝、物質代謝労働、消費・生産的行為の概念を区別して取り扱ったが、世間では、物質代謝と物質代謝労働の概念的区別にさほど関心が寄せられているとは言えない状態が続いているので、あえてこの論点をとりあげた。

(10) 人間的労働を「物質代謝労働」と「精神代謝労働」（後述）とに分けて捉える意義については、二宮、同上書第一章、第二章を参照。

(11) 人類史における旧石器製作の意義については、後の第五章で立ち返るが、石器史については、さしあたり埴原和郎『人類の進化史――20世紀の総括』講談社学術文庫、二〇〇四年、竹岡俊樹『旧石器時代人の歴史――アフリカから日本列島へ』講談社選書メチエ、二〇一一年、島泰三『ヒト――異端のサルの1億年』中公新書、二〇一六年、E・フラー・トリー、寺町朋子訳『神は、脳がつくった』ダイヤモンド社、二〇一八年、リチャード・リーキー、馬場悠男訳『ヒトはいつから人間になったか』草思社、一九九六年等を参照。なお最後にあげたリーキー著は、アシュール型石器に関して、「これらの道具には、製作者がつくりたいものをあらかじめ心に描いていた形跡がある――利用する原材料に一つの形を意図的に与えた形跡があるのだ」と指摘している（七六ページ）。

(12) 更科功『絶滅の人類史――なぜ「私たち」が生き延びたのか』NHK出版新書、二〇一八年、一五七ページ。
⒀　イアン・タッターソル、河合信和監訳、大槻敦子訳『ヒトの起源を探して――言語能力と認知能力が現生人類を誕生させた』原書房、二〇一六年、一九〇ページ。
⒁　『資本論③』五七五～五七六ページ。別の箇所（同上、五八二ページ）では、マルクスは、こうした単純協業の生産力を「結合労働日の独特な生産力」、「労働の社会的生産力または社会的労働の生産力である」と説明している。『資本論』がわかりやすい例としてあげているのは、羊毛を一定期間に刈り取る、一時期に集中して穀物を収穫する、一斉にニシン漁にとりかかる、といった例である（同前五八〇ページ）。
⒂　この「協業にもとづく分業」という耳慣れない言葉については、二宮厚美「大工業と住民生活」島恭彦監修『講座　現代経済学　第二巻「資本論」と現代経済⑴』青木書店、一九七八年所収、二一二～二二二ページ参照。
⒃　この結論は、『資本論③』六二六ページの次の指摘を導きの糸にしたものである。「自立的な農民または手工業者がたとえ小規模にでも発揮する知識、洞察、および意志は、未開の人が戦争のあらゆる技術を個人的策略として行なうように、いまではもはや、作業場全体にとって必要とされるにすぎない。生産上の精神的諸力能は、多くの面で消滅するからこそ、一つの面でその規模を拡大する。部分労働者たちが失うものは、彼らに対立して資本に集中される。部分労働者たちにたいして、物質的生産過程の精神的諸力能を、他人の所有物、そして彼らを支配する力として対立させることは、マニュファクチュア的分業の所産である。この分離過程は、資本家が個々の労働者に対立して社会的労働体の統一と意志を

代表する単純協業において始まる。この分離過程は、労働者を部分労働者に切り縮めるマニュファクチュアにおいて発展する。この分離過程は、科学を自立的な生産力能として労働から分離して資本に奉仕させる大工業において完成する」。

(17) 能力に関する測定可能性の議論については、広田照幸『教育は何をなすべきか――能力・職業・市民』岩波書店、二〇一五年、特に第二章参照。

(18) 認知科学については、安西祐一郎『心と脳――認知科学入門』岩波新書、二〇一一年を参照。

(19) 「新しい学力観」以降の教育政策を論評して、元文科省事務次官・前川喜平氏が、次のように述べているのは適切である。「知識・技能はかなり客観的に測れるかもしれないけど、関心・意欲・態度なんてのはそもそも評価できないものを評価しようとしていたんじゃないかと思います、あれは本当にやめたいですよ」(児美川孝一郎・前川喜平『日本の教育、どうしてこうなった?――総点検・閉塞30年の教育政策』大月書店、二〇二二年、二〇四ページ)。

(20) 「目的設定・合目的的意志や構想」を担う「人格的機能」に着眼した人格論の先駆的提起は、坂元忠芳『学力の発達と人格の形成』青木書店、一九七九年である。坂元説の評価や位置づけについては、佐貫浩『学力・人格と教育実践――変革的な主体性をはぐくむ』大月書店、二〇一九年を参照。

(21) 『資本論③』六七八ページは、この点を「自分の道具を自分で動かす機械」と述べて説明している。

(22) 絶対的貧困概念については、二宮厚美「経済学における人格論」基礎経済科学研究所編『人間発達の経済学』青木書店、一九八二年所収を参照。

(23) ここで使用した「生産様式」概念の意味については、古くなるが、中村静治『生産様式の理論――現

代経済学批判』青木書店、一九八五年を参照。

(24)　技術史、道具と機械の区別、情報技術の理解等に関する参考文献としては、中村静治『技術論論争史上・下』青木書店、一九七五年、同『技術論入門』有斐閣、一九七七年、同『情報と技術の経済学』有斐閣、一九八七年、北村洋基『情報資本主義論』大月書店、二〇〇三年をあげておく。

(25)　この道具生産と言葉の獲得による人間固有の歴史の開始については、後に再述するが、ここではさしあたり参考文献として、マイケル・コーバリス、大久保街亜訳『言葉は身振りから進化した――進化心理学が探る言語の起源』勁草書房、二〇〇八年、イアン・タッターソル、前掲『ヒトの起源を探して』、ダニエル・L・エヴェレット、松浦俊輔訳『言語の起源――人類の最も偉大な発明』白揚社、二〇二〇年をあげておく。

(26)　「言葉による情報」はコンピュータ段階のみならず、ICT革命段階の情報技術においても、人間社会の情報の基本であり続け、決して「デジタル情報」に取って代わられたのではない、という点に注意されたい。デジタル化というのは、情報の形態をさすのであって、人間にとって意味のある情報は、依然として「言葉による情報」である（将来もあり続ける）。人間はデジタル化された情報形態を言葉に再転換して、その意味を理解するが、たとえば、AIはどんなに膨大な情報を集め、処理しても、そしてチャットGPTのように文書を作成しても、AI自身にはそのデジタル情報の意味がわからない、といわれるのは、そのためである。

(27)　現在進行中のICT革命については、美馬のゆり『AIの時代を生きる――未来をデザインする創造力と共感力』岩波ジュニア新書、二〇二一年、丸山俊一・NHK取材班編著『AI以後――変貌するテクノロジーの危機と希望』NHK出版新書、二〇一九年、コンスタンツェ・クルツ／フランク・リーガー、木本栄訳『無人化と労働の未来――インダストリー4・0の現場を行く』岩波書店、二〇一八年、坂村健『DXとは何か――意識改革からニューノーマルへ』角川新書、二〇二一年、マーティン・フォード、松本剛史訳『AIはすべてを変える』日本経済新聞出版、二〇二二年を参照。

(28) マルクス、前掲『経済学・哲学草稿』文庫一四四ページ、全集四六五ページ。

(29) 一例をあげれば、竹中平蔵氏は、コロナ禍のさなかに、GIGA《ギガ》（Global and Innovation Gateway for All）スクール化やオンライン授業が普及すれば、教壇に立つ教師は数人ですますことができるから、ほとんどの小中学校の教師はカウンセラーの職に転換することになる、と述べている（竹中「東京を『政府直轄地』にせよ」『文藝春秋』二〇二〇年一一月号、同「教育や医療、規制緩和の議論を、デジタル化の遅れ挽回する好機」『エコノミスト』二〇二〇年六月二日号）。

(30) ここで制御機能を担うものとして列挙した概念の出典箇所（傍点箇所）を、以下、順に掲載しておく。①「労働手段は、機械として、人間力を自然諸力で代替し、経験的熟練を自然科学の意識的応用で代替することを必須にする、一つの物質的存在様式を手に入れる」（『資本論③』六七七ページ）、②「陳腐きわまる、また非合理きわまる経営に代わって、科学の意識的な技術学的応用が現われる」（『資本論③』八八〇ページ）、③「科学を自立的な生産力能として労働から分離して資本に奉仕させる大工業」（『資本論③』六三六ページ）、④「第二に、労働が科学的な性格をもち、同時に一般的労働であること、すなわち、それが特定の訓練を受けた自然力としての人間の努力ではなく、主体としての人間の努力、つまり生産過程のなかで、たんに自然的、自然生的形態で現われるのではなく、すべての自然諸力を規制する活動として現われる主体としての人間の努力であること、によってだけである」（『資本論草稿集②』大月書店、一九九三年、三四〇ページ）、⑤「労働時間が——たんなる労働量が——資本によって唯一の価値規定的要素として措定されればされるほど、生産の——使用価値の創造の——規定的原理としての直接的労働とそれの量とがそれだけ消え失せ、量的にも、それだけ小さい比率に引き下げられるとともに、質的にも、不可欠ではあるが下位の契機として、すなわち、一面から見れば一般的科学的労働、自然諸科学の技術学的応用に比べて下位の、また［他面から見れば］総生産の社会的編制から生じる一般的生産力——これは社会的労働の天性として（歴史的産物であるにもかかわらず）現われる——に［比べて］下位の契機に引き下げられる」（『草稿集②』四八一〜四八二ページ）、⑥「固定資本の発展は、どの程度まで一般的社会的知能、知識が、直接的な生産力［この傍点は原文］になっているか、だからまた、どの程度まで社会的生活過程の諸条件それ自体が、一般的知性の制御のもとにはいり、この知性にもとづいて改造されているかを示している」（『草稿集②』四九二ページ。文中に注記したもの以外の傍点は引用者）。

(31)　以下の学校・教育制度に関しては、梅根悟『教育の歴史　増補版』新評論、一九六六年、堀尾輝久『現代教育の思想と構造』岩波書店、一九七一年、B・L・ハチンズ＝A・ハリソン、大前朔郎他訳『イギリス工場法の歴史』新評論、一九七六年、フィリップ・アリエス、中内敏夫・森田伸子編訳『〈教育〉の誕生』新評論、一九八三年、桜井哲夫『「近代」の意味——制度としての学校・工場』NHKブックス、一九八四年、岡田与好『経済的自由主義』東京大学出版会、一九八七年、モリー・ハリスン、藤森和子訳『こどもの歴史』法政大学出版局、一九九六年を参照。

(32)　一九世紀のイギリスの教育事情の一端を語って、モリー・ハリスンは次のように述べている（前掲『こどもの歴史』三八六ページ）。「親がこどもに早くから勉強させたいと思っても家庭教師を雇うほど余裕がないときは、こどもを私塾（デイム・スクール）に通わせた。この私塾では一人の老婦人がこどもの面倒を見たが、ほとんど勉強らしきことは教えられなかった。……親がわが子にもっと教育を受けさせたいと望んだ場合には、こどもを近隣のグラマー・スクールに通わせるか、全寮制の学校へ送った。いずれにしろ主としてラテン語、ギリシャ語、英文法、聖書を学んだが、科学、美術、音楽それに体育といったものは教えられなかった」。

(33)　この点は、二宮、前掲『社会サービスの経済学』で強調しておいた。

(34)　一般的に、種々の歴史的段階における資本主義的生産には、それぞれの生産力水準に応じた一定の労働能力が求められ、それには一定の教育が必要となる。その教育費は労働力の価値、すなわち賃金に算入されることを『資本論』は、こう述べている。「一般的人間的な本性を変化させて、それが特定の労働部門における技能と熟練とに到達し、発達した独特な労働力になるようにするためには、特定の養成または教育が必要であり、それにはまたそれで、大なり小なりの額の商品等価物が費用としてかかる」（『資本論②』三〇〇ページ）。大工業段階において必要とされる教育は、「一般的科学的労働」を担う能力の育成に応える必要があり、これを背景にして初等＝基本教育の無償義務教育化、すなわち現代に通じる公教育制度のはしりが始まるわけである。

(35)　たとえば、堀尾輝久『現代日本の教育思想——学習権の思想と「能力主義」批判の視座』青木書店、一九七九年、広田照幸『教育は何をなすべきか——能力・職業・市民』岩波書店、二〇一五年を参照。

第3章　日本型メリトクラシーと企業社会における人格・能力

はじめに――資本による身分制からの解放と能力的差異

資本主義は、労働力の商品化を通じて、世界史上初めて、人格と能力の範疇的区別を呼び起こし、自由・独立・平等な人格関係の社会的レジームを築くことになった。この自由・独立・平等な社会関係における人格を一言で「近代的人格（あるいは近代市民的人格）」と呼ぶとすれば、この人格範疇の成立は、過去の身分制からの脱却・解放を意味するものにほかならなかった。この点については、すでに第一章で指摘した。身分制の解体とは何を意味するのかについて、もう少し立ち入ってみておくことにしよう。

身分（status）とは何か、ここでは便宜上、『広辞苑』（第五版）の定義を引いておくと、「社会関係を構成する人間の地位の上下の序列。封建社会においては制度的に固定し、世襲的で、他への移行が認められなかった」と説明されている。かの「士農工商」の身分的序列を思い浮かべて、この説明を読めば、ほぼ過不足なく身分概念を理解できたということになるだろう。生得的・先天的な性質を「属性」と呼ぶとすれば、身分とは人々の帰属する地位・階層を社会的属性として割り当てた時の概念にほかならない。したがって身分制とは、人々を生得的な人格的序列関係のもとにおく社会制度である。

資本による労働力の商品化は、この身分制から労働者を解放し、彼らの労働力を資本に売り渡すかわりに、各自の独立した人格（人格的独立性）をその労働能力とは区別される独自の社会的範疇として措定する役割を果たした。労働者はこれによって、いかなる能力の持ち主であろうと、いかなる生活状態におかれていようと、またどのような家柄・身分の出自であろうと、独立・自由な人格の持ち主であり、互いに平等な社会関係のなかで生きることができるようになった。それゆえ、資本によるこの身分制からの解放は、まことに歴史的な大偉業であった。資本主義のこの歴史的意義は、すでに前章までに述べたとおりである。

ただし、この身分制からの解放による近代的人格の形成は、一挙に進行したものではなく、また、労働力の商品化によって一気に確立・完結したというようなものでもなかった。すなわち、労働力の商品化はただちに自由・独立・平等な人格関係の確立を意味するものではなかった。いまここでは、資本による身分制の解体という文明史的意義とあわせて、この限界面に注意しておかなければならない。これに関連する留意事項を二点ばかり指摘しておきたいと思う。

近代的人格形成の二階梯

第一は、近代的人格の形成は、歴史的＝論理的には二階梯を経て進んだものだということである。

これは、労働力の商品化自体が二段階を通って進んだことに対応する。

まず第一段階は、一般の商品市場＝市場社会の形成に伴う市民的人格の登場である。商品市場は私的所有のもとでの社会的分業の展開（「私的所有プラス社会的分業」の発展）によって形成され、拡大する。この市場社会を支配するもの、すなわち万物の支配者（＝物神）は貨幣である。市場における万能神というべき貨幣の前では、何人といえども平等であり、貨幣の所持者はあらゆる商品に対する支配権、つまり金権の力による自由を手に入れる。ことのついでに指摘しておくと、万能神を崇《あが》める一神教（たとえばキリスト教・イスラム教）が成立するのは、現世における万物神である貨幣が普及し、カネの力がものをいい始める社会になってからであり、それとは逆に、貨幣物神が世俗社会（＝世間）を支配し、万物に君臨する関係の発展が立ち遅れたところでは、一神教ではなく、多神教が長らく生き残る。一神教は貨幣の力によって生まれた宗教にほかならない。

市場社会では、商品の所持者は、いかなる身分・家柄の者であろうと、この貨幣物神の力を借りるようにして、人格的独立・自由・平等の形式（＝権利）を手に入れるのである。これが、市民社会における近代的人格の成立の意味することである。このことは、近代社会の市民的人格の自由・独立・平等性が、まず第一階梯として、市場社会（＝市民社会）の形成とともに形づくられる、ということを物語っている。

私たちは、現代社会にあっても、この市場社会における人格的自由・独立・平等を日々の体験を通じて実感している。たとえば、一万円札をもった者は、老若男女の違いを問わず、たとえまだ幼い保育園児であろうとも、市場社会では、一万円の貨幣保持者として平等に扱われる。一万円札はいわば超人的なパワーをもって、万札の有する力の範囲内ではあるが、商店街の買い物客全員を同等な人格に画一化するのである。古来、都市は人を自由にすると言われてきたが、市《いち》は人を平等にするのである。

これに続く近代的人格形成の第二階梯が、労働力の商品化段階である。すでに第一章でみたように、労働力の商品化は「二重の意味での自由」を前提として進行する。もちろん、「二重の意味での自由」による労働者の人格的独立・自由は、それ自体を目的として呼び起こされるのではなく、営利追求（剰余価値の取得）を目的にした資本による労働力の購買の結果として、進行する事態である。資本の目的は、あくまでも購入した労働力の使用価値を消費して剰余価値（＝利潤）を取得することにあるのであって、自由・独立・平等の近代的人格関係を創出することに所期の目的があるわけではない。近代的人格の形成は、利潤追求を直接の目的にした資本の「思わざる結果」、いわば「意図せざる結果」として進められたのである。

労働力商品化の主目的が資本の利潤追求にあって、近代的人格関係の方は資本の「意図せざる結果」として生まれたものに過ぎなかったこと――このことは、資本の運動を自由放任に任せておけば、市民社会の自由・平等などは資本の営利主義によってただちに侵害・蹂躙されてしまうことになりかねないことを予想させるものである。果たして、資本主義の歴史は、この予想を現実化するものであった。資本主義の現実的発展、すなわち資本蓄積の過程では、労働力の商品化に伴う自由・独立・平等な社会関係は、資本の営利主義によって侵害され、空洞化し、形骸化される傾向が生まれた。したがって、そこでは、近代的人格関係の維持・発展・拡充は、資本の運動によってではなく、労働運動を初めとする社会運動に担われることになる。その第一歩が工場法であった。この点については、前章までに検討を済ませた。

近代社会における人格的平等と能力的差異

第二の留意事項は、近代的人格の形成や自由・独立・平等な社会関係の成立のもとでは、人格とは範疇的に区別された労働能力（＝能力一般）の差異、および「人格と能力の相互関係」があらためて問題になる、ということである。たとえば、人格的平等関係が形成されたからといって、それはただちに能力的平等関係を意味するものではない。人格的平等が社会的に承認されるようになると、人々の違いは、逆に能力的な差異によって区別・識別されるようになる。なぜなら、労働能力の差異は、その商品の価格差（賃金差）に反映するからである。つまり、一方での「人格的平等」と他方での「能力的差異」との相互関係が問題になるのである。

独立した人格における「平等な人間関係」と「能力的差異」による「不平等関係」は、過去の「身分的差別関係」とは異なる社会関係である。ズバリ言えば、「能力的差別」は「身分的差別」とはその意味内容において異なる。だが、労働力の商品化は、一方では人格的自由・平等をもたらすと同時に、他方では能力的差異にもとづく「能力的差別」を呼び起こす。実際に、資本主義の発展は、労働者の人格的自由・独立・平等性を形式的に成立させると同時に、労働能力の差異にもとづく労働者の階層化、不平等、序列化等をもたらしてきた。かかる「能力的差別」の関係は、「人格的自由・独立・平等の形骸化」を呼び起こさずにはおかない。本章では、この人格的自由・独立性と能力的差異の相互関係をとりあげて検討したいと思う。

1　資本主義におけるメリット・システムとメリトクラシー

メリトクラシーとは何か

能力主義的社会レジームのことを、社会学（特に教育社会学）では、しばしばメリトクラシー（meritocracy）と呼ぶ。メリトクラシーとは、メリット（業績・功績）とクラシー（支配）の合成語であり、この語義にそって正確に翻訳すれば、通説通り「業績主義」と表現するのが適切かもしれない。語源は、デモクラシーがギリシャ語のデモス（demos　民衆＝人民）とクラティア（kratia　支配

=権力）の合成に由来するのに同じである。これと似たような言葉には、その他にアリストクラシー（aristocracy 貴族主義）、テクノクラシー（technocracy 専門的技術家支配）がある。メリトクラシーの簡単な意味は、要するに、メリットにもとづく支配体制・秩序（能力主義的支配体制）という点にある。

メリトクラシーにいう「メリット（merit）」は、通常は、「ＩＱ（生得的・先天的能力）＋努力（efforts 後天的に獲得された能力）」として定義されている。[1] そうすると、メリトクラシーのメリット概念は、「能力」でもあり、その顕在化された「実績＝業績」でもあるということになるから、ここでは日本語には訳さず、そのままメリト（あるいはメリット）と表現することにして話を進める。いまここで、教育社会学や政治学等において広く普及しているこのメリトクラシー概念に注目するのは、それが貴族主義や身分制度とは区別され、別物として使用されている概念だからである。つまり、メリット概念が使われ始めたのは、前近代の身分的な支配秩序に代わって近代社会の「業績主義」が登場したからであった。身分的支配秩序が過去のものになるのは、すでに何度も指摘したように、労働力の商品化によってである。労働力の商品化のいわば見返りに労働者の人格的自由・独立性が認められ、そこで身分制に代わってメリトクラシーが現われるにいたったわけである。したがって、メリトクラシー概念の登場は、労働力商品化の社会学や政治学における一つの観念的反映を物語るものにほかならなかった。

メリトクラシー概念のこの誕生の秘密、すなわち労働力商品化の社会学等における反映としてのメリトクラシー概念の生誕という経緯は、実際の政治・社会史において現われている。メリトクラシーの原型が現実の歴史において現われるのは、具体的には行政、官僚制度の部面であった。官吏の登用・任用制が、従来の縁故主義（nepotism）や情実主義（patronage）、また猟官制（spoils system）から資格任用制度（merit system）に転換したとき、これがメリトクラシーの走りであったといってよい。

念のため、これらの猟官制やメリット・システム概念に馴染みの薄い人向けに、その用語の意味を簡単に説明しておくと、まず縁故主義とは、貴族その他の特権的階層が血縁・地縁といった縁故関係にもとづいて官吏・官僚を任用する仕組みをさし、情実主義は、地主貴族議員が一族郎党に官職・年金を与えたり（恩恵的情実主義）、選挙運動への協力の見返りに同じく官職・年金をあたえる政治的情実主義をさす。これらの縁故主義・情実主義は、家産国家時代の遺物、すなわち官吏・官職が貴族等の特権的階級によって私物化されていた身分制の名残りを物語っている。(2)

これに対して、猟官制は一九世紀アメリカに独特な官吏任用の仕組みをさし、別名政治的愛顧主義とも呼ばれる。具体的には、選挙で勝利した政治家が、それ以前の主要行政官僚を一斉に更迭し、そっくり新官僚に入れ替える方式のことである。つまり、党派的情実によって官職を一括して任免する政治的任用と、官職交代制（rotation in office）とを結びつけた独特の形態の官吏任用制である（その意味では英国等の恩恵的情実主義とは異なる）。この猟官制は、一八三〇年代アメリカ西部のいわゆるジャクソニアン・デモクラシーの台頭とともに一世を風靡した、いかにもアメリカ的な情実主義の一種であったといってよい。

このような情実主義や猟官制に取って代わったのが、メリット・システムと呼ばれる官吏任用制（現代的にいえば公務員制度）であった。近代的メリット・システムの母国は、資本主義の母国でもあったイギリスである。口火をきったのは、一八五三年のノースコート＝トレヴェリアン報告（公務員制度再編成に関する報告書）である。詳細は割愛するが、この報告にもとづく公務員制度改革は、イギリスにおける「一九世紀行政革命」の一環として進められたもので、その主導者はベンサマイト（ベンサム主義者）であった。ベンサム主義は、行政の効率化を意図して、従来の情実主義的人事の廃止、メリット・システムの導入に乗り出したのである。[3] その中身は、要するに、公務員の任用を従来の情実人事から公開試験制による選抜方式に転換するという点にあった。公開競争試験による官職の任用は、試験成績や資格によるメリット（成績＝能力）にもとづいて公務員を採用・任命する方式をさすから、メリット・システム（資格任用制度）と呼ばれるようになったわけである。イギリスでは一八七〇年に、中央官庁のほぼ全領域において、このメリット・システムが実施されるようになり、その後アメリカがこれにならって改革を進めることになった。

近代のメリット・システムとウェーバーの「人格なき官僚」

現代のメリトクラシーの先駆けとなったこのメリット・システムについて、いま重要な点は二点ある。

第一は、メリット・システムとは、資本主義のもとでの労働力の商品化が公権力の行政部門に反映した形態であった、ということである。言いかえれば、かつての家産国家が資本主義的租税国家に転換するときに起こる公務員任用制度だった、ということである。

資本主義以前の前近代的国家は、一括りにして言うと、家産国家である。家産国家とは近代の租税国家と対比される国家形態のことで、そこでは権力を握る支配階級の家産（すなわち私有財産）が統治・行政のための財源でもあった。たとえば絶対王政による支配・統治の財源は同時に君主の私的財産（すなわち家産）でもあった。この家産国家のもとでは、権力機構の官職はその地位を占める貴族等の私有財産に等しく、そこで、マックス・ウェーバーはこの形態の官僚制を家産官僚制と呼んだのである。メリット・システムとは、この家産官僚制を解体し、行政手段の所有と官僚・官職とを分離する方式を意味した。これは、労働者を生産手段（＝労働手段）から切り離し、財産を持たない労働者の労働力をその人格から分離して購入する、すなわち雇用するという資本主義的賃労働システムを行政に適用することを意味する。

資本主義のもとでは、「生産手段の所有と労働の分離」が、それに併行して「行政手段の所有と労働の分離」を呼び起こしていくのである。資本は財産を所有しない労働者の労働能力を買い取って企業経営にあたるが、近代国家は官職を私物化しない官吏のメリット（能力）を使って行政の執行にあたるのである（公私の分離）。その意味で、メリット・システムは資本主義のもとでの労働力の商品化を反映した公務員制度だったと言わなければならない。

第二に注目しておいてよいことは、現代の政治学や社会学が継承するウェーバーの官僚制論は、この労働力の商品化をベースにした官僚制論だったということである。[4] もう少し正確にいえば、「労働力の商品化＋機械制大工場のシステム」をモデルにした近代の合理的官僚――これがウェーバーの官僚制概念のポイントであった。村松岐夫氏（京都大、行政学）はかつて、ウェーバーのいう「官僚」とは「行政手段を供与され専門的知識とひきかえに報酬をえる職業人である」と簡潔に説明したが、この指摘は、「職業としての官僚」が労働力の商品化をモデルにしたものだったことを示している。[5]

ウェーバーの近代官僚制概念は、行政手段と官吏の分離、公私の分離、官僚の専門職業化、分業・協業にもとづく職務の階層制、法令による職責・権限の配分等から構成されているが、最も重要な点は「官僚は人格を持たない」という点にある。この「人格なき官僚」概念こそは近代的官僚制の「合理性」を特徴づけるものである。ただ「人格なき官僚」とは「労働力商品化」のポイント、すなわち、労働者は人格とは切り離して労働力を販売する、という点を反映した概念にほかならなかった。

私がここでウェーバーの「人格なき官僚」概念を取りあげるのは、その官僚制の内実がどのようなものであったかを紹介することに目的があるわけではなく、「人格なき官僚」制度をいくらこねまわしても、官僚制度の弊害は克服できない、官僚制を克服する主体の形成を展望するためには、むしろ「人格を持った公務員」、「人格的機能と公務遂行能力とを一体化した公務労働者」を発見することが肝心である、ということを言いたいためである。[6] ただ、いまここでの主題は、メリット・システムやそれをベースにした近代官僚制にあるのではなく、メリトクラシーにあり、メリトクラシーのもとでの「人格と能力の相互関係」こそが本題である。ここでは、メリトクラシーの原型がメリット・システムにあったということを確認して、本題に話を戻さなければならない。

メリトクラシー論における人格・能力の概念的混合

公務員のメリット・システム（資格任用制度）が旧来の家産官僚制にとって代わって登場したように、メリトクラシーは過去の伝統的なアリストクラシー（貴族制）に代わって生まれたものであった。世間では、「生まれよりも育ち」と言って身分・家柄よりも後天的な能力を重視した見方を表現するが、「生まれよりも能力」というのが、さしあたりのメリトクラシーのイメージである。封建制から資本制への移行は、人事の選抜・配置、地位・権限の配分等において、血縁・地縁といった縁故主義や身分主義に代えて能力主義への転換を呼び起こし、そこにメリット・システムやメリトクラシーが登場することになった、ということである。

現代の社会学・政治学は、通常、このメリトクラシーを「能力ないし業績・実績が社会成員の社会的地位・報酬を決め、人々の地位の配分・序列を決めるシステム」として捉える。いま少し正確にとらえるために、中西新太郎氏（横浜市大名誉教授）の規定を引いておくと、同氏は「社会的地位と評価を得るのに有効な能力（メリット）を獲得するための競争」という意味での能力主義競争秩序、これがメリトクラシーの意味だとしている。[7]

このようなメリトクラシー概念において、いま私たちが最も注目しておかなければならないことは、①社会的地位の選抜や評価および報酬等を規定する主要因がメリットにあるということ、②そのためにメリットの獲得競争が社会における秩序形成の主要な原理になること、この二点である。この点に留意すれば、メリトクラシーは「メリト競争主義的レジーム」と読みかえて理解することが可能になる。広田照幸氏（日本大 教育学）は、そもそものメリトクラシーの原義は「メリット（すなわち、IQ+effort）にもとづく支配体制のことであった」としているが、[8] この原義はほぼ「メリト競争主義的レジーム」をさす、と理解してよい。

メリトクラシーの意味に関する議論はこの程度にとどめておいて、問題は、メリトクラシーにいう「メリット」とは、本書でとりあげてきた「人格範疇」および「能力範疇」に照らした場合、いかなる意味をもった概念か、という点にある。メリット用語の原義は「成績・業績」であり、能力（ability や craft）を仮に潜在能力として把握すれば、メリットとは「顕在化された能力＝能力の顕現形態」を意味するから、ここでは「メリット＝成績＝能力」として把握し、簡略化のために、メリトクラシーを「能力主義的支配体制」とか「能力主義的競争秩序」とほぼ同じ意味をもった概念として扱い、話を前に進める。

結論を先取りしていうと、メリトクラシー論の最大の問題点は、人格範疇と能力範疇の区別の曖昧性、人格と能力の概念的混合・混同、人格的機能と個別具体的能力の融合、という点にある。本書では、労働力の商品化を出発点において、「人格と能力の社会的分離」、「人格的機能と能力の機能的一体性」、「人格的独立性と能力的多様性の相互関係」等を議論し、人格と能力の範疇的区別を強調してきたが、メリトクラシー論（者）に欠けているのは、この人格概念と能力概念の範疇的区別にたった「人格・能力の相互関係」論である。語弊を恐れずに大胆にいうと、「人格なきメリトクラシー」概念に最大の問題点がある。ただし、このことはただちにメリトクラシー論の意義や理論的有効性、積極的・社会的役割を否定するものではない。メリトクラシー論それ自体は、一定の理論的有効性をもっており、この点を踏まえていえば、ここでの課題は、メリトクラシー論から逆に人格・能力の発達論に必要な知見を導き出すことである。

　そこで、以下では、メリトクラシー論の最前線に立つ本田由紀氏（東京大、教育社会学）の議論を中心にとりあげ、メリトクラシー論の提起した「能力主義的競争秩序」の問題点を検討することにしよう。本田氏の所説を取りあげるのは、マルクス的表現を借用すると、「人間の解剖は、サルの解剖のための一つの鍵である」からである。[9]

2　日本型メリトクラシーとハイパー・メリトクラシーの二類型

メリトクラシーのもとでの垂直的序列化と水平的画一化

本田由紀氏が、メリトクラシーが呼び起こす問題として槍玉にあげるのは、「垂直的序列化と水平的画一化の独特な組み合わせを特徴とするシステム構造」である。この「垂直的序列化と水平的画一化の独特な組み合わせ」は何に起因して生まれたのか、これを同氏は「『能力』『資質』『態度』という言葉に、この社会と人々ががんじがらめになっていること」に求める（本田由紀『教育は何を評価してきたのか』岩波新書、二〇二〇年、二〇ページ及び「はじめに」ｖページ。以下、本章では、同書からの引用は本文中でページ数のみを記す）。つまり「能力・資質・態度」の概念にがんじがらめにされたメリトクラシーが、「垂直的序列化」と「水平的画一化」という二大社会問題（＝教育問題）を同時に呼び起こしてきた――これが本田氏のメリトクラシー論のポイントである。ただ、同氏のメリトクラシー論は一本調子のものではなく、日本型メリトクラシーとハイパー・メリトクラシー（超メリトクラシー）の二重構造で構成されている。したがって、この二本立てのメリトクラシー論を入り口にして本田説に入っていくことにしよう。

本田説は、両メリトクラシーのうち、日本型メリトクラシーは「垂直序列化」を呼び起こしてきたもの、ハイパー・メリトクラシーは「水平的画一化」を生んだものと把握する。両者の違いは、メリトクラシーを構成するメリット内容の差異、すなわちメリトクラシー＝能力主義的競争秩序の核心を構成する「能力」概念の内容的な違いによる。日本型メリトクラシーのメリットは、「主に知的で汎用的な学校的『能力』としての『学力』」をさすのに対して、ハイパー・メリトクラシーで問題になるメリットは「知的側面以外に関する、いわゆる『生きる力』や『人間力』」を意味する（二〇ページ）。競争秩序の核心に位置するこのメリットの差異が、社会成員の「垂直的序列化」を招く「日本型」と、人々の「水平的画一化」を呼び起こす「ハイパー型」の違いになる、というわけである。

心理学や認知科学等ではしばしば、メリットの二類型のうち、前者の「学力」等は認知的能力、後者の「生きる力」等は非認知的能力として扱われているが、本書の視点からみると、前者は能力範疇に属し、後者は人格範疇に属するものである。本田版メリトクラシーの「メリト＝能力＝業績」には、最初から認知と非認知の二つの能力が含まれている、本書の視点で言いかえれば、「能力（個別具体的能力）」と「人格的機能」の二つが組み込まれているわけである。実は、この「メリット＝能力＋人格的機能」の視点、つまり人格・能力を混合したメリット概念を用いる点に、本田説を含むメリトクラシー論一般の問題点が凝縮されているといってよいのであるが、この点を確かめるために、日本型メリトクラシーとハイパー・メリトクラシーの内容にもう一歩踏み込んでみることにしよう。

まず、日本型メリトクラシー＝能力主義的競争秩序は、学力テストだとか各種入学・資格試験、スポーツ競技・大会、様々な能力コンテスト等で試される常識的意味での能力や学力を基準にした評価・選抜システムのことである。ここで試されるメリット＝能力は、一定の基準にもとづいて、数値・数量化が可能であり、したがってその数量差を基軸にした垂直的な序列化が可能になる（たとえば偏差値）。教育分野でいえば、その典型は全国学力テストや入学試験にみることができる。大学受験時の全国共通入試は、この能力＝学力の垂直的な比較、格付け、序列化を典型的に示しているといってよい。

本田氏は、この垂直的序列化のことを「生得・後天の両面をもつ個人内在的な性質に関する上下の差異化を意味するもの」（三四ページ、五五ページ）として、日本型メリトクラシーと名づけたのである[10]（この「メリット＝能力」による垂直的序列化は、わざわざ「日本型」と形容するまでもないメリトクラシー一般の帰結であるが、本田氏が「日本型」と名づけたのは国際比較を考慮した上での命名である。なお、同氏は「日本型」と「日本的」の言葉を併用しているが、意味内容に大きな違いは持たされていないので、ここでは「日本型」の表記で統一する）。したがって、日本型メリトクラシーのもとでのこの垂直的序列化については、現代日本に生きる人々は大半、実際に経験し、その試練をさんざんに味わわされてきたことだから、これ以上、余分な説明を加える必要はあるまい。

問題なのは、本田氏が、この「日本型」と「ハイパー型」のメリトクラシーが並立状態にある、と捉えていることである。同氏は、「現状では『学力』という垂直軸による評価や選抜（日本型メリトクラシー）と、『生きる力』『人間力』と呼ばれるより包括的な垂直軸による選抜（ハイパー・メリトクラシー）が、絡み合いながら並立している状態にある」（傍点は引用者）と述べている（一四九ページ）。ここで注意を要するのは、並立状態にある日本型メリトクラシーとハイパー・メリトクラシーとが、ともに「垂直軸」を構成するものとされている点である。

先に私は、本田説では、「日本型」が「垂直的序列化」を呼び起こすのに対して、「ハイパー型」は「水平的画一化」を押し進めるもの、と把握されていると紹介した。つまり、垂直・水平の言葉にこだわっていうと、「ハイパー型」は「垂直軸」における上下の目盛り差ではなく、「水平軸」における特徴（「画一化」という特徴）を呼び起こす概念とされていたのである。この「垂直軸」にかかわる「日本型」と、「水平軸」にかかわる「ハイパー型」との類型的差異は、両タイプのメリトクラシーにおける「メリト＝能力」概念の違いにもとづいていた。「日本型」のメリトとは本書でいう「能力範疇」に属する力・機能であるのに対して、「ハイパー型」のメリトは「人格範疇」に属する力・機能である。能力範疇に属する力・機能の差違は、学力テストや入試にみるように点数差、数量差、上下差として把握できるから「垂直的序列化」として把握できるが、意欲・態度や「生きる力」等の人格的機能の差異は、概して、点数差や数値差によって比較できるものではないから、垂直軸ではなく、人格的平等関係の面から、すなわち水平線上において比較するしかない[11]。そこで私は、人格範疇に属する力・機能を基準にした「ハイパー型」の問題点を「垂直軸」ではなく、水平軸上においてとらえ、それを「水平的画一化」として把握した本田説を、整合性をもった説明として紹介したのである。

念のために付記しておくと、本田説が「ハイパー型」の帰結として槍玉にあげた「水平的画一化」とは、「特定のふるまい方や考え方を全体に要請する圧力を意味」する概念である（二一〇ページ）。「特定のふるまい方や考え方」とは、一九九〇年代の新学力観にそくして言うと、「意欲・関心・態度」や「主体的に学習に取り組む態度」＝「学びに向かう力・人間性等」と呼ばれた「学力」のことであり、本田氏自身が旧著において「ポスト近代型能力」と呼んだ「個々人の人格や感情、身体などと一体化した」能力のことである[12]（傍点は引用者）。このような人格範疇に属する機能・能力は、垂直軸において比較したり、上下差をつけて序列化するのは無理なのである。

ところが、先に指摘したように、同氏は、現代日本のメリトクラシー（特に教育制度）を、「日本型」と「ハイパー型」の並立状態にあるものとみなし、両タイプのメリトクラシー双方を垂直軸を構成するものと捉えている。メリトクラシーの二類型を、一方では垂直軸と水平軸を構成する類型的差異として把握しつつ、同時に他方で、垂直軸を並立的に構成する同じメリトクラシー形態として捉えるのは、一つの論理的矛盾である。なぜ、このような論理的矛盾が生まれるのか（本田氏の名誉のために、ここで一言つけ加えておくと、彼女はこの「論理的矛盾」に無頓着な議論を進めているのではなく、むしろ逆に矛盾することがないように、日本語で使用される「能力＝メリト」の意味・概念に関して慎重・緻密に検討しているのであるが、本書で区別してきた「人格」と「能力」の範疇的差異に十分な配慮が及ばなかったために矛盾をきたすことになったのである)。

本田説の論理的矛盾とその起源

本田説の論理的矛盾の起源は、「人格的機能と能力を混合した能力＝メリト」概念にある、と考えられる。本節冒頭で使った言葉で言えば、人格概念と能力概念の範疇的区別にたった人格・能力の相互関係論の欠如、これが論理的矛盾が生まれることになった主因である。「日本型」も「ハイパー型」も、最初から「人格的機能と能力の機能的一体性」から構成されるメリット概念に依拠した能力主義的競争秩序だったのである。本田氏は、先に紹介したように、能力主義（つまりメリトクラシー）を、「生得・後天の両面をもつ個人内在的な性質に関する上下の差異化を意味するもの」と把握していたが、すでにここでいう「個人内在的な性質」には「人格的機能と能力の機能的一体性」が含まれていたのである。

メリトクラシー概念一般が、「人格的機能と能力を混合した能力＝メリト」を中核においた概念であったとすれば、「日本型」と「ハイパー型」の差異は絶対的意味における違いではなく、「人格的機能」に力点を置くのか、それとも「能力」的側面に力点を置くのかの相対的な違いを反映したものに過ぎなくなる。「日本型」と「ハイパー型」との違いは、メリトクラシー概念の質的な差異、非連続的差異というよりは、連続線上の濃淡差、強度差、程度差を物語るものになるわけである。

本田氏は、旧著において、「日本型」と「ハイパー型」の違いを、「メリト＝能力観」の差異として論じ、前者を「近代型能力」、後者を「ポスト近代型能力」と呼び、両者は「その内容、形成過程、測定方法のすべてにおいて質的に異なるものである」（傍点は引用者）としたが、同時に実は、「質的な差」というよりも両者の連続性、継承性を指摘していた。メリトの「近代型」と「ポスト近代型」との違いについても、異質性と同時に同質性を合わせて指摘し、「メリトクラシー一般」と「ハイパー型」の関係を相似的なものとしていたわけである。たとえば、「メリトクラシーがハイパー・メリトクラシーへと一挙に転換を遂げているというわけではない。むしろメリトクラシーは社会の基底的な構造としていまだに存続しており、そこにハイパー・メリトクラシーという側面が新しく付け加わりつつあるというのが現状であるだろう」と述べていた。[13]

これは、「日本型」（メリトクラシー一般）と「ハイパー型」とを連続線上の並立型のものと把握する見方の一例を示すものであるが、この場合には、後者の「ハイパー型」は「人間存在のより全体、ないし深部にまで及ぶもの」、「ある種純化された、かつ、より苛烈なかたちをとる」、したがって「むき出しのメリトクラシー」になると評価される。[14]要するに、「ハイパー型」は狭義の能力を超えて「全人格」を貫く能力主義的競争秩序として捉えられる、ということである。

そこで、いま仮に、この全人格に及ぶハイパー・メリトクラシーを垂直軸にして社会関係をつかみ直すとすれば、そこに生まれる垂直的序列関係とは、人格的序列を意味することになる。だが、学力テストや入試において現われる能力主義（メリトクラシー）の垂直的序列化と、むき出しのメリトクラシー（＝ハイパー型）下の人格的な垂直的序列化とは、同じ性格の序列化とは言えない。前者は狭義の能力的な垂直的序列化であり、後者は能力とは区別された人格的な垂直的序列化であり、端折って言えば、前者は「能力的序列」、後者は「人格的序列」（人格的ヒエラルキー）を意味し、一口に「序列化」と言っても、両者の序列化の意味は質的に違ってくるのである。[15]

ただし、ここでは、本田説における先述の「論理的矛盾」は一応解消される。本田説の「論理的矛盾」とは、「ハイパー型」とは、垂直軸にかかわる「日本型」との対比でいえば、水平軸にかかわる問題を呼び起こすメリトクラシー類型だとしつつ、同時に、「日本型」と並立関係にあって、垂直軸にかかわる問題を生み出す類型でもある、とした点にあった。ところが、いまでは、「ハイパー型」は水平軸にそって言えば、「水平的画一化」を呼び起こし、同時に、垂直軸にそった「垂直的序列化」、つまり人格的な「垂直的序列化」を呼び起こすものだととらえられ、上記の「水平軸か、垂直軸か」の選択に直面した時の「論理的矛盾」は解消されるわけである。

だが、一つの論理的矛盾の解消は、いま一つ別の矛盾、問題点を呼び起こす。本田説におけるこの矛盾（＝問題点）は、二つにわけて検討しておくことが必要である。一つは、メリトクラシーが呼び起こす「垂直的序列化」は二重の意味を持つことになるということ、いまひとつは「水平的画一化」の意味の捉え方にかかわる問題である。節を変えてこの点を検討してみることにしよう。

3　垂直的序列化と水平的画一化の意味するもの

二重の意味での垂直的序列化の問題点

第一の問題は、本田説にあっては、メリトクラシーに起因する「垂直的序列化」は、①学力や認知能力、知識量といった「測定可能な能力」を基準にした「能力的序列化」と、②意欲・態度・関心とか「生きる力」といった常識的には「測定不可能な人格的機能」を基準にした「人格的序列化」の二本立てを意味する、ということである。

「能力的序列化」は、大学入試等で試される学力のように、「測定可能な能力」を成績別、点数別にタテ軸に並べて、比較し、序列化した結果を表現したものだから、この捉え方に取り立てて異論を唱える人はいないとみてよい。だが、「人格的序列化」については、そうはいかない。というのは、「人格的序列化」はそもそもメリトクラシー概念に反する事態、「能力的序列化」とは反対の秩序（ヒエラルキー）を意味することだからである。

「人格的序列化」の典型は、本章冒頭でも指摘したように、封建制下の身分的差別・序列化である。この身分的・人格的序列関係を廃したのが資本主義であり、ほかならぬ労働力の商品化であった。労働力の商品化は、人格面では独立・自由・平等の形式を基礎にして進められたことである。そこでは人格相互の対等平等な関係が前提にされている。労働力の商品化の必要条件であった「二重の意味での自由」は、過去の身分的・人格的序列関係から人々を解放し、その力によって独立した諸個人の自由・平等な市民社会を成立させ、そこに労働力の商品化を呼び起こしたのである。メリット・システムによる公務員制度やメリトクラシーは、資本主義のもとでのこの労働力の商品化を反映して成立したものにほかならなかった。こうした関係と、メリトクラシーによる「人格的序列化」(その再現)は明らかに矛盾する。自由・平等な社会関係を母体にしたメリトクラシーから、不平等な「人格的序列(＝ヒエラルキー)」が生まれる、というのは一つの矛盾である。その意味では、「人格的序列」を生み出すメリトクラシーは「ハイパー型」(超メリトクラシー)というよりは、むしろ、本来のメリトクラシーからは逸脱したシステム、つまり脱メリトクラシー(post-meritocracy ないし de-meritocracy)とでも呼ぶべき体制を示す、といってよい。

実は、本田氏自身は、ハイパー・メリトクラシーが「日本型」と並立関係にあって、垂直軸にそった「垂直的序列」を生み出す、つまり「日本型」と「ハイパー型」の「垂直的序列」の並立を生み出すと理論化するのは困難である、と見ていた(と私には思われる)。言いかえると、「ハイパー型」のもとでの「垂直的序列化」概念が「人格的序列化」に行き着くことの理論的難点、無理性を自覚していた、と考えられる。だから、同氏はその当初、ハイパー・メリトクラシーの帰結としては、垂直軸ではなく、もっぱら水平軸を取りあげ、「垂直的序列」ではなく、「水平的画一化」を析出したのである。

だからここで、私たちも目先を変えて、先に指摘した第二の問題、すなわち「水平的画一化」の意味の捉え方にかかわる問題に視点を移さなければならないのであるが、その前に、一点だけ、重要な論点を指摘しておかなければならない。それは、本田説が、ハイパー・メリトクラシーが呼び起こす「人格的序列化」の問題に目をつけたことそれ自体は、決して誤りではなく、むしろ、きわめて重要な意味を持つものであり、次節でみる「日本型企業社会」の特質を抉り出す際にも見逃せない論点を提起したものだった、ということである。

メリトクラシー概念の矛盾をあらわす「人格的序列化」

「人格的序列化」とは、あらためて確認しておくと、近代的な基本的人権からみれば、独立・自由・平等な社会関係から逸脱した社会関係を意味する。「人格的序列化」とは、言いかえれば、「人格的差別」の社会関係のことである。近代の独立した人格のもとでの自由・平等な社会関係は、労働力の商品化を起動力にして、過去の人格的・身分的序列(=ヒエラルキー)が解体される過程で普及し、普遍化したものであった。ここでは、「人格的差別」に代わって「人格的平等」が常識となる。

ところが、資本主義的生産の発展は、既に本書第一章で見たように、女性・児童労働の導入を皮切りにして、資本主義の出発点にあった自由・平等な人格関係を蹂躙し、人格的自由・独立性を侵害する事態を呼び起こす。つまり、資本主義は、その出発点において自由・独立・平等な人格関係を前提にしておきながら、絶えず、その近代的人格関係を蹂躙し、侵害するという矛盾を呼び起こす。その最初の現われが、「家父長が妻や子を資本に売る」という「奴隷制」の復活・再現、つまり人権の侵害、自由・平等な人格関係の蹂躙であった。

資本主義は、自由・独立・平等な人格関係を前提にしながら、その営利主義的・価値増殖的本性から、絶えずこの同じ近代的人格関係の蹂躙・侵害に向かわざるをえないという矛盾——これは資本主義のいわば宿命的矛盾にほかならない。資本のもとへの労働の実質的包摂の段階にいたると、すなわち資本の蓄積過程では、この「宿命的矛盾」が繰り返し再生産され、強化され、深化する。この矛盾をそのまま放任すれば、どうなるか。人格的支配・従属関係、人格的・身分的序列関係、奴隷制への回帰が進行する。その最初の端的な事例が、上述の家父長による妻子の販売、無制限の労働時間による賃金奴隷化であった。だが、資本主義が今さら身分制や奴隷制等の人格的支配・序列関係に立ち戻ることはできない相談であり、資本の自己否定を意味する。とはいえ、資本主義自身には、この宿命的矛盾を打開する力はない。この矛盾に立ち向かい、労働者階級の人格的自由・独立性を回復したのは近代工場法、すなわち資本主義的生産の自然発生的形態に世界史上初めて意識的・公的な規制を課した工場法であった。

この視点から見ると、ハイパー・メリトクラシーが呼び起こした「人格的序列化」とは、アリストクラシー時代の身分的関係にとって代わったはずの近代的メリトクラシーが、再び過去に追いやった身分的・人格的序列関係を復活・蘇生させたに等しいことを物語るものである。(16)これは、メリトクラシー概念に即していえば、メリトクラシーの自己矛盾である。なぜなら、メリトクラシーは、そもそも垂直的な人格的序列関係にとって代わる「能力主義的競争秩序」として出現したはずなのに、「ハイパー型」に転じて、再び過去のアリストクラシー時代の人格的序列関係を、さながら鬼子《おにご》のように生み出したことになるからである。

本田説の意義は、メリトクラシー概念が孕《はら》むこの自己矛盾を、ハイパー・メリトクラシーにおける垂直的序列化として捉えた点にある。ただ惜しむらくは、本田説が労働力商品化を起点にした「人格と能力の社会的分離」、人格・能力概念の範疇的区別に立脚した議論を進めなかったことである。そのために、後述するように、このメリトクラシーの自己矛盾を打開する道、すなわち工場法への道に目を向けることはできなかった。ひとまず、ここでは本田説の意義と限界を以上のように捉えておいて、第二の「水平的画一化」の論点に移ることにしよう。

ハイパー・メリトクラシーのもとでの「水平的画一化」

ハイパー・メリトクラシー下の「水平的画一化」とは何か。まずあらためて、この問いに立ち返って、問題を考えてみることにしよう。本田氏は、「資質・態度」の教化策が「水平的画一化」の要因であるとし、「すべての人々に一定の価値や規範を一律に注入する『教化』」が「水平的画一化」を呼び起こす、と説明している。日本におけるこの教化＝画一化の典型は、戦前の教育勅語による教育制度であった。そこでは、「人々の間の差は許容されない。全員に義務として特定の考え方・感じ方とふるまいを強要する」教化が権力的に進められた（一五六ページ）。この教育勅語体制にみるような特定の資質・態度の教化――これが水平的画一化を呼び起こす要因である[17]。念のため、同氏自身の説明を引いておくと、こうである。

水平的画一化とは、「上下の差異をあえて作り出す垂直的序列化とは異なり、水平的画一化は差異を許さず全員に同じであることを要求する圧力である。過去におけるその典型は戦前の教育勅語体制であり、身体だけではなく心のあり方を意味する『態度』への管理・監視・統制が教育現場では強力に作動していた」（二〇七ページ）。

このような「水平的画一化」とは、人格と能力の区別に戻して言いかえると、「人格的画一化」を意味する、と言ってよい。なぜなら、「特定の考え方・感じ方やふるまい」、「心のあり方＝態度」等は、カテゴリー的にいえば、「能力」ではなく「人格的機能」に属する範疇だからである。「心のあり方＝態度」や「考え方・感じ方」、さらに、同氏のいう「人間存在のより全体、ないし深部にまで及ぶもの[18]」は人格範疇に属しており、垂直軸にそって序列化できるようなものではなく――その垂直的序列化＝ヒエラルキー化は身分差別と同様になってしまうから――、本田説では能力的序列化としてではなく、水平軸上における「画一化」と捉えられたのである。このような「人格的画一化」を強烈に押し進める教化は、宗教の世界では、マインド・コントロール（洗脳）と呼ばれるものであって、現代では、統一協会のようなカルト集団における帰依《きえ》がその例を示すといってよい。

水平的に画一化された「人格」とは、極端にイメージ化すると、さながら金太郎アメを輪切りにしたような同型的・同一的・同質的な人格になるだろう。もうすこし現代風にいえば、「人格なきＡＩ」化が水平的画一化のもとでの人間像である。ＡＩ（Artificial Intelligence）はそもそも、人間のような人格を持たない（持ちえない）コンピュータ（計算機）の一種にすぎないが、知能（Intelligence）の量は普通の人間よりも膨大であり、これを知識・知能の数量的差異にもとづいて比較するとすれば、垂直的序列化は可能である。だが、ＡＩは人格は持たないから、横に並べて、その「資質・態度」や「心のあり方＝態度」・「考え方・感じ方」は、（仮にそれらが存在すると仮定したとしても）画一的・定型的・固定的であり、比較しても無意味、無駄である（そもそもＡＩは、たとえばチャットＧＰＴが「名文」を作成できるにしても、その「意味」を理解していないし、理解することができない）。そこで、金太郎アメ型やＡＩ型化のような、人格面に及ぶハイパー・メリトクラシーの帰結を、本田氏は「水平的画一化」と把握したのである。

では、なぜ「ハイパー型」が、このような人格的な「水平的画一化」を呼び起こすのか。それは、すでに説明したように、本田説が、伝統的な学力＝能力を枢軸にした日本型メリトクラシー（またはメリトクラシーの一般的形態）との違いを意識し、それとの対比で「ハイパー型」を、関心・態度・意欲等の人格的力を含めた能力主義（人格的機能を統合したメリトクラシー）と捉えたからである。「日本型」と「ハイパー型」との違いを大胆に鷲づかみにしていえば、「日本型」は常識的意味での能力主義＝業績主義であり、後者の「ハイパー型」は「人格的機能」にバイアスをかけたメリトクラシーである。「ハイパー型」が人格的機能を中核において「水平的画一化」に帰着する、とされたのはこのため、すなわちメリトクラシー概念がそもそも「人格と能力の混合」による両義性をもっていたからにほかならない。

そうすると、本田説のハイパー・メリトクラシー概念――この用語はそもそも本田氏の造語である――が、現代（二一世紀の）日本においてなぜ浮上することになったのか、これが問題になる。話を端折ってすすめると、それは「教育界」において、実際に「人格と能力をごちゃまぜにして捉える流れ」が新たに生まれ、力を強めてきたからである。この流れは、二つの潮流にわけてとらえることができる。一つは国家主義、いま一つは新自由主義、この二潮流である。この二つの潮流を合体した典型的な政権は、第一次・第二次安倍政権であった。安倍政権は、その右翼的改憲政策とアベノミクスを合体した「国家主義＋新自由主義」路線上を文字どおり暴走した政権であった[19]。

この「国家主義＋新自由主義」路線を形成する二つのレールのうち、本田氏は、国家主義のレール上での教化策を重視して、ハイパー・メリトクラシー概念の仮説を提示したといってよい[20]。というのは、「一定の価値や規範を一律に注入する」ものとしての教化の典型は、戦前の教育勅語であり、その教育勅語を信奉し、教育基本法の改正に乗り出した国家主義者の代表こそは安倍晋三氏だったからである。A級戦犯岸信介の孫・安倍氏は、旧統一協会の身代わりとして銃弾に斃《たお》れるまで、戦後日本の代表的な国家主義者であった。第一次安倍内閣による教育基本法改正は、彼の国家主義者としての本領を発揮した、戦後右翼念願の歴史的課題であった。本田氏は、この教育基本法の改正に典型をみる国家主義の台頭を、「ハイパー教化」と名づけて重視したのである。本田説にいうハイパー教化とは、「特定の内面（考え方・感じ方）と外面（行為）を強制する」施策をさし（一五七ページ）、そこから「水平的＝人格的画一化」の帰結が導出されたのである。実際、安倍政権期には、まさしく多方面にわたって、人格的画一化策が進められたといってよい。たとえば道徳教育の強化・教科化、高校教育における「公共」の新設、愛国心の涵養、日の丸・君が代の強制、[21]日本的伝統的価値観の強要、歴史教科書の見直し、教育勅語の再評価等といった動きがこれを示している。本田氏が言う、「学校における教育内容・方法のすべてを、国家への貢献という『資質』＝『態度』の満遍ない育成に向けて吸い上げる、『ハイパー教育』と呼ぶべき学校教育の構造」がつくりだされたのである（一八四ページ）。同氏は、こうした状況を「三つ巴《みつどもえ》」と呼び、「二〇二〇年時点の日本の教育においては、日本型メリトクラシー、ハイパー・メリトクラシー、ハイパー教化が三つ巴で支配する状況になっている」と説明している（二〇八ページ）。

グローバル競争国家化路線を反映したハイパー・メリトクラシー

私は、日本におけるメリトクラシーの現状把握、すなわち「日本型」・「ハイパー型」・「ハイパー教化」の鼎立構造という捉え方に異存を唱えるものではないが、それだけでは、不十分ではないか、と考える。というのは、この鼎立型メリトクラシーの時代には、本田氏自身も認めているように、国家主義的イデオロギーが台頭するとともに、新自由主義が猛威を揮《ふる》ってきたからである。国家主義と新自由主義は、イデオロギー的には対照的・対極的位置関係にあるが、日本の右翼はえら呼吸と肺呼吸の両生類さながら、両方を兼ね備える。安倍氏はその典型的人物であったが、同氏亡き後では、いささか格落ちではあるものの、その代理人として橋下徹氏をあげることができるだろう。

「国家主義プラス新自由主義」のこの日本型両生類は、教育政策や労働政策面では、国家主義と新自由主義の二つのレール上を突っ走る。たとえば、労働政策でいえば、労働権の解体、雇用保障の破壊、労働力の流動化、ワークフェア、最近ではリスキリングの名の人的投資等の政策を推進し、教育施策面では、ＩＣＴ革命が要請する労働能力の流動性、多様性・多面性、柔軟性・弾力性に応えようとする。資本主義が要求する労働能力は、変化する生産力＝技術構造に対応する能力、とりわけ労働手段の変革に適応する能力だから、ＩＣＴ革命期の企業が求める労働能力は、画一的・定型的・固定的なものではなく、むしろ流動的・可変的・弾力的であり、多様性・柔軟性に富むものとなる（これに対応するのが、教育政策では、次章で検討するコンピテンシーとしての能力、個別最適化プランになる）。

なぜこのような「国家主義プラス新自由主義」の路線が、二一世紀の日本において台頭するにいたったのか。簡単にいえば、前世紀の後半期（特に一九九〇年代）において、グローバル競争国家化路線が政財界の支配的潮流になったためである。[22] ここで「グローバル競争国家化」とは、三つの潮流の合成から生まれた一つのへゲモニー・プロジェクトを意味する。①資本主義経済のグローバル化の進展（グローバリズム）、②戦後福祉国家解体戦略としての新自由主義の台頭、③ＩＣＴ革命に要約される技術革新の急速な展開——この三潮流の合成である。ただ、資本主義はどんなにグローバル化しても、国民国家を消滅させたり、「超克」することはできないから、グローバル市場の形成・拡大とイノベーションをめぐる競争の激化は、各国のグローバル競争国家化（ないし競争大国化）を呼び起こすのである。この路線に含まれる「国家主義＝ナショナリズム」の内容は、各国の歴史的・文化的伝統に規定されるから、国ごとに多様な形態をとり、日本では戦前の天皇制ナショナリズムに傾斜したものになる。

本田説のハイパー・メリトクラシーは、このような二一世紀におけるグローバル競争国家化の一側面、すなわち国家主義の側面を強く反映したメリトクラシー概念だった、と考えられる。だが、この見方は国家主義とよじれあった新自由主義の側面を副次化することにならざるをえない。特に、ＩＣＴ革命の進展のもとでの新自由主義の要請は、国家主義的要請とは反する面があるということ、水平的画一化としてだけではとらえられない面があるという点を過小評価する視点に陥らざるをえない。急速に進むＩＣＴ革命期の新自由主義は、能力面を基準にした水平軸にそくしていえば、これは「能力的画一化」ではなく「能力的多様化」ということになるだろう。ＩＴ企業を中心に新技術への適応能力を要請する新自由主義の圧力は、「ハイパー型」による「水平的画一化」に優るとも劣らないダメージを教育・学校制度に与えるのであって、この点を「人格・能力の相互関係」論では十分見極めておく必要があるだろう。

ただしこの面は次章でみることにして、本章では日本型メリトクラシーの双子のような関係にある日本型企業社会における人格・能力の問題をみておかなければならない。

4　日本型学歴社会と双子の関係にある日本型企業社会

メリトクラシーの一種としての日本型企業社会

本田説のいう日本型メリトクラシーは、戦後日本社会が生みだした日本型企業社会と双子の関係にたつものであった。両者に共通なのは「能力主義的競争」であったといってよい。ただし、一口に「能力主義」といっても、これまでの検討でも明らかなように、日本語の「能力」概念は相当に多義的で、その内容の理解・把握は論者によってさまざまであって、かなり大きな差異がある。この点を押さえたうえで、日本型メリトクラシーと企業社会を串刺しにするような原理を求めるとすれば、ひとまず、広義の能力主義的競争にあった、といってよい。

日本型企業社会における能力主義の特質は、高度成長期の大企業に普及した「職能資格制度」にみることができる。

メリット・システムないしメリトクラシーの日本版システムを典型的に表現したものが戦後日本の「職能資格制度」であった。職能資格制度は、日本的経営のいわゆる「三種の神器」、すなわち年功序列・終身雇用・企業別労働組合の三点セットによる日本的経営の核心部分にあたるものだった。かつて黒田兼一氏（明治大、労務管理論）はこれを、「企業への貢献度あるいは貢献能力（＝『職務遂行能力』）についての人事考課（＝査定）で賃金（昇給）および職位（昇進・昇格）を決定する制度」として説明した。[23] メリトクラシーが社会的地位や報酬をメリットによって選抜する制度だったとすれば、企業内における地位・職務を従業員に割当て、彼らの報酬（給与）を査定・決定するシステムが、職能資格制度だった――いわば企業内におけるメリトクラシーにあたるものが職能資格制度だったわけである。[24]

実際に、戦後日本のメリトクラシーの発展過程は、日本経済・経営面からみると、同時に、職能資格制度が日本型企業社会の中枢（日本的労資関係）を規定する主要因になっていく過程でもあった。本書の視点からみれば、職能資格制度は教育・学校制度と並んで、社会における「人格・能力の相互関係」を大きく左右してきたのである。

日本型企業社会の支柱としての職能資格制度

職能資格制度とはどのようなものか、ここでは、それを三点から把握しておくことにしよう。

まず問題なのは「職能資格」という場合の「職能とは何か」ということである。メリトクラシー概念の理解でも、まず「メリット」とは何かが問題になったように、職能資格制度でも第一に問われるのは「職能」の定義・意味である。労働省（当時）の官僚として職能資格制度の普及に大きな役割を果たした楠田丘氏（日本賃金研究センター代表幹事など歴任）は職能を説明して、それは「企業が期待する職務遂行能力にほかならない。つまり企業が期待する職能が、ここでいう能力である」と述べている。[25]

この説明でまず注目すべき点は、「職能」とは単なる「能力」の言いかえではないということ、また単純に「職務遂行能力」をさすわけでもない、ということである。「職能」で肝心な点は、他ならぬ「企業が期待する」能力だ、という点にある。当然といえば当然ではあるが、企業が購入する労働力商品は「企業が求める労働能力」であり、「企業に役立つ労働能力」である。その能力も、単純に職をこなす能力ではなく、「企業が期待する職務」を遂行する能力であって、労働能力一般をさすわけではない。労働者からみれば、自己の有する労働能力を評価するのは、自分自身ではなく、それを買った企業側にある、企業に委ねられるということである。

商品市場では、一般に、買い手と売り手は、一種の競争関係に立つが、双方の駆け引きで優位に立つのは、買い手側であり、取引は買い手主導のもとで進められる。市場メカニズムのこの力関係は労働市場でも変わらず、労働力の売買は、資本＝企業優位のもとで進められる（この資本の優位性を保障するのが、資本蓄積の過程が不断に生み出す大量の産業予備軍である）。したがって、販売される労働能力は、労働者側が誇る労働能力ではなく、「企業が期待する職能」となる。楠田氏は、このことを強調して、職能資格制にいう職能とは「企業が期待する職務遂行能力である」と説明したわけである。

　私たちにとって重要なことは、この職能評価の仕組みのもとでは、労働能力を評価する主体は企業の側にあり、労働者はこの「他律的評価」のもとにあって、絶えず企業の期待に応え、適応・順応する立場にたたされる、ということである。一言でいえば、企業に対する労働者の順応・追従を迫る「コンフォミズム（conformism 順応主義）」が生み出される、ということである。やや風呂敷を広げていえば、ここに「日本型企業社会」に対する「日本型学歴社会」のコンフォミズムが生まれる起源がある、といってよい。

　資本主義が発展していく過程で、企業が教育・学校制度に求める要求の第一は労働能力の育成である。労働者からみれば、己の有する商品は唯一労働能力だけであるから、労働市場において高値で売ることのできる労働能力は、「企業が期待する職務遂行能力」でなければならず、教育・学校制度側も、かかる意味での「職能」を育成する課題・要請に応えなければならない。この社会的圧力は、企業社会に対する学歴社会のコンフォミズムを生み出さずにはおかない（後の議論のために、一言つけ加えておくと、このコンフォミズムを防止する拠り所こそは、現代的社会権の一つ、教育権である）。

「企業社会」に対する受動的なコンフォミズムが「学歴社会」に浸透していく過程——ここに一つのメリトクラシーが形成されることになるわけである。この場合のメリットは、「職務遂行能力」に近似的なものとなり、「メリット＝職務遂行能力」の内容は「人格と能力を混合したもの」にならざるをえない。なぜなら、そもそも「企業が期待する職務遂行能力」には、「人格と能力の範疇的区別」のもとでの「能力」ばかりではなく、本書で使用した言葉でいうと「人格的機能と機能的に一体化した労働能力」、つまり「人格と能力混成による諸能力」が含まれていたからである。メリトクラシー論のいうメリトはそもそも「人格・能力の混合的力」を意味していたが、このメリト概念が「企業が期待する職務遂行能力」に近似化・同化していけばいくほど、「企業社会」に対する「学歴社会」のコンフォミズムはますます強まり、「企業が期待する学校・教育制度」づくりが進行する。ここでは、すぐ後で見るように、労働力の商品化当時には前提とされていた労働者の人格的独立性は、形骸化せざるをえない。

職能資格制度のもとでの労務管理

職能資格制の第二の意味は、「職能」が人事管理の基準、つまり労働者の企業内の地位、配置・配属、そして給与等を管理する基準になる、ということである。

職能資格制度の基軸は、各資格を等級表上に位置づけ、その地位と報酬（給与）および役職＝職務をリンクする仕組みにある。メリトクラシーは、構成員の地位や報酬をメリットを基準にして決定・選抜する仕組みをさしていたから、この職能資格制はいわば「企業内メリトクラシー」を意味することになるわけである。

ここでは、等級表上の地位＝資格（たとえば、A－5級、B－6級等）と給与・職務がリンクしているから、個々人の具体的な仕事・職務が変更された場合でも、給与は変わらない、つまり減給にはならない。また、役職（係長とか課長等）と資格が直結する「職階制」とは異なり、役職は一定の職能資格に達した者のなかから選ばれるという仕組みになっているために、昇格競争は強く働くが、出世しなかったからといって、減給・減俸になるわけではない。先に紹介した楠田氏はこれを、欧米の「同一労働・同一賃金」とは異なる日本的な「同一労働力同一賃金」だと説明しているが[26]、その意味は「同一職能資格・同一賃金」にある、と理解するほうがよいだろう。

このような職能資格制の特徴は、卒業方式といわれる考え方と結びついていた。卒業方式とは、職能資格の一定のランクに到達することは、下位ランクの等級を卒業した証書を得るに等しく、今後その資格が取り消されるとか、降格・減給される目にあうことはない、といった考えに立つ方式のことである。とはいえ、いったん卒業したからといって安心することは許されない。新たな等級表上の資格には、新しく「企業から期待される職能」を修得しなければならないという圧力がかかるからである。降格や減給がないかわりに、新しく企業の期待する職能に応える義務が半強制的に課せられるのであって、企業の要請に対するコンフォミズムの圧力が弱まるわけではないのである。

職能資格制度における人事考課＝査定方式の帰結

先述の黒田氏は、このような仕組みを説明して、「職能の中身の設定もまたその解釈も経営側がおこなうことが前提にされている。ここにこそ職能資格制度の真髄がある」と指摘した[27]。経営側主導のこの職能資格制の「真髄」は、その第三番目の柱、つまり人事考課＝査定方式から説明される。

職能資格制を支える人事考課は、通常は、能力考課・成績考課・情意考課の三本柱から構成されていた。三つの考課＝査定項目のなかで、いま最も注目しなければならないのは、情意考課である。「情意」とは、常識的にみても、能力範疇とは別ものであって、本田説の「ハイパー型」との関連でいえば、「態度・性格・関心」、「やる気、適応性、協調性」等のことである。つまり、「情意」とは人格範疇に属する「人格的諸機能」をさしたものにほかならない。

この情意考課は企業の期待する情意を査定の対象にし、企業による従業員の人格面におよぶ管理・統制・支配力を強める機能を発揮する。そもそも職能資格制度に言う「職能」には、当初から「企業が期待する職務遂行能力」に混入された人格的諸機能が包摂されていたが、この情意考課において、労働能力と一体化した人格的機能に対する企業の管理・統制力及び動員力は、さらに強化されるのである。この「人格的諸機能＋（狭義の）労働能力」の動員による日本型企業社会の「能力主義的競争秩序」は、メリトクラシー概念にそくして言えば、日本型メリトクラシーの成熟した形態を意味する。日本型企業社会は、労働者の全人格におよぶ専決体制に近くなるのである。

こうした日本型企業社会は、教育・学校制度面では「日本型学歴社会」を呼び起こさずにはおかない。したがって、日本型の「企業社会」と「学歴社会」とは、戦後日本資本主義が生み落とした双子の兄弟のような関係にある、といってよい。日本型企業社会＝学歴社会に共通するのは、さしあたり、①メリトクラシーで問題になるメリット＝能力と同様に、人格・能力をごちゃ混ぜにした「能力＝人格的機能＋個別的能力」を前提にしていること、②人格・能力一体型の能力主義的競争秩序のもとでは垂直的序列化が進行すること、この二点である。[28]

企業内メリトクラシーの日本的形態というべき日本型企業社会の帰結として、いま注目しておいてよいことは三点ある。

第一は、労働者の人格的独立性の形骸化である。労働者は、本書で繰り返し確かめてきたように、労働力の商品化の初期段階では、独立した人格の持ち主として、ただ労働能力を企業に販売するだけにとどまっていたが、日本型企業社会に包摂されると、その人格的諸機能まで企業のもとに吸収されるために、人格的独立性は抜け殻のように形骸化する。人格的独立性を形骸化・弱体化された労働者は、企業からの要請・圧力に脆くなり、企業・市場等の外圧に弱いコンフォミズムが入り込む。ここに加藤周一氏が生涯をかけて注目した戦後日本の「いま・ここ主義」、すなわち現在中心主義、部分中心主義的な大勢追随主義が繰り返し現われることになるのである。[29] ハイパー・メリトクラシーによる「水平的画一化」の圧力に脆い人々がつくりだされるのも、この人格的独立性の形骸化・弱体化のせいである、といってよい。

もちろん、この傾向を阻止し、労働者の人格的独立性を保持し続ける手立てがないわけではない。それは、工場法がその一里塚を築いた道、すなわち「自由時間プラス人権」を社会的基礎にした社会国家（＝福祉国家）への道である。だが、強力な日本型企業社会のもとでは、残念なことに、福祉国家は脆弱なままにとどまる、すなわち「強力な企業社会プラス未熟な福祉国家」のブロックが高度成長期以降の日本の現実となる。[30]本書では、労働者の人格的独立性の回復の道に関しては、後の検討に委ねられる。

第二は、人格的機能の企業による吸収は、その反作用として、労働能力の面での衰退・貧困化を呼び起こすということである。[31]これは、企業の期待に反する逆説的効果である。本書では、資本のもとへの精神労働及び全体労働の包摂・集中――すなわち、他ならぬ人格的諸機能の資本のもとへの集中――は、骨化した企業内分業のもとでは、労働者の部分労働化、機械付属部品化、労働能力の断片化・一面化を呼び起こすことを指摘したが、現代日本の強力な企業社会は、「企業が期待する職務遂行能力」をむさぼるように消費して、実は逆説的に、多様性をもった本来の労働能力の多面性、柔軟性・弾力性、主体性・能動性・積極性等を枯渇させる。その例は、たとえば会社人間、「二四時間闘うモーレツ社員」、社畜呼ばわりされた企業人間、過労死・過労自殺に追い込まれた真面目人間、「亭主元気で留守がいい」と言われた男たち等の犠牲に見ることができよう。

企業による人格的機能の吸収が、所期の期待を裏切るように、本来の意味での労働能力の衰退・貧困化を招かざるをえないのは、人格的機能の中核にあたる「目的設定」を資本が掌握しているためである。一般的にいって、労働＝活動の成果はその目的を支配する者に帰属する――この法則が企業社会の中でも貫徹する。[32]この「目的を支配する者が成果を支配する」という関係は、学校教育でも成立し、他律的目的のための学習は、簡単には当人の学力形成とは結びつかない。たとえば、受験目的の詰め込み教育が必ずしも真の学力形成にはつながらないのは、他律的目的を達成するための努力が当人の成果にはなりがたい事例を示している。企業社会の労働目的は企業側の専決によるために、労働者自身の成果にはならず、当人にはよそよそしいものとして現われる。これが「労働疎外」と呼ばれるものであるが、疎外された労働のもとでは、労働能力は発達ではなく、衰退・貧困化の道に向かわざるをえない。

第三は、日本型企業社会＝企業内メリトクラシーは、格差・階層構造（ヒエラルキー）をつくりだす、ということである。つまり、貧困・格差社会化の進展、これが日本型企業社会＝学歴社会の帰結である。この帰結については、すでに述べてきたから、再確認するにとどめ、ここでは、前世紀末からこのような日本型企業社会＝学歴社会の構造を解体する動きがあらわれ、それが二一世紀日本の新しい人格・能力問題を生みだす背景になっていることに目を向けておきたいと思う。

補節――グローバル競争国家化と新自由主義のバックラッシュ

日本型メリトクラシーに代わるハイパー・メリトクラシーの台頭、そして、「日本型」・「ハイパー型」・「ハイパー教化」の三つ巴ないし鼎立構造の形成――本田氏がこのように捉えた現代日本の様相は、一九九〇年代以降の、新自由主義の台頭及びグローバル競争国家化路線上で生まれた事態であった。日本型企業社会＝学歴社会との関係でみると、この「新自由主義によるグローバル競争国家化戦略」は、日本型企業社会＝メリトクラシーにたいする解体戦略として進められたものである。言いかえると、メリトクラシーの「日本型」から「ハイパー型」への転換を推し進めたのはグローバル競争国家化戦略であり、「日本型」・「ハイパー型」・「ハイパー教化」の三つ巴構造を生み出したのも、同じグローバル競争国家化戦略であった。

では、グローバル競争国家化戦略は、本章で見てきた日本型企業社会＝学歴社会に対して、いかなる解体・破壊作用を及ぼしてきたのか。この「補節」では、次章で見る「新しい学力観」・「コンピテンシー概念」・「能力資質論」・「個別最適化学習論」等への架橋を意図して、新自由主義的なグローバル競争国家化が呼び起こしたことを三点から見ておきたいと思う。三点に絞るのは、話を簡潔に進めるためである。

新自由主義による格差容認主義

第一は、福祉国家解体戦略としての新自由主義が、社会権を保障する諸制度に一斉に襲いかかったことである。生存権・教育権・労働権に代表される現代的社会権の保障には、生活保護制度、公教育制度、最低賃金保障・労働基準法制等にみるような、各種のナショナル・ミニマム保障を不可欠とするが、新自由主義の台頭はこれらの社会制度に対する歴史的バックラッシュを意味した。ナショナル・ミニマム保障とは、①最低限保障の公的基準の設定、②最低基準にもとづく平等主義の徹底との二点を意味するが、新自由主義は規制緩和と格差容認主義によって、これら二点にたいする攻勢を同時に強めた。

この新自由主義的バックラッシュは、一九九〇年代には、たとえば「護送船団方式の撤廃」の名で進められた。護送船団方式とは、どんなに船足の遅い船でも見捨てない、落ちこぼれを出さないで前進する方式をさす。企業社会にそくしていえば、「新規学卒一括採用―年功制賃金―終身雇用」がその例を示し、学校・教育制度でいえば、「6・3・3・4の単線型コース」に沿って、極力落ちこぼれをださない、落第や中途脱落は回避する、飛び級や早期選別等は認めない、といった原則に立つ仕組みを意味する。一言でいえば、平等主義の考え方や体制のことである。

財界は、この平等主義的な護送船団方式の見直しを、「富士山登頂型」から「八ヶ岳登山型」への転換、と比喩して説明したことがある。「富士山型」というのは、全員が同じ富士山のてっぺんをめざして一斉平等に登山するタイプ、「八ヶ岳型」というのは多峰からなる山頂をめざして各自別々のコースで登山するタイプをさす――つまり単線型と複線型の違いをいったものである。たとえば、九〇年代半ばの「豊田経団連」は次のように述べた。

「これまでの進学競争は、比喩的に言えば、偏差値に基づく一つの山のどれだけ高くまで登れるかというようなものであったが、今後は、いろいろな価値尺度に基づいた、多くの峰を持つ教育体系が築かれ、学生は自らの関心と能力に即して、それぞれの山を登っていくという仕組みに変えていくことが望ましい[33]」

この提言は、要するに格差容認主義を述べたものである。ここでは、高い山をめざす者、低い山をめざす者、中程度の頂をめざす者、それぞれが自由に選択して人生の道を歩めばよいのであって、そこに格差・階層差、序列化・差別化が起こるのはやむをえない、というイデオロギーが容認される。いわゆる「勝ち組」と「負け組」の格差・差別も容認され、普及することになる。私はかつて、大阪が生んだ野蛮な新自由主義＝「橋下主義」を、「強いものが勝つ、勝った者が正しい、負けた者は従え、従わない者は切る」のイデオロギーだと評価したことがあるが[34]、強者の立場に立つこの露骨・強烈な自己中心主義が、格差容認主義のラディカル版にあたる、といってよい。

これを裏返すと、社会的弱者に対するバッシング（いじめ）がさまざまな形態をとって現われ、横行する。いま注意しておいてよいのは、この新自由主義的な格差容認主義が長期にわたって社会に蔓延すると、同時に、この格差容認主義に対するコンフォミズム（順応主義）が大衆化し、一種の「画一化されたコンフォミズム」（いわば判を押したようなコンフォミズム）が生まれ、広がっていくということである。それを媒介するのが、ＴＶメディアであり、ネット社会のＳＮＳである。大阪に住む筆者には、近年の「維新」勢力の伸びは、この「画一化されたコンフォミズム」によるところが大きいと思われる（むろん、「画一化」は、いずれの場合であっても、「画一性」に内在する脆さを免れるものではない）。

日本型企業社会の破壊

第二は、新自由主義による日本型企業社会の解体が進んだことである。「日本的経営の三種の神器」にそくしていえば、年功賃金、終身雇用、企業別労働組合（労使協調）の三面が同時に見直されることになった。見直しの口火を切ったのは、一九九〇年代半ばの日経連『新時代の「日本的経営」』であった。[35]

まず年功制賃金の見直しは、職能資格制度の見直しと同時に進められた。職能資格制における職能給は、①潜在能力としての「職能」ではなく、顕在化された能力＝成果・成績にもとづく成果給への転換と、②「職能」ではなく「職務（job）」にもとづく職務給への転換、との二方向にそって見直されることになった。職能給は、「属人給」の典型的形態であったが、賃金の「属人性」が希薄化することになった、ということである。

「属人給」と「職務給」とは、ある意味で、賃金の対極的な二形態である。「属人給」は、文字どおり「人に支払われる賃金」であるが、「職務給」は人ではなく「職務＝仕事に支払われる賃金」である。[36]「属人給」では、なんらかの形で「生活給的要素」が入り込まざるをえないが、「成果・成績給」や「職務給」になると、この生活給的要素は希薄化せざるをえない。年功制の賃金の見直しはこのことを意味した。

第二に終身雇用ないし長期安定的雇用は新自由主義によって解体され、とりわけ一九九〇年代後半以降には、日本の歴史上未曾有の規模で雇用破壊が進められた。派遣労働の拡大・増大、契約社員化、偽装請負、請負労働・フリーランスの増加、コロナ禍におけるギグ・ワーカーの急増等、正規雇用の非正規化が大規模に進められた。[37]

第三に企業別組合を単位にした労使協調主義も大きく再編成され、「連合」系組合の「名ばかり組合化」が進行した。他の先進資本主義諸国にあっては、日本の「連合」ほどに「闘いを忘れた組合」を見ることはできない、といってよい。いまでは、労組運動を忘れたばかりではなく、労働運動その他の社会運動、住民運動、国民的政治的運動を分裂させ、その発展を妨害するところにまでいたっている、というのが率直な現実である。これに一言つけ加えるとすれば、上でふれた「橋下主義＝維新政治」の見逃せない特徴は、労働組合を既得権集団とみたてて、労組バッシング（特に公共部門労組へのバッシング）の先頭に立つ点にあるが、「連合」系労組の一部は、最近では、この維新と連携を強化するというのだから、もはや「恐れ入谷の鬼子母神」というほかはない。

新自由主義による公教育解体への攻勢

第三は、新自由主義が日本型企業社会の解体を進めると同時に、日本型学歴社会の見直しに向かったことである。二一世紀における学校・教育内容の見直しは、一九九〇年代から進行する「新しい学力観」から始まるといってよいが、それに先立つのは一九八〇年代の臨教審である。臨教審は、教育政策における新自由主義の頭出し（初期形態）を意味するものであった。[38]

新自由主義は、世間ではしばしば「市場原理主義」の言いかえとして理解されているが、正確には、市場原理を武器にした戦後福祉国家の解体戦略として把握されるべき「戦略的イデオロギー」である。教育分野でターゲットにされるのは、他ならぬ社会権としての教育権である。

教育権は、憲法や教育基本法の言葉でいえば、国民の「その能力に応じて、ひとしく教育を受ける権利」を意味する。この場合の「能力に応じて」とは、「必要に応じて」と読みかえられるから（この点は本章の「おわりに」で再述）、教育権の第一の意味内容は、「必要充足原則」に求められる。教育・保育・医療等の社会サービス労働における「必要充足原則」は、社会サービスの「現物給付原則」と言いかえられる。教育サービスの現物給付には、教育労働の配置、必要な教育を充足できる専門的教育労働の配置が求められるから、教育権の第二の内容は、教育労働（教員）の雇用保障を意味することになる。第三の意味は、国民の教育権が必然的に学習権を生み出す関係にある、ということである。なぜなら、社会権としての教育権は、国民の「教育を受けて学ぶ権利」によって裏打ちされて初めて、現実化し、社会に定着する関係にあるからである。

このように考えると、教育権とは、①必要充足原則による現物給付、②教育労働の公的保障、③学習権との一体性ないし双子関係、という三点から構成される、と考えてよい[39]。これらの三面をターゲットにして、新自由主義は教育権の解体に乗り出すのである。その基本方向（ラディカルな形態）を要約していえば、次のようになる。

第一は、教育サービスの現物給付を現金給付方式に改めることである。その最も手っ取り早いやり方は、公立学校による義務教育を廃止して、教育バウチャー方式（ないし教育クーポン券配布）に切り換えることである。

第二は、教育労働の公的雇用を廃止し、教育労働を市場労働化することである。学校の民営化、学校教育の民間委託、民間教育企業の育成、教育市場の拡大などは、これにそった動きである。

第三は、学校を教育の場から学習の場へと切り換えることである。学校運営も学習中心主義のものに切り換えられる。学習の主体は、学校教育でいえば、子どもであるから、学習中心主義は子ども中心主義の形態をとって現れるときもある。

以上の三点が、教育の新自由主義化の枠組みである。次章で検討する「新学力観」や「コンピテンシー概念」「能力・資質論」「個別最適学習」といった問題は、この教育における新自由主義化の動きと不可分の関係で評価されなければならない。「補節」の趣旨はこの点を押さえておく点にあった。

おわりに――憲法第二六条教育権保障の「能力に応じて」の意味

憲法第二六条は、「教育を受ける権利」を謳って、「すべて国民は、法律の定めるところにより、その能力に応じて、ひとしく教育を受ける権利を有する」としている。憲法のこの条文は、従来、全国民に教育の機会均等を保障した条項として理解されてきた。[40] 旧教育基本法第三条は、この条文と同趣旨のことを「すべて国民は、ひとしく、その能力に応ずる教育を受ける機会を与えられなければならない」と明記していたから、この通説的な憲法解釈は今でもなお妥当である、といってよい。このことを前提にしたうえで、私がここで少々こだわってみたい論点が三つある。

第一は、この条文は、教育の機会均等を保障するにあたって、あらかじめ「人格」概念と「能力」概念とが区別されて書かれている、ということである。人格が能力概念とは区別されて使用されていることは、「すべて国民は」という条文の主語表記に表われている。ここで「国民」とは、老若男女を問わないすべての人びとの人格をさしており、いま教育学視点から特に注目すべきは、子どもと大人の違いを問わない万人の人格をさしている、という点にある（一言加えておくと、憲法が「すべて国民は」と言う場合の「国民」とは、もともとの英文では「all people」とされていたものであり、本来であれば「すべての人びと」または「万人」と日本語化すべきところを「国民」と訳したのは、敗戦直後の日本に多数住んでいた在日朝鮮人や中国人等をこの教育権保障条項から排除するためであった）。

この「人格と能力の範疇的区別」を生かしていえば、この憲法第二六条は「すべての子どもの人格」にたいして平等に「その能力に応じて教育を受ける権利」を保障した、と解釈することができるだろう。この解釈は、近代の教育権を親権の一部、すなわち「子どもに対して教育する親の権利」から導き出してきた伝統的な人権解釈とは異なる。「人権としての教育権」は、「親の教育権」からではなく、「独立した人格（＝子ども）の教育を受ける権利」として把握されるべきではないか。「親の教育する権利」ではなく「子どもの教育を受ける権利」が保障されている点に注意されたい（「受ける」は英語の receive である）。これが資本主義が生み出した「人格と能力の範疇的区別」に立った憲法解釈からの帰結となる。

第二に注目しておきたい論点は、教育を受ける権利をわざわざ「能力に応じた権利」として定めていることである。この場合の「能力に応じて」とは、たとえばかつての「能力別学級編成」や「習熟度別クラス編成」のような能力主義的差別を許容したものではもちろんない。かといって、これとは反対に、「能力に応じた権利」を能力的差別ではなく、能力的平等の観点を貫いた「能力的平等主義」の権利を謳ったものかと言えば、必ずしもそうとはいえないだろう。というのは、「能力的平等主義」

は、これを徹底して貫き通すと、能力的画一化や同一化に行き着いてしまい、諸個人の能力的多様性や個性を否定することになるからである。

　第二六条を「教育の機会均等」を謳った条項として理解する伝統的な通説は、この「能力に応じた教育権」を、①教育を受ける権利の人格的平等性を保障する（人格的平等主義）、②機会均等の上で生まれる能力的差異・不平等については容認する（能力的不平等容認・寛容論）、という二面から捉える見地に立ったものと考えられる。本章で見てきた「メリトクラシー論（者）」はほぼ、この「人格的平等主義」と「能力的不平等容認・寛容論」の二つに立脚してきたと考えられる（ただ、「不平等容認・寛容論」の呼称が「差別容認」的ニュアンスを含むと警戒心を抱く人向けには、「能力的差異容認・寛容論」と呼び変えてもよい[41]）。管見の限りでは、メリトクラシー論（者）内部の違いは、大づかみにいって、①の人格的平等主義視点を重視するか、②の能力的差異容認・寛容論に力点を置くかの違いによる、と考えられる。両者間に違いが生まれる根拠は、メリトクラシー論一般が「人格的機能と能力を混合したメリット＝能力」観に拠っている点にある。この把握から、一言つけ加えると、「人格・能力混合概念としてのメリット＝能力」観は、上記の①②に対比して、第三の見解を呼び起こす[42]。それは①と②の折衷論ないし中間論に位置するものであって、「人格と能力の相互関係」の立論を類型化する議論（類型論）である。

　このような「能力に応じた教育権」の解釈に対して、いま一つ別の解釈、すなわち「能力に応じて」を「必要に応じて」と読みかえた教育権の解釈が、たとえば、障害児教育等の経験から生まれ、いまや通説になりつつあるといってよい[43]。この見方は、本書で強調してきた「人格と能力概念の範疇的区別」に立って、「能力に応じた教育権」をとらえようとする立場だといってよい。というのは、「能力に応じて教育を受ける主体」は独立した人格であり、独立した人格主体が教育に求めるものは各自のニーズ（必要）にもとづく要求だからである。たとえば、障害児と健常児の間には、教育ニーズに違いがあり、小学三年生と中学一年生との間にも能力差を反映した教育ニーズに違いがある。しかも、それらの教育ニーズの違いには、意欲・関心・態度・資質・志向性等の人格的機能の差異も含まれる。この時の教育ニーズ＝能力・機能は、すでにみたA・センのケイパビリティ（capability）をさすと考えてもよい。センは、ケイパビリティの自由な発揮・発達に人間の「良き生＝福祉＝well-being」の実現を求めたが、第二六条の「能力に応じて」を「ケイパビリティに応じて」と読みかえれば、ほぼ「必要に応じて」と解釈するのと同じことになるだろう。センのいうケイパビリティの発揮は、人間の有する基本的諸機能を選択的に組み合わせて発揮する自由を意味していた。「能力に応じた教育の機会均等」をこの「ケイパビリティの発揮による自由な活動」の保障と置き換えれば、第二六条の教育権保障を、平等論的解釈に重ねて自由論的解釈を加えて理解することになるだろう。

第二六条の「能力に応じて」を「必要に応じて」と読みかえ、再評価するとすれば、そこでは、「何が教育に必要な課題か」「必要に応じる教育とは何か」を読み解き、把握する力が問われることになる。ちなみに、教育を受けるという場合の「受ける」の英文は先述のとおりreceiveであり、能力に応じての「応じて」にあたる英文はcorrespond（応答・対応）である。応答・対応は、教育の場合には、単なる受動・受け身を意味することではない。なぜなら、第二六条の教育権の世界では、教育を受けるという受動態にあるのは生徒側、学ぶ側であって、教育ニーズに応答するのは教育主体の側、すなわち教育労働者だからである。学ぶ側の教育ニーズに応答するためには、一つの能力（コミュニケーション能力）が必要になる。この場合のコミュニケーションは「相互了解・合意の獲得」を意味する。

ここから第三番目の論点が導き出される。それは、教育権を保障する現場では、教育労働と学習活動の両主体がコミュニケーション関係を取り結んで、共に、かつ同時に主人公になる、ということである。教育を受ける主体（＝学習主体）は、学校では子ども（生徒）たちであるが、「教育を受ける」営みはさしあたり受動態であり、教育を担う直接の労働主体は教師、すなわち教育労働者である。この生徒・教師両者の関係は、一方での学習活動主体と他方での教育労働主体との応答関係であるといってよい。

教育学を専攻とするわけではない筆者が、教育論の専門的内容に口出しするのは僭越ではあるが、少なくとも、「学校教育」を論じるさいには、「教育とは何か」に加えて「教育労働とは何か」の視点が不可欠だと思われる。「教育労働とは何か」は「教師とは何か」と同じ問いではない。なぜなら、教師は「教育者」・「教える人」・「教え導く人」・「教示者」と同義の意味を持つが、教育労働者は、そのような教師＝教育者一般に還元できない特質を持つ労働者だからである。「教え」と「教育労働」とは異なる範疇なのである。教育労働は「教育主体と学習主体とのコミュニケーション関係＝応答関係の中の労働」である。「教育＝教え」一般には、この「教育労働主体と学習主体とのコミュニケーション的結合関係」は、（少なくとも十分には）含まれていない。本章でみたメリトクラシー論で論じられる「教育」でもコミュニケーション概念が正面から取りあげられることはなかった。次章では、この取り残されたコミュニケーション概念を生かして、近年の学力・能力・人格論を見ていきたいと思う。

〈注〉

（1）イギリスの社会学者マイケル・ヤングによる一九五八年の著書『The Rise of the Meritocracy』（マイケル・ヤング、窪田鎮夫・山元卯一郎訳『メリトクラシー』至誠堂、一九八二年）が、書籍としてはメリトクラシーの初出。

（2）縁故主義、情実主義にメリット・システムがとってかわった経緯については、田口富久治『行政学要論――現代国家と行政の理論』有斐閣、一九八一年、片岡寛光『行政国家』早稲田大学出版部、一九七六年、鵜飼信成・辻清明・長浜政寿編『比較政治叢書1公務員制度』勁草書房、一九五六年を参照。

（3）足立忠夫氏（関西学院大 行政学）は、この公務員制度改革の性格について、「政治的には、漸く議会にヘゲモニーを確立した市民層が貴族や一部の特権階級の官職の専有を打破し、行政の領域にも自らの有能な代表者を送り込もうとする意図を有っていた」としている（足立「イギリス公務員制度」鵜飼・

辻・長浜編、前掲書所収、一一七ページ）。なお、一九世紀行政革命の意義については、二宮厚美「ベンサム、チャドウィックと行政革命」島恭彦・池上惇編『財政民主主義の理論と思想――「安価な政府」と公務労働』青木書店、一九七九年所収を参照。

(4) マックス・ウェーバー、世良晃志郎訳『支配の社会学1』創文社、一九六〇年。

(5) 村松岐夫『戦後日本の官僚制』東洋経済新報社、一九八一年、一九ページ。

(6) かつての役人から公務員へ、近代的公務員から現代的公務労働者への転換の展望については、二宮厚美・田中章史『福祉国家型地方自治と公務労働』大月書店、二〇一一年、二宮厚美「憲法民主主義のもとでの新たな地方自治体像と公務労働像」晴山一穂・猿橋均編『民主的自治体労働者論――生成と展開、そして未来へ』大月書店、二〇一九年所収参照。

(7) 福祉国家構想研究会編、中西新太郎・谷口聡・世取山洋介『教育DXは何をもたらすか――「個別最適化」社会のゆくえ』大月書店、二〇二三年、一二八〜一二九ページ。

(8) 広田照幸『教育は何をなすべきか――能力・職業・市民』岩波書店、二〇一五年、八二〜八三ページ。

(9) マルクス『資本論草稿集①』大月書店、一九八一年、五八ページ。蛇足ながらその意味は、最も成熟した形態の分析は、それ以前の生成・発展途上の形態を理解するための鍵になる。ということである。

(10) 本田氏は、旧著『多元化する「能力」と日本社会――ハイパー・メリトクラシー化のなかで』（NTT出版、二〇〇五年）では、メリトクラシーと区別された「日本型メリトクラシー」の用語は使用せず、メリトクラシー概念に対応する「能力」を「近代型能力」、ハイパー・メリトクラシーに対応するそれを「ポスト近代型能力」と名づけ、両者を対比している（たとえば、同書二一～二二ページ）。つまり、日本型メリトクラシーの用語を用いる以前には、「近代型能力」と「ポスト近代型能力」という「能力＝メリット」概念の差異を基準にしてハイパー・メリトクラシーの特徴を論じていたのである。

(11) 広田、前掲書は、そもそも一般的にテスト等で評価される能力とは、「観察者によって測定されたデータをもとに、言語や数値で言説的に構成されるのが能力なのである」とし（八六～八七ページ）、測定できない人格的機能等をメリット＝能力に包括するメリトクラシー論に疑問を呈している。

(12) 本田、前掲『多元化する「能力」と日本社会』二四ページ。

(13) 同上、二五ページ。

(14) 同上、二〇～二一ページ。

(15) このことは、本田氏が次のように語っているところからも裏付けられる。「『意欲』『個性』『社会性』『課題対応能力』など、若者に対する知的側面以外の要求や期待をごちゃまぜに突っ込んだ形で、前世紀末から今世紀にかけて著しく浮上したのがハイパー・メリトクラシーであった。それは子ども・若者の間に、『学力』とは別の次元で優劣をつける垂直軸として確立されてしまっている」（傍点は引用者）（本田、前掲『教育は何を評価してきたのか』岩波新書、二〇二〇年、二〇六～二〇七ページ）。

(16) 志水宏吉『ペアレントクラシー――「親格差時代」の衝撃』（朝日新書、二〇二二年）は、一種のアリストクラシーへの回帰を「ペアレントクラシー」としてとらえようとしたものである。

(17) 文科省元事務次官の前川喜平氏は、「権力が押しつけようとするのはいつの時代も『教化』『同化』『洗脳』だ」と述べている（児美川孝一郎・前川喜平『日本の教育、どうしてこうなった？――総点検・閉塞30年の教育政策』大月書店、二〇二二年、二一三ページ)。
⒅　本田、前掲『多元化する「能力」と日本社会』二一ページ。
⒆　安倍政権およびアベノミクスの捉え方については、二宮厚美『終活期の安倍政権――ポスト・アベ政治へのプレリュード』新日本出版社、二〇一七年、渡辺治・岡田知弘・後藤道夫・二宮厚美『〈大国〉への執念　安倍政権と日本の危機』大月書店、二〇一四年を参照。
⒇　本田氏は「資質・能力」論の背景には、国家主義と新自由主義の二潮流の台頭があるということを認めつつ、自説を「『新自由主義』的な要素は否定しないながらも、政治的な保守化・ナショナリズム化という背景が、より重要であるとみなす」と位置づけている(本田、前掲『教育は何を評価してきたのか』一六八～一六九ページ)。
(21)　橋下知事期の大阪府で起こった「口元チェック」は、その最も下劣な形態として、特筆に値する。「口元チェック」とは、入学式や卒業式の君が代斉唱時に、教職員が本当に歌っているかどうか、口元をチェックして校長が監視した、という事件であり、「橋下主義」がいかにグロテスクなものであるかをあからさまに示した一種のパワハラにほかならなかった(二宮厚美『橋下主義解体新書』高文研、二〇一三年参照)。
(22)　二宮厚美『新自由主義からの脱出――グローバル化のなかの新自由主義vs.新福祉国家』新日本出版社、二〇一二年参照。
(23)　黒田兼一「職能資格制度と競争的職場秩序」木元進一郎編著『激動期の日本労務管理』高速印刷出版事業部、一九九一年、五九ページ。

(24)　能力主義管理の導入に指導的役割を果たしてきた楠田丘氏は、「一九七五年頃からそれまでの年功主義（学歴、性別及び勤続を、能力の代理指標としたやり方）は真の能力主義に転換し、企業は、積極的に職能等級制度、職能給体系、育成型絶対考課の導入に全力を傾け」、それ以降、「能力で社員を処遇するという新しい理念のもとで職能等級制度が導入されたわけだが、従来の身分資格制度との違いを明確にするために、職能資格制度と呼ばれることになった」と説明している（楠田丘『成果主義賃金――日本型雇用システムにあったこれからの賃金制度』経営書院、一九九七年、五一ページ、傍点は引用者）。

(25)　楠田丘『職能資格制度――その設計と運用』改訂四版、経営書院、一九八七年、二〇ページ。

(26)　楠田、前掲『成果主義賃金』一〇ページ。

(27)　黒田、前掲書、六七ページ。

(28)　乾彰夫氏（都立大　教育学）は、このような日本型企業社会＝学歴社会の構造を剔抉し、その特質を偏差値による一元的序列化に典型をみるように、受験学力を中心にした能力主義的な垂直的序列化にあると捉えた。企業社会に呼応するこの学歴社会の帰結を、同氏は「その結果、企業横断的な職業別労働市場はほとんど形成されず、したがって新規学卒労働市場は職業別に分割されることなく、学歴ごとに出身校にしたがって一元的に序列化されることとなった」と説明している（乾彰夫『日本の教育と企業社会――一元的能力主義と現代の教育＝社会構造』大月書店、一九九〇年、二二～二三ページ）。

(29)　加藤周一『日本文化における時間と空間』岩波書店、二〇〇七年参照。「いま・ここ主義」の意味と意義については、二宮、前掲『終活期の安倍政権』を参照。

(30)　私が、初めて「強力な企業社会プラス未熟な福祉国家」を定式化したのは、二宮「現代日本の企業社会と福祉国家の対抗――社会保障の視点から」渡辺治・後藤道夫編『講座現代日本4日本社会の対抗と構想』大月書店、一九九七年であり、日本型企業社会の崩れから新福祉国家の可能性を導きだそうとしたのは二宮厚美『日本経済の危機と新福祉国家への道』（新日本出版社、二〇〇二年）頃からである。

(31) この論点を含む日本型企業社会の構造については、基礎経済科学研究所編『日本型企業社会の構造』労働旬報社、一九九二年を参照。

(32) 目的を支配する者が成果を占有という関係については、二宮厚美『生きがいの構造と人間発達』労働旬報社、一九九四年参照。

(33) 豊田章一郎『「魅力ある日本」の創造』東洋経済新報社、一九九六年、二七一ページ。

(34) 二宮、前掲『橋下主義解体新書』参照。

(35) 日経連『新時代の「日本的経営」――挑戦すべき方向とその具体策』日本経営者団体連盟、一九九五年。

(36) とは言え、実際には、職務の分類は企業の職務評価によって行われるのであって、企業による査定が賃金を決めることになる、という点では「職能給」も「職務給」も共通しており、両者の形態差を絶対視した賃金論は正しいとは言えない。賃金形態には、労資の力関係が反映しており（たとえば欧米では全国的産別組合のパワー）、ただちに類型差とみるのは一面的である。

(37) 二一世紀に入って以降の、すさまじい雇用の非正規化、雇用破壊の進行については伍賀一道『「非正規大国」日本の雇用と労働』新日本出版社、二〇一四年を参照。

(38) 苅谷剛彦『教育改革の幻想』ちくま新書、二〇〇二年参照。

(39) この社会権保障に必要な必要充足・現物給付原則等については、二宮厚美『社会サービスの経済学——教育・ケア・医療のエッセンシャルワーク』新日本出版社、二〇二三年を参照。

(40) 本田氏によると、一九四六年二月のＧＨＱ憲法草案には、「能力に応じて」という言葉は含まれていなかったが、日本側の案において、「法律の定むる所によりその能力に応じ均しく教育を受くるの権利」の文言が挿入され、能力に応じた機会均等の差異については認められるという趣旨の「機会均等」の保障を意味する条項として理解されるようになった。つまり、機会均等といっても、能力の差異によって機会均等が崩れるのはやむをえないものと容認される趣旨のものになった（本田、前掲『教育は何を評価してきたのか』九二ページ）。広田照幸氏も、第二六条の解釈は多様であるが、「確実なことは、『能力以外の差別はしてはいけない』ということです」と解説している（広田『学校はなぜ退屈でなぜ大切なのか』ちくまプリマー新書、二〇二二年、一四七～一四八ページ）。

(41) ここでは詳しく紹介することができなかったが、たとえば志水宏吉氏は、「メリトクラシーに対する強い批判をあげたが、私自身は基本的にメリトクラシーの原理は守られるべきだと考えている」としている（志水『学力格差を克服する』ちくま新書、二〇二〇年、二一五ページ）。それと同時に、近年では、新自由主義の影響を受けてメリトクラシーがペアレントクラシー（選択〈Choice〉＝富〈Wealth〉＋願望〈Wishes〉）に変貌しつつあることを批判している（志水、前掲『ペアレントクラシー』）。

(42) 能力（＝学力）と人格的機能の混成によるメリトクラシー（＝能力）論では、繰り返し（歴史的・間《かん》歇《けつ》的に）、人格的機能の再評価があらわれ、メリトクラシー＝能力概念は再帰性をもったものになる、という点に注目した中村高康『暴走する能力主義——教育と現代社会の病理』（ちくま新書、二〇一八年）は、この第三類型にあたると思われる。

(43) 堀尾輝久『現代日本の教育思想——学習権の思想と「能力主義」批判の視座』青木書店、一九七九年、同『人権としての教育』岩波現代文庫、二〇一九年参照。

第4章　新学力観、コンピテンシー論、資質・能力論の経済学的検討

はじめに——人格概念の独自的評価

私が、経済学の視点から、人間の発達、人格の形成等について考え出したのは、一九八〇年代の初頭、研究者としては文字どおり駆け出しの頃である。当時到達した結論は、概略でいうと、資本主義的生産様式のもとでの発達可能性は三面から把握できる、というものであった。三面の可能性とは、①人格面でいうと、人格的独立性と統一力の潜在的形成、②能力面でいえば、普遍的能力と全面発達の可能性、③人格・能力の相互関係レベルでは、集団性・社会性を媒介にした人格的独立性プラス能力的多様性の発達可能性、この三点である[1]。

三〇歳台半ばの若い私が到達したこの「人間発達の経済学」の結論は、二つの契機に触発されて導き出されたものである。一つは、池上惇先生（当時京都大教授）をリーダーとする基礎経済科学研究所における共同研究・討論であり、いま一つは、教育科学研究会機関誌『教育』による「人間と教育をめぐる諸科学との対話」の呼びかけである。本書は、前者の「基礎研」における「人間発達の経済学」の延長線上に位置するものだから、ここでは、後者の雑誌『教育』の呼びかけに応えた拙稿「経済学からみた人格と能力の発達」（『教育』一九八二年五月号所収）にかかわる思い出から話を始めたいと思う。

いま読み返すと青臭さが漂う拙稿は、『教育』編集部の「人間らしさとは何か、人間的に発達するとはどういうことか、教育はいかにあるべきか」という問いかけに、経済学の立場から応えようとした試論である。ところが、この拙論には予想を上回る反響（賛否両論）が寄せられた。[2] その理由は、いま思い起こすと、人格論を正面からとりあげた点にあった。私の「経済学からみた人格論」の出発点は、当時も現在も「労働力の商品化による人格と労働能力の社会的分離への着眼」にある。ただ「労働力の商品化」への私の着眼は、本書にあっても幾度も繰り返して指摘しているから、ここでは、これ以上説明の必要はあるまい。

拙論に対する反応の一つに、鈴木敏正『主体形成の教育学』があるが、鈴木氏（北大、社会教育論）は、当時（一九八〇年代）の人格規定には、①肉体的・精神的諸能力の総体説、②社会的諸関係の総体説、③独自（固有）の人格機能説、の三つがあったと指摘している。[3] 上記拙論は、このうち、②の「人格＝社会的諸関係の総体《アンサンブル》」に立脚しつつ、③の教育学の「独自の人格機能説」による問題提起を経済学的視点から解明しようとしたものであった。当時の教育学的な「独自（固有）の人格機能説」とは、本書で使用してきた概念に置き換えると、ほぼ「人格的機能」にあたるといってよい。ここでは、この教育学における「独自の人格機能説」と筆者の（本書で見てきた）「人格的機能」との関係、いわば両者の「対話」の始まりを思い出すところから、近年の「人格と能力＝学力の相互関係」をめぐる論議の検討を進めることにしよう。

1　人格概念をめぐる教育学と経済学の対話

「固有の人格機能」に着眼した戦後教育学

私は、一九八〇年代初頭、「経済学における人格論」に取り組み始めるにあたって、当時の教育学における人格論を大きく二つの系譜に分けて捉えた。二つの系譜に分けて理解した理由は、簡単にいうと、教育学的人格論のトップランナーに位置していた坂元忠芳氏（都立大）が、人格論の中心的問題を次のように語っていたからである。

「マルクス主義の立場による人格論の中心的問題は、……個人が具体的に入りこむ社会的諸関係とそこでの個人の社会的諸活動を彼の内面における諸性質（人間性、諸能力）の全体的な発達の構造論としてどのように統一して把握するかという点にしぼられてきている。より具体的にいうと、個人が、具体的な社会的諸関係のなかで示す諸活動の体系とそれに応じて内面につくられる動機─目的の体系をどう関連してとらえるか、さらにそうした体系と彼の諸能力の総体との関連を人格の構造論としてどう把握するかということである[4]」

この坂元氏の指摘にヒントを得て私は教育学的人格論を一つの系譜に分類したのであるが、その第一のタイプは、人格を「人間の内的諸条件、人間の内的性質の総体」として把握する見方である。この規定は、人格を「能力＝学力」とは区別される概念とする見地にたって、たとえば「人格は、もし能力を一定の活動の遂行と結びついた人格の特性ととらえるならば、人間の諸能力の構造でもある」と把握する[5]。要約していえば、「人格を人間の内的諸力の総体・統一・構造」からつかむ系譜となる[6]。

第二のタイプは、人間の諸能力（＝学力）とは相対的に区別される、独自の人格機能に着眼した捉え方をさし、上記の坂元氏の指摘を引き合いにしていうと「目的―動機や価値意識の体系」に人格固有の意味を見出そうとする見解である。この見解は、諸能力（＝学力）とは相対的に区別された固有の意味での人格機能、したがって狭義の人格機能に着目したものだから、わかりやすく言えば、意欲・関心・態度、価値意識や目的意識、主体性・能動性・協調性といった力能・機能を「固有の人格機能」と捉える見解であったといってよい。

「固有の人格機能」に光をあてたのは、坂元氏とほぼ同様の問題関心から人格論を展開していた川合章氏（埼玉大）であった。同氏はこの「狭い意味での人格機能（狭義の人格）」を説明して、「人間の諸能力は、よかれあしかれ人間の内部でなんらかのし方で結びあっているが、その内面的結合のあり方、諸能力を統一していく機能のあり方だけを問う時に、これを人格機能とよんでよいであろう」と述べている[7]。ここで固有の「人格機能」とされているのは、ズバリ言って「意欲、やる気、気力」

のことである。同氏がこの「意欲・やる気問題」に目をつけたのは、「教師の授業を少々くふうしたくらいでは追いつけないような生活意欲、学習意欲の喪失傾向をどうするかという点にせまることなしには、今日の学力問題は語れない」（傍点は引用者）という切迫感に溢れた現実認識によっていた[8]。つまり、教育現場では学力以前の「意欲の喪失」がきわめて深刻な問題になっていたからである。

子どもたちを襲った「生活意欲・学習意欲の喪失・貧困化」は、当時（一九七〇年代後半）、若者層の「三無主義（無気力・無関心・無責任の三無）」、あるいは「意欲・関心・気力の喪失（＝三失状態）」と重なっていたから、三〇代半ばの私にとっても、身につまされる問題であった。そこで、私は、坂元・川合氏等の教育学的人格論を出発点において、「経済学における人格論」を試みたのである。いまにして思えば、私のこの人格論への着眼それ自体は、時宜にかなった問題関心だったと思われる[9]。というのは、後になって、本田由紀氏（東京大）が、「一九七〇～八〇年代においては、『落ちこぼれ』等の学力問題が『子どもの人格形成のゆがみ』をもたらすということが強調されるように変化していた」と捉え、その対策として、「人格と学力の統一」が課題になっていた、と説明しているからである[10]。

戦後教育学が「固有の人格機能」を取りあげ、本腰をいれて「人格と学力の統一・結合」に乗り出した頃――ちょうどその時に、私は「経済学における人格論」に取り組む機会に恵まれたわけである。語弊を恐れずにいうと、それ以前の人格論と学力論とは分離・分裂状態にあり、それぞれが並行して論じられていたといってよいかもしれない。人格論はカント哲学を主流にした哲学分野で議論され、学力論は教育＝知育論――訓育（education）とは区別された知育（instruction）論――として議論されてきたのである。こうした流れのなかで、坂元・川合氏らが「人格と学力の統一・結合」を課題視し始めた頃に、私は、経済学的視点から人格論を検討する機会を得た、ということである。

私の課題は、戦後教育学が着眼した「固有の人格機能」を経済学はどのように捉えたらよいかの問いに接して、とりあえず、『資本論』の体系からみて人格概念はいかなる位置にあるかを確かめる点にあった。検討の際の出発点においたのが、先述のとおり、「労働力商品化論」であった。教育学的人格論に対するいわば経済学からのこの補完は、どのようなものであったか、簡単に振り返っておくことにしよう。

教育学に対する経済学の補完

経済学における人格論の出発点は、人格概念と能力概念とをそれぞれ独自の範疇として区別する点にあった。この区別が必要になるのは、資本主義社会では、労働者人格から労働能力が分離され、一個の商品として資本に販売されるから、つまり労働力の商品化が進行することによる。資本主義は歴史上初めて「人格と能力の社会的分離」と「人格・能力の範疇的区別」を呼び起こした。教育学が「人格と学力の統一・結合」を問題にするのであれば、それぞれ独自の意味をもった人格範疇と能力（＝学力）範疇の概念内容を明確にしなければならない。私は、この経済学視点に依拠して、人格・

能力両範疇の区別とその意味内容の確定を労働力商品化論を起点にして検討した――これが経済学による教育学への補完の第一であった。

第二は、人格概念の明確化を、①社会範疇としての人格概念、②機能範疇としての人格的機能概念、の両面から進めたことである。

前者の「社会範疇としての人格」とは、「人格＝社会的諸関係の総体《アンサンブル》」説に依拠した概念であり、その中核的意味内容は「独立した人格」または「人格的独立性」に求められる。「人格的独立性」がキーワードになるのは、労働力の商品化のもとにおいて、世界史上初めて、人格的支配従属関係や身分制的束縛・制約、またアリストクラシー（貴族制）等が崩れ、独立・自由・平等の社会関係が確立し、普遍化するためである。近代社会における人格論において決定的に重要になるのは、資本主義社会そのものがこの「人格的独立性」の承認を前提にして形成され、また発展するという関係にあることを把握しておくことである。たとえば、学校教育における「人格と学力の統一」を論じる場合にも、子どもたちの人格的独立性が、いわば「人格・学力の統一」以前の課題として前提にされ、人格と学力の統一を担保する土台として確保されなければならない、ということを明確に捉えておかなければならない。「人格的独立性」は、人格論において、特別の意義をもつキー・コンセプトとして理解しなければならないのである。

後者の「機能範疇としての人格的機能」とは、本書では、第二章別図（一〇六～一〇七ページ）において「主体性・統一性」と概括した人格的諸機能のことである。この人格的機能と「社会範疇としての人格」との違いは、主体性・統一性に要約される人格的諸機能は、労働能力（＝学力）と機能的には不可分一体の関係にあり、人格的機能を欠いたところでは個別具体的能力は起動しないという点にある（個別具体的能力とは、第二章で説明したように、種々の具体的労働能力や教科別学力のことである）。たとえば、学習意欲のない子どもにいくら算数の勉強を要求しても、あるいは外国語に関心を持たない児童に英語の学習を要求したとしても、人格的機能の重要な要素である肝心の意欲・関心が欠如している場合には、無駄に終わる。人格的機能と個別具体的能力の発揮は機能上では一体の関係にあるわけである。教育学における上記の「固有の人格機能」とは、この人格的機能のことをさしたものにほかならない〈補注〉。

〈**補注**〉　私は、第二章において、センのケイパビリティは「人格的機能」、彼の「人間的諸機能」は「能力」として把握できる、と指摘したが、ケイパビリティは「固有の人格機能」に近似的な概念だということができる。ただ、繰り返していうが、センの議論には人格概念が不在なために、必ずしも「ケイパビリティ＝人格的機能＝固有の人格機能」と同一視することはできない。人格と能力の区別にたっていえば、ケイパビリティは人格的機能にあたる、というだけの話である。ただし彼は、人格的機能をケイパビリティに包括していたために、ケイパビリティの発達・発揮に「真の福祉」を発見した。つまり、生存権と発達権を込みにしたような社会権の確立による積極的自由の保障に「福祉＝良き生（well-being）」を発見したのである。第二章でも指摘したように、このセンの福祉観は高く評価されるべきである。

念のために再確認しておくと、「機能範疇としての人格的機能」は、協業・分業で構成される協働体から生まれる精神労働と全体労働に根ざす人格的諸機能を言ったものである。精神労働に根ざす人格的機能の核心は「目的設定・合目的的意志や構想」であり、全体労働に根ざす人格的機能は、①部分労働（能力）を統一化・一体化・構造化する機能と、②全体労働に不可欠なコミュニケーションを担う協力協調化・共同化・友好化の機能をさす。先に取りあげた「生活意欲や学習意欲、関心や気力」といった「固有の人格機能」は、このうち、精神労働に根ざす「目的設定・合目的的意志」に関連する人格的機能にあたるものである。

経済学による教育学の補完の第三は、「社会範疇としての人格―機能範疇としての人格的機能―労働能力」の三者の区別と相互関係を問題にしたことである。

三者の区別と相互関係の明確化とは、まず第一に、社会範疇としての人格概念をその核心に「人格的独立性」を据えて把握し、その社会的基礎の形成・確立の過程を独自の課題として位置づけることである。人間発達の視点から見て最も重要な概念は、この「社会範疇としての人格」の「人格的独立性」にあるといってよい。なぜなら、「人格的機能」も「労働能力」も共に、「人格的独立性」に依拠して初めて発達できる、という関係にあるからである。資本主義の歴史的進歩性は、労働力の商品化を通じて――たとえ最初は形式上に過ぎなかったとしても――、この「人格的独立性」を全社会構成員に普遍化した点にあった。念のために、再確認しておくと、「人格的独立性」の社会的基礎は「自由時間＋人権」に求められる（第二章参照）。

第二は、「社会範疇としての人格（人格的独立性）」と「機能範疇としての人格的機能」の両者は、一種の相互前提の関係にあることである。まず前者の人格的独立性が奪われたところでは、後者の人格的機能は当事者自身のものにはならない（人格的疎外＝自己疎外）。たとえば、資本によって労働者の「独立した人格＝人格的独立性」が剥奪され、侵害されたところでは、労働者の人格的機能は発揮されず、現実化しない（人格を他律的支配下におかれた者は、奴隷や農奴さながら、働く意欲も気力も起こらない！）。それとは逆に、人格的機能を他律的な支配下におかれた者は、人格的独立性の形骸化・空洞化に見舞われる（企業によって人格的機能まで吸収された労働者は、会社人間化、「社畜化」する！）。

この「人格的独立性」と「人格的機能」の相互前提関係は、学校教育の場でもあらわれる。子どもの人格的独立性が奪われたところでは、生徒の人格的機能は発揮されない（これが、「落ちこぼれ」が問題になった一九七〇～八〇年代に、川合・坂元氏らが直面した「学習意欲の喪失」問題であった）。誤解のないように、ここで一点だけ補足説明を加えておくと、この場合の「子どもの人格的独立性」とは、子どもの生存権・教育権（＝社会権）を社会的基礎にした人格的独立性のことであって、とりわけ「能力＝必要に応じて教育を受ける権利」を社会的に基礎にした子どもに固有な人格的独立性のことである。これとは逆に、子どもの人格的機能が他律的支配下におかれている場合には――たとえば受験突破を目的にした他律的学習、生存競争に打ち勝つためのサバイバル目的の勉強の場合には

――、子どもの人格的独立性は形骸化し、空洞化し、生存権・教育権は画餅にすぎないものとなる。

第三は、「人格的独立性」・「人格的機能」と「労働能力」との相互関係、つまり「人格と能力の相互関係」も、一種の相互前提関係にある、ということである。といっても、「人格と能力の相互関係」が、「人格の発達」と「能力の発達」との肯定的な相互前提の関係にある場合、つまり人格・能力の発達の関係に好循環が進行する場合には、この相互関係はとりたてて議論する必要のない問題である。問題になるのは、「人格・能力の混合・融合」が進む場合、換言すれば、「人格と能力（＝学力）の統一」というよりは「人格と能力（＝学力）の合体」が進行する（と見られる）場合である。「人格と能力（学力）の混合・合体化」が進むと、人格的諸機能が能力（＝学力）に吸収・統合される関係が起こるために、「能力＝学力概念の肥大化」の一方で、「人格概念の希薄化・形骸化」が進むことになる。ここでは、いわば「人格の能力化」が起こり、「人格と能力の範疇的区別に立った統一」は「能力による人格の吸収・融合」に取って代わられる。

この問題は、現代の教育問題の中心的争点になるので、節をあらためてとりあげることにして、ここでは、教育学に対する経済学の補完が、①人格と能力の社会的分離と範疇的区別にあったこと、②教育学における「固有の人格機能」は経済学における「人格的機能」に対応する概念に当たること、③「人格と学力の相互関係」は、「人格的独立性」・「人格的機能」・「労働能力」の三者の相互関係を視野に収めて問わなければならないこと、この三点に教育学に対する経済学の補完の意味があった、ということを確かめて、議論を前に進めることにしよう。

2 「新しい学力観」と新自由主義の台頭による転機

一九七〇年代から八〇年代にかけて、戦後教育学が「固有の人格機能」に着眼し、戦後教育政策が「学力中心」の詰め込み教育、学力テストや受験学力による選別・選抜主義の弊害の是正・克服、「学力と人格の統一・結合」に向かい出した直後から、戦後日本資本主義は、学歴社会・企業社会両面にわたって、歴史的転換の課題に直面していた。教育政策面でいえば、この戦後史的転換は、一九九〇年代に本格化する「新しい学力観」の登場、経済政策的にはケインズ主義から新自由主義への転換として把握できるものである。戦後史的転換の一部は、すでに前章補節で述べたから、ここでは、それ以上に深入りすることは避け、この転換をさしあたり「新しい学力観プラス新自由主義」の二潮流の台頭として評価しておくことにしよう。

読者の理解を容易にするために、一言だけ説明を加えておくと、「新しい学力観」とは、伝統的な学力＝能力主義に代わる学力観をさし、「生きる意欲」とか「ゆとり教育」などといった新しさを装って、その後の二一世紀のコンピテンシー（知力）論や「資質・能力」論、さらに今日の教育ＤＸ（＝ＧＩＧＡスクール構想）や個別最適学習論の先駆けとなった教育論のことである。三段跳びの比喩を用いていえば、新学力観がホップ、コンピテンシー＝資質・教育論がステップ、そして最近の個別最適学習論がジャンプにあたるといってよいかもしれない。先述の「人格の能力化」の先駆的形態にあたるのが新学力観といってもよい。前章でみたハイパー・メリトラシーが開始するのは、この新学力観からである。その意味で、「新しい学力観」は画期的性格を持つものであった。

経済政策上の新自由主義の台頭についても一言つけ加えておくと、世界史的に一九七〇年代に始まる「ケインズ主義から新自由主義への転換」は、「戦後福祉国家解体の戦略的プロジェクト＝イデオロギー」をさすが、日本の戦後史に照らしていうと、特に三点が重要になる。①日本の「戦後福祉国家解体戦略」が、「企業社会＋土建国家＋未熟な福祉国家ブロック」の見直しという日本型新自由主義の形態をとったこと（その一部は前章で述べた）、②新自由主義路線がグローバル競争国家化となったために「日本型新自由主義＋右翼的国家主義」の両生類的性格を持ったこと、③教育を初め社会サービスの領域では、「規制緩和・市場化・営利化」の政策が推進されたこと、以上の三点である。[11]

そのうえに、以下の本章において最も重要になる点は、一九九〇年代以降の「新しい学力観」と新自由主義とが、あたかも楕円を形づくる二つの円心軸に位置するような関係で、「人格・学力（＝能力）」論の軌跡を規定していたことである。

転換点を画した「新しい学力観」

一九九〇年代に支配的になった「新学力観」とは何か。従来の教育が「知識の伝達に偏《かたよ》り、知識の量を重視する学力観」になっていたのに対して、「自ら学ぶ意欲や思考力、判断力、表現力を重視する学力観」に転換すること――これが「新学力観」であった[(12)]。この「新学力」は三本柱から構成されるとされた。①知識・技能、②思考・判断・表現、③関心・意欲・態度、この三つである（③は後に表現が修正されるが内容は基本的に同じである）。

この学力観の「新しさ」のポイントは、第三の「関心・意欲・態度」を学力の構成要素とみなし、学力概念に組み入れた点にある。というのは、①知識・技能や②思考・判断・表現は、それ以前から「学力（能力）」と見なされてきたし、常識的に判断して、これらの知識・技能・思考力等を学力（能力）とみなすことには、格別の問題はないからである。だが、「関心・意欲・態度」とは、人格と能力（学力）の範疇的区別に立っていえば、学力範疇ではなく、人格範疇に属する。関心・意欲等は、前節でみたように、戦後教育学が「固有の人格機能」と捉えたものにほかならない。

たとえば、戦後教育学が「固有の人格機能」の発見とともに、「学力と人格の統一・結合」を教育論上の課題とするに至った経緯を総括して、佐貫浩氏（法政大）は、こう述べている。「学力は、人格の核心にある価値意識や目的意識、動機、生活意識、さらには感情など、人格の能動性や主体性、その中核にある社会や物事に対する主体的な構えや意識、関心などとの相互の交渉を介して、個の存在それ自身を実現する主体的な性格を組み込んだものとして獲得されると把握されていった[(13)]」。

佐貫氏のここでの人格機能の説明は、二段構えの複雑な構造になっており、やや読み取りにくいところがあるかもしれないので、整理しておくとすれば、「固有の人格機能」は、①人格の核心は能動性・主体性（価値意識、動機、生活意識、感情等）にある、②能動性・主体性の中核は構え・意識・関心等にある、の二点から把握されている。ただ、この②の能動性・主体性に関する説明はほとんど同義反復だから、同氏による「人格機能」の説明は、人格的機能は主体性・能動性に要約される、ということである。主体性・能動性は圧縮すると「主体的能動性」のことであるから、ひらたくいえば、これはかつて川合氏が述べた生活意欲・学習意欲のことであり、世間でいう「主体的意欲」に還元できるものである。佐貫氏は、戦後教育学が提起した「学力と人格の統一・結合」の課題を、意欲と学力の相互交渉を通じて、主体的意欲を学力形成に組み入れることに求めた、ということである（ついでに言えば、本書「はじめに」でとりあげた「意欲の源泉」とは、他ならぬこの「主体的意欲」の源泉のことである）。

そうだとすれば、このような「学力と人格の統一・結合」は、伝統的学力に「関心・意欲・態度」を付加した「新しい学力観」とさして変わらない、ということになるだろう。なぜなら、ざっくり言って、両者は「人格的機能と学力の融合・混合」という点では、共通しているからである。坂元・川合氏等にみる戦後教育学の一つの到達点、すなわち「学力と人格の統一」視点の提示と「新しい学力観」とのあいだには、大きな違いがないとなると、両者のこの関係をいったいどのように評価したらよいものか、が問題にならざるをえない。

この問題の検討に入る前に、あらかじめ一点だけ、注意すべき論点をあげておくことにする。それは、戦後教育学の「学力と人格の統一」視点にも「新学力観」にも欠けている論点、すなわち両者はともに「社会範疇としての人格（人格的独立性）」を捉える視点に欠如している、ということである。戦後教育学と「新学力観」の両者が学力と統一したり、融合したりしようとする意欲等の人格的機能（固有の人格機能）とは、先述の「機能範疇としての人格的機能」であって、「社会範疇としての人格」ではない。だが、「社会範疇としての独立した人格」の「人格的独立性」は、経済学の人格論では不可欠のキー・コンセプトである。繰り返しになるが、「人格的独立性」を把握するためには「自由時間＋人権」の世界に踏み込まなければならないのである。この「人格的独立性」を視野から外した新学力観には、最初から問題があると言わざるを得ない。この点に留意して「新学力観」の検討に入ろう。

「新学力観」による「人格の学力化」と「人格まるごとの競争主義」

「新学力観」の何よりの特徴は、既存の学力観に加えて、「関心・意欲・態度」の人格的機能を学力の構成要素に組み入れようとする点にあった。この新学力観のもとでは、「関心・意欲・態度」の人格的機能が「学力に組み入れられ、同化され、学力化する」という見方が普及・定着することになる。かかる「人格的機能の学力化（＝人格の学力化）」が進行すると、二つのことが起こる。

一つは、「人格の学力化（能力化）」――厳密にいうと人格的機能の能力概念化――が進むと、人格概念が衰退・衰弱し、それに代わって能力概念が拡張・肥大化し、人格的機能や「固有の人格機能」が、たとえば「非認知能力」として「能力」概念に吸収されてしまうことである。[14] 私の専攻は教育学ではないので、実証的確信をもって言うことはできないが、近年の教育理論では、かつてなら「人格」や「人格機能」の言葉で語られてきた人間的な力能が、認知的能力に対する非認知的能力、認知的スキルに対する非認知的スキルの言葉で語られる場合が多くなっているように思われる。[15]

「人格の能力化」が進行すると、能力概念が肥大化し、膨張するから、その代わりに「人格概念」はスリム化し、やがて不要化・無用化していく、といったほうが適切かもしれない。人格的機能を一つの「能力」として表現しようと思えば、すでにそこでは「人格用語」は不要化しているから、その代替用語として「非認知的能力」（あるいは「ポスト近代型能力」）という「能力用語」が流通するようになった——「新学力観」の登場以降、教育理論の世界では、人格概念があまり登場しなくなったのは、こういう理由によるのではないか（これが下衆《げす》の勘ぐりにすぎなければ幸いである）。

第二は、「人格の学力化」が進行すると、メリトクラシー論で見たように人格的機能の測定・計測化、数値化、序列化、格付けが進むことである。というのは、一般的に人格や人格的機能は測定・計測不可能だとみられるのに対して、学力・能力は一定の基準にもとづいて測定可能、数値化可能とされ、したがって上下・高低の程度差による序列化、ランキング、格付けが可能とされているからである。[16]

このような「人格の学力化（能力化）」と「人格的機能の数値化・序列化」が進行すると、「新学力観」は、在来の「学力主義競争」（学力テスト型競争）の上に「人格的機能をめぐる競争」をつけ加える方向に向かう。新学力観は、そもそもは、旧来の知識・技能一辺倒の学力主義競争や詰め込み教育の反省にたち、子どもの「生きる力」や「意欲・関心・態度」に光をあてた「学力と人格の融合」をめざすもの、せちがらい競争を緩和し学校に「ゆとり教育」を取り戻す、という触れ込みでうちだされたものであった。「新しい学力観」のいう「関心・意欲・態度」は、後代（二〇一〇年代）の「資質・能力論」では「学びに向かう力・人間性等の涵養《かんよう》」に修正されるが、これらはいずれも人格的機能の育成・涵養を目的とした教育論を物語るものであって、それ自体は、数値化や序列化に直結するものではなく、むしろ格付けや序列化を是正するために打ち出された視点・概念である。だが、伝統的な学力主義競争、受験学力競争をそのまま継承したところ――すなわち、「自由時間＋人権」を社会的基礎にした子どもの「人格的独立性」が薄っぺらなところ――に「人格の学力化」をもちこむと、学力＝能力主義競争の火に油を注ぐことにならざるをえない。

かつて須藤敏昭氏（大東文化大）は、新学力観には「関心や意欲や態度を評価し、さらにはそれを評定（内申書）までして点数に換算する」ところがあるとして、「学力についてのみならず、人格の面でも競争させようというのが『新学力観』のねらいかもしれません」と述べたが、まさに「人格まるごとの競争主義」の口火が切られることになったわけである。(17) 従来のペーパーテスト中心的な学力主義競争が、「人格まるごとの競争主義」に増幅されることになったのは、すでに述べてきたように、新学力観が「人格的機能と能力の混合・融合」、「学力＝能力概念による人格的機能の包摂」による

「人格の学力化」の出発点になったからである。

さらに、「ゆとり教育」を看板にした「新学力観」が、「ゆとり」とは正反対の競争主義の激化に向かうことになったのは、「新学力観」の登場と同時並行的に台頭していた新自由主義の影響による。つまり、先に述べたように、「新学力観＋新自由主義」が、楕円を形成する二つの円心軸のような関係で、「人格まるごとの競争主義」の軌跡をつくりだすことになったのである。「ゆとり教育」を狙ったはずの「新学力観」が正反対の「全人格的競争の激化」を生んだ、といってもよい。

新自由主義による「教育の私事化」と教育権の変質

新自由主義の台頭が、教育＝学校社会において、狭義の「学力主義競争」を「人格丸ごとの競争主義」に高進させたのは、さしあたり二つの理由による。

一つは、新自由主義がしばしば「市場原理主義」と呼ばれるように、市場における自由競争の推進・強化を第一にしたイデオロギーだからである。労働市場においてこの新自由主義が猛威を揮うと、労働者の「人格的機能」は「労働能力」の一部に組み入れられ、「人格的機能と個別具体的労働能力を込みにした職能（職務遂行能力）」が商品化され、労働市場における「人格まるごとの競争主義」が広がり、激化する。戦後日本の労務管理を特徴づけた「職能資格制度」が人事考課の重要な柱として「情意考課」を位置づけ、労働者の能力・業績を超えた人格的機能を給与・昇格上の査定対象にした、ということはすでに述べたところである（第三章参照）。労働者は「情意考課」の名の「人格的機能の査定」によって競争主義的管理（人格まるごとの競争主義＝全人格的能力競争主義）のもとにおかれ、世界に悪名高い過労死（death by overwork）の道に追いやられたのである。過労死や過労自死は、情意考課のもとでの「人格的機能の職能化」による労働者の人格的従属の悲劇的帰結だったのである。

語弊を恐れずにいうと、企業社会における「情意考課」に匹敵・対応するのが、教育＝学校社会における「関心・意欲・態度」の人格的機能の評価・測定である。いじめ、登校拒否・不登校、閉じこもり、子どもの自死・自殺がその帰結である。いじめや閉じこもり等は、学力問題というよりは、子どもの人格にかかわる問題であって、二一世紀に入って以降とりわけ顕著になったこれらの問題群は、「人格まるごとの競争主義」に起因するところが大きいと見なければならない。

いま一つは、新自由主義が戦後福祉国家解体戦略として、その歴史的本領を発揮したことである。福祉国家解体戦略とは、社会権の解体・形骸化・空洞化・変質を狙ったプロジェクトである。戦後日本の社会権の代表は、憲法第二五条以下に明記された生存権・教育権・労働権及び団結権である。ただ教育分野において、教育権を正面に据えて攻撃し、公教育を破壊することは政治的に不可能であるから、その換骨奪胎化、つまり骨抜き化が課題になる。公教育の形骸化とは、一言でいえば、「教育の私事化（privatization）」へのリターン、回帰を意味する（これが子どもの「人格的独立性」の社会的基礎を動揺させたのである）。

新自由主義による「教育の私事化」は、公教育の市場化、公設公営の学校の私営化・私立化、教育の私的利害化による社会の分断・分裂、私的利害化に伴う教育競争の激化等を呼び起こす。私事化とは、もともと共同的、公共的なものを私人が奪い取る、略奪することを意味する（第一章三五ページの補注参照）。そこでは教育は人間の発達を目的としたものではなく、生存競争の手段に転化する。「人格まるごとの競争」が、子どもたちにとっては、サバイバル競争の性格を帯びてくるわけである。

かかる「教育の私事化」が「新学力観」のもとで進行すると、福祉国家の大黒柱であった社会権（この場合は教育権）の変質・形骸化が起こる。それは、①学習中心主義、②子ども中心主義の二つの形態——内容上は表裏一体の関係にある二形態——をとってあらわれる。この学習＝子ども中心主義は、新自由主義のもとでの「教育の私事化」の最も注目すべき現われを意味するので、少し立ち入ってみておくことにしたいと思う。

子ども中心主義と学習中心主義の台頭

新学力観とともに「子ども中心主義」の考え方が、はっきりと登場したのは、一九八九年の学習指導要領からであるが、それが定式化されるのは、一〇年後の一九九八・九九年改訂学習指導要領においてである。[18] 苅谷剛彦氏（当時東京大）は、子ども中心主義を説明してこう述べている。「子どもの意欲や興味関心を重視し、体験を重視した学習を展開することで、問題解決能力や自ら学ぼうとする意欲が生まれる教育——これらに共通する教育の理念が、『子ども中心主義（child-centered）』の教育と呼ばれるものである」[19]。ポイントは、教育とは何よりも「学習意欲を生み出す」ことに起点があるとする教育観が、「子ども中心主義」を呼び起こす、という点にある。つまり、学習意欲の喚起こそが教育の基本だとする「新学力観」が、「子ども中心主義」を生む母体になるということである。

この指摘に従えば、「関心・意欲・態度」の人格的機能を「学力」に取り込んだ「新学力観」が「子ども中心主義」に向かったのは当然の成りゆきであった。なぜなら、「新学力観」は学習意欲の担い手、すなわち学校における学習主体である子どもの意欲・態度を中心において、学力のあり方を問い直す、という考え方に立っていたからである。「関心・意欲・態度」を重視する「新学力観」は「態度主義的傾向」とも呼ばれる。かかる態度主義的な「子ども中心主義」の考え方は、その後の「資質・能力論」（二〇一七・一八年改訂学習指導要領の学力観）に継承され、現在に至る「子ども・学力観」の基調となっていくが、神代健彦氏（京都教育大）はこれを「子ども＝学習する生き物」観と評して、次のように説明している。

「資質・能力の視座において、子どもとは、生まれつき学び育つ力をもった存在である。彼らは自律的に学ぶ存在であると同時に、学び方を学び、不断に自己を調整していく。彼らの前には、無駄を排して美しく整除された教育課程（カリキュラム）がある。子ども（資質・能力）は、そのように調和的に組織された教科の世界を、自律的に、意欲的に、試行錯誤しながら、らせん状にくぐり抜けていく。学ぶことが、次の学びを拓《ひら》く[20]」

これは「子ども中心主義」が、「子どもは生まれつき学び育つ力をもつ、その生来の自律的学習主体として子どもを中心にした学校こそが、あるべき学校教育像である」とする考え方に帰着することを説明したものである。このような学校教育理念に対して、ここでは二点注意を促しておきたいと思う。

第一は、学習意欲の主体である子どもを中心において、「新しい学力」や「新たな学校教育」像を主張するこの「子ども中心主義」は、それ自体としては、一面的ではあるものの、まったく誤った考え方だとまでは言えない、ということである。たとえば、子どもの親の立場に立ってこの「子ども中心主義」を評価するとすれば、大半の親はこれに同調・共感するであろう。実際に、この「子ども中心主義」の考え方は、新自由主義的な「教育の私事化」と結びついて、親の同調・共感を喚起し、全国各地でさまざまな「モンスター・ペアレント」を生み出したのである。

第二は、ただし学校教育に照らしていうと、「子ども中心主義」は、次にみる「学習中心主義」と結びつき、学校におけるいま一人の主役、学校教師の役割を軽視したり、副次化する機能を発揮することである。学校は、子ども中心主義の立場からみれば、確かに、子どもの学習の場ではあるが、単純な学習塾や学習施設とは違い、教育を受けて学ぶ場であり、教育労働を負託された教師からみれば、教育の場でもある。つまり、学校とは、学習主体としての子どもと教育主体としての教師のコミュニケーション的結合の場である。生徒だけの学習施設、教師だけの教育施設というのは学校ではない。生徒と教師の両主役のうち、いずれか一方を欠く施設は学校とは言えず、「教師中心主義」が一面的であるのと同じほどに、「子ども中心主義」も一面的な見方なのである。

ここから、「新学力観」の第二の問題、すなわち「子ども中心主義」という特徴とともに、「学習中心主義」という問題点が浮上する。筆者は、上で一言したように、学校とは「学習主体としての生徒と教育主体としての教師とが、『相互了解・合意の獲得』としてのコミュニケーション行為を媒介にして結合する場である」という見地に立つが、「子ども中心主義」は、生徒・教師間のこのコミュニケーション関係を切断・分断し、生徒第一主義的な「学習中心主義」に向かわざるをえない。

学習中心の学校では、教育労働の援助・補助労働化、教育カウンセラー化、伴走者化の傾向が生まれる。先述の神代氏は、これを「教師の仕事とは、ただ適切に環境を整え、余計なことをしない、ということなのである」と説明しているが[21]、「新学力観」が登場してまもない頃に、教育労働の役割を軽視する風潮が実際にあらわれていたことを、シンポジウム「子どもの地域生活から『新学力観』を問う」（一九九四年二月）は、次のように報告している。

「特に、先生方が学校現場で困っておられるのは、子どもの『関心』や『意欲』が大事だということと合わせて、指導をしないといいましょうか、子どもが中心ですよ、とか個性が大事ですよ、というようないい方で『指導』を『援助』という穏やかな言葉に置き換えるなどの『指導』が広がっていることです。指導はタブーであるかのような現象さえあらわれ、現場では困惑が広がって、子どもの活動や体験・経験というものが一面的に強調される[22]」

こうして、「人格的機能の能力化（意欲等の学力化）」を起点にした「新学力観」は、「子ども中心主義」と「学習中心主義」の二つの傾向を生み出し、学校教育のあり方に戦後史的転換を呼び起こすことになった。この転換において注目すべき事態は、さしあたり二点にまとめることができる。

第一は、「新学力観」のもとでの「学習中心主義」は、学力＝能力主義競争を緩和するどころか、むしろ反対に、競争の強化・激化を呼び起こすことである。「新学力観」は「ゆとり教育」の触れ込みで打ち出されたものであったが、「ゆとり」どころか、正反対の競争主義の激化を招くことになった。そうなったのは、「意欲・関心・態度」の人格的機能が「新しい学力」に組み入れられ――心理学的用語でいえば「非認知的能力」に組み込まれ――、「人格まるごとの競争主義」が煽られることになったためである。このことは、理論的にいえば、人格と能力（＝学力）の範疇的区別に立脚した学力論や「人格・学力の統一論」がいかに大切であるかを物語るものである。

第二は、「学習中心主義」の台頭とともに、教育権の形骸化・空疎化が進むことである。学校が学習を中心にした施設になれば、教育を受ける権利を保障する場としての学校の役割はそれだけ弱まる。一九九〇年代の「新学力観の時代」に世間を風靡した新自由主義と「教育の私事化」は、この教育権の換骨奪胎を促進することになった。というのは、新自由主義的教育政策の眼目は、（社会権の一環としての）教育権を解体することにあったからである（新自由主義が戦後福祉国家解体戦略であったことを想起されたい！）。

新自由主義のもとでの学校は、私がどこかで聞いたか読んだかしたフレーズ――ここでその出所を思い出すことができないのは残念至極だが――でいうと、「学校でなくなること」と「学校がなくなること」の二つに帰着する。前者は「学校が教育の場ではなくなる」、後者は「学校が廃校になり消える」を意味する。「子ども＝学習中心主義」は耳触りのよい言葉であるが、一歩踏み外せば、教師不要論、学校教育解体論に陥りかねない危険性を有するのである。筆者の住む大阪では、橋下大阪府政以降の維新政治が、この①学校でなくす、②学校をなくすの二正面作戦を、実際に実行してきた[23]。次節では、こうした動きが二一世紀に入って全国化していく過程をみていくことにする。

3　地続きの関係の新学力観、資質・能力論、コンピテンシー論

一九九〇年代の「新学力観」をベースにした教育政策が、二〇二〇年代の「学力・教育観」に至るまでの過程で注目すべき事態は、三点にまとめられる。正確にいえば（本書は教育政策や学校教育の歴史自体をフォローしようとするものではない）、いま「人格と学力の相互関係」の視点から二一世紀の教育の流れを把握しようとすれば、三点に注目する必要がある。

三点とは、①前世紀末の「新学力観」から近年の「資質・能力論」までの「学力・教育観」は継承関係にあり、基調に大きな変化はないこと、②第一次・第二次安倍政権期に強くなった国家主義が新自由主義の福祉国家解体戦略に加勢し、両者が教育権の変質・形骸化を呼び起こす共犯者になったこ

と、③グローバルな新自由主義路線が新たな技術的基礎（＝ＩＣＴ革命）を得て、教育ＤＸ（デジタル・トランスフォーメーション）と呼ばれる新局面をよびおこしていること、以上の三つである。これら三点の意味について、以下、簡潔に振り返ってみることにする。

前世紀の新学力観から二一世紀のコンピテンシー、資質・能力論へ

第一は、前世紀末の「新学力観」の考え方は、現代の教育政策をリードする見方「資質・能力論」に継承されているということである。「資質・能力論」というのは、二〇一七〜一八年の改訂学習指導要領が「育成すべき資質・能力の三つの柱」として提示した学力論をさす（「三つの柱」は二〇〇七年改正学校教育法において、教育目標を示す「学力の三要素」として第三〇条第二項で条文化された）。この「資質・能力」の三本柱を「新学力観」の三要素に対応させて示したのが、別表である。この表は、「新学力観」と「資質・能力論」、そして後述のＯＥＣＤ「コンピテンシー論」の三つの「学力・能力観」を対称的にまとめて表わしている。

この表をみれば、「新学力観」と「資質・能力論」とは、①「知識・技能」に対応する「生きて働く知識・技能の習得」、②「思考・判断・表現」に対応する「思考力・判断力・表現力等の育成」、③「関心・意欲・態度」に対応する「学びに向かう力・人間性等の涵養」、の三面において対称的だということが理解できるだろう。三点を「人格・能力論」視点からあえて分類するとすれば、①は「能力

別表　新学力観―資質・能力論―コンピテンシー概念の三構成要素

	〈新しい学力観〉	〈資質・能力論〉	〈コンピテンシー論〉
①	知識・技能	生きて働く知識・技能の習得	道具を相互作用的に用いる
②	思考・判断・表現	思考力・判断力・表現力等の育成	異質な人びとからなる集団で相互に関わりあう
③	関心・意欲・態度	学びに向かう力・人間性等の涵養	自律的に行動する

＝学力範疇」、③は「人格的機能範疇」、②は①③の結合範疇、すなわち「人格的機能＋能力の機能的一体性」の範疇と見なすことができる。

　こうした三点にまたがる「新学力観」以来の「学力・能力観」は、それ自体としては、「人格と学力の結合・統一」ないし「人格的機能と学力との混合・融合」を表現したものと捉えられるから、格別に問題があるというわけではない。このことはすでに指摘したとおりであって、戦後教育学の到達点が示すところでもあった。一言つけ加えておくと、この「人格的機能プラス能力」の「学力＝能力観」は、人類史に遡っていえば、「労働＝道具生産」と「言葉＝人間的コミュニケーション」の二大源泉から生まれる人類固有の力能（類的能力）に由来するものであって、人間社会の過去・現在・未来を貫く人間発達の視点に合致するものである（この論点は次章の検討課題である）。ただ、この見方だけでは「社会範疇としての人格的独立性」の概念が欠落しているので、その問題点についてはすぐ後で立ち返る。

「新学力観」と「資質・能力論」に共通する「学力・能力観」は、ＯＥＣＤ（経済協力開発機構）が二〇〇六年に提示した「コンピテンシー論」にも内包されている。コンピテンシーは、前世紀には「知力」と訳されていた言葉である。この「知力」は、知能と知的意欲とを統一したものとして理解されていたから、常識的意味での「学力＝能力」を超えた「人格的機能を内包した知力」を意味していたといってよい[24]。その限りで、「コンピテンシー＝知力概念」は「新学力観」に共通する面をもっていたが、ＯＥＣＤ版のコンピテンシー概念には、この伝統的な知力概念以上に包括的、総合的内容が含まれていた。先述の神代氏は、「人間を全体的・全人格的・抽象的・一般的な『力』として捉えるというのが、ＯＥＣＤ版コンピテンシーの眼目」だとしている[25]。

ＯＥＣＤ版コンピテンシー概念の具体的内容は、三項目に分けて、別表に記載しているとおりであるが、教育学によるこれまでの分析・検討の成果をふまえて[26]、三つに再分類するとすれば、こうなる。すなわち、①の「道具を操作する能力」とは、客観的対象（世界）に対する労働能力（筆者流に言えば「物質代謝労働能力」）、②の「他者と集団的に関わりあう能力」とは、人間相互のコミュニケーションの能力（筆者流に言えば「精神代謝労働能力」）、③の「自律的に行動する能力」とは人格的能力、これら三つの諸能力を統一した力がコンピテンシー概念である[27]。三つの能力は、さらに敷衍化すると、①客観的対象（自然）と人間労働、②人間相互のコミュニケーション関係、③人格的自律・主体性の三点にかかわる能力――さらに抽象化すると物質代謝、精神代謝、人格的機能の三つの世界にかかわる力能――に抽象化することができるから、形式的にみて、このコンピテンシーは相当に普遍的・一般的概念である。

このようなコンピテンシー概念の特徴を松下佳代氏（京都大）は、「①認知的な能力から人格の深部にまでおよぶ人間の全体的な能力を含んでいること、②そうした能力を教育目標や評価対象として位置づけていること、にある」と指摘し、コンピテンシー概念に含まれる能力面の広さを「水平軸」、その深さを「垂直軸」に配置・表現して、後者の垂直軸に関しては「認知的要素（知識やスキル）だけでなく、より人格の深部にあると考えられる非認知的要素（動機、特性、自己概念、態度、価値観など）をも含む」ものと評価している。(28)

問題なのは、ここでコンピテンシー概念が「人格の深部にまでおよぶ人間の全体的な能力」を含む、あるいは「人格の深部にあると考えられる非認知的要素」を含む、とされていることである。コンピテンシー概念に対するこの評価が誤っているというのではない（むしろこのコンピテンシー概念の評価・把握自体は正確である）。そうではなく、このような「全人格的機能・要素にまで及ぶ能力＝学力」観は、「新学力観」の帰結が示したように、「人格の能力化（人格的機能の学力概念化）」を呼び起こさざるをえない、ということである。かかる「人格の能力化」が進行すると、在来の学力主義競争が放任された状況のもとでは、競争がさらにエスカレートして「人格まるごとの競争主義」にまで高まることになる。

実際に、ＯＥＣＤ版コンピテンシー概念の「輸入」は、二一世紀日本の「競争の教育」、生存競争としての教育競争を高進させ、この競争主義は「資質・能力論」にまで持ち越されることになった。

その理由は、伝統的な学力主義競争や「詰め込み主義」が維持されたことにあるが、それに加えて、ここで次の三点が特に重要である。

第一は、OECD版コンピテンシー概念は、そもそも各国の競争力を示す指標として打ち出されたものだったことである。本書の言葉でいえば、グローバル化する新自由主義の中の「グローバル競争国家」の競争力を示す目安として用いられた能力概念だった、ということである。

第二は、二一世紀の日本は、前世紀後半期に開始する新自由主義路線、すなわち福祉国家解体戦略としての新自由主義が猛威を揮う時期にあたっていたことである。戦後福祉国家を敵視する新自由主義は、教育分野では、特に教育権をターゲットにして、その骨抜き化、空洞化を図ろうとする。そこでは、すでに述べたとおり、「教育の私事化」が進行し、学力は子どもたちのサバイバルをかけた競争手段に転化する。

第三は、コンピテンシー概念には、本書で再三強調してきた「社会範疇としての人格的独立性」は含まれていないことである。「独立した人格=人格的独立性」の社会的基礎は、「自由時間+人権」にあり、子ども世界にそくしていえば、子どもにとっての「自由に処分できる時間」と、子どもの「教育を受ける人権（教育権）」とが確立していないところでは、彼らの人格的独立性は保障されない。子どもにとって「自由に処分できる時間」とは学力競争主義による「競争の圧力・強制から解放された時間」にほかならないが、「人格まるごとの競争主義」のもとではこの「自由時間」は削減・圧縮される。また新自由主義が教育権の解体を進めるところでは、「教育を受けて学ぶ子どもの人格的独立性・主体性」は育たない。新自由主義は「社会範疇としての人格的独立性」を欠いたコンピテンシー概念のこの弱点を衝いて、競争主義をのさばらせたのである。

教育権をターゲットにした国家主義と新自由主義の共犯関係

二一世紀の日本教育史で見逃せない第二の論点は、国家主義の台頭である。その象徴というべき事件は、第一次安倍政権期の教育基本法の改正であった（二〇〇六年）。国家主義による教育統制は、その後、日の丸・君が代の強制、「道徳」や「公民」の教科化、教育勅語の再評価・復活、歴史修正主義による教科書の見直し等の形態をとって続けられるが、ここでは、国家主義の強化それ自体よりも、新自由主義による「教育の私事化」に加担・加勢した面に注目しておきたいと思う。言いかえると、教育に対する権力的統制・介入の面から国家主義の影響をとらえておきたいと思う。

国家主義と新自由主義とは、「国家 vs. 市民社会」関係からみると、水と油の間柄とはいえないが、対照的、対極的な性格をもつ。前者は、市民社会（＝教育社会）に対して権力的に干渉・介入するが、それとは反対に後者は、市民社会（＝市場社会）の自由競争原理を放任し、公的規制を廃止・緩和する。ただし両者は社会権の前では、馴れ合い、野合して、これに襲いかかる。つまり社会権を敵視し解体する点では、両者は共犯関係に入る。現代の社会権とは、すでに述べてきたとおり、（憲法でいえば第二五条以下の）生存権・教育権・労働権・団結権である。すなわち、国家主義と新自由主義とは、社会権を大黒柱にした福祉国家の解体戦略に乗り出すときには共犯・同盟関係に立つのである。そうすると、教育の分野では、子どもの教育権、教師の労働権・団結権を矢面にした国家主義・新自由主義双方によるバッシシングが進行することになる。

第一は、「教育の私事化」に向けた公教育の解体戦略が進められることである。これは新自由主義的教育改革を国家主義がバックアップしたことを意味するが、具体的には、①公教育における「(現行)現物給付方式」の「現金給付方式」への転換(その典型的手法が「教育バウチャー」の導入)、②公立公営型公教育の私立民営型への転換(民営化)、③公教育業務の民間委託、公教育の規制緩和、選択の自由の拡大等である。二一世紀の日本では、大阪における「橋下主義」以来の「維新政治」が先頭にたって、こうした教育の新自由主義化を推し進めた。

第二は、教育権の担い手である教育労働に対する権力的統制、学校自治破壊、教員・教組バッシングが進行することである。ここでも、露骨な教師バッシングが示すように、「維新政治」のバックラッシュは際立っている。その一例を大阪以外にはあまり知られていない新自由主義的蛮行を取りあげて紹介しておくことにしよう。

「橋下主義」は新自由主義と国家主義を一身に備えたイデオロギーである。その教育観の真髄は、「教育とは2万%、強制です」[29]とする橋下発言に現れている。この「強制による教育」観は、教師観にも適用される。たとえば、二〇一一年五月、維新一派の代表・松井一郎大阪市長(当時)は、市内の小学校校長が「大阪市教育行政への提言」を発表したのに対して、提言が維新流教育行政に対する批判的言辞を含んでいたために、「職員として決めた仕事をしていなかったらどこの社会でも処分の対象になる」、「ルールに従わないなら組織から去るべきだ」と恫喝《どうかつ》した。橋下維新行政が策定した「職員基本条例」や「教育基本条例」を盾にとって職務命令絶対主義を貫こうとしたのである。校長の提言は、コロナ禍のなかにおいて、市長が突然「市内小中学校の授業は原則オンライン化」を言いだし――それも記者会見の場で唐突に口にしたもの――、その強行をはかったことに対する学校現場の混乱や戸惑いを代弁したものに過ぎず、教師はもとより、市民からも多く賛同の声が寄せられたものであった。大阪維新の松井市長は、この校長に対して、維新持ち前の上意下達型行政、トップダウン型指令に従わない教員は辞めてもらうと脅し、恫喝したのである。[30] これが野蛮な新自由主義と右翼的な国家主義とのなれ合い、野合、共犯関係を示す一代表例である。

第三は、新自由主義に対する国家主義の加勢・加担が、現代社会に特徴的なコンフォミズム（順応主義、大勢追随主義）を助長・増幅することである。前川喜平元文科省事務次官は、「権力が押しつけようとするのはいつの時代も『教化』『同化』『洗脳』だ」、と述べているが[31]、上で一例をみた「維新政治」の野蛮な新自由主義に対する（大阪府民の）コンフォミズムは、国家主義のもとでの「教化主義」――TVメディアやインターネットのSNS等を媒介にした「教化主義」――によるところが大きいといわなければならない。「橋下主義」が、「強いものが勝つ、勝ったものが正しい、負けたものは従え、従わずんば切る」のイデオロギーである、ということはすでに指摘したが、このイデオロギーに対する教化の権力的推進が「維新ブーム」へのコンフォミズム（大衆的迎合）を呼び起こしたのである。

ただし、かかるコンフォミズムが「能力・学力観」にまで浸透するには、それなりの技術的基礎が必要である。それが教育ＤＸである。したがって、ここでは最後に（先述の第三番の論点として）二一世紀の「学力・教育観」の技術的基礎＝教育ＤＸを見ておかなければならない。

ＩＣＴ革命の技術的基礎に対応するＯＥＣＤ版コンピテンス

ＯＥＣＤ版コンピテンシー概念は、技術史的にみれば、ＩＣＴ革命期の「新しい能力」観を示すものである。もう少し踏み込んでいえば、コンピテンシーとは、ＩＣＴ革命がＡＩ技術の新局面を生み出した段階の能力概念である。コンピテンシー概念をこのように位置づけることによって、資本主義におけるその歴史的性格を把握できる、と考えられる。歴史的性格の評価というのは、いま産業革命期における機械の役割と比較し、ＩＴＣ革命期におけるＡＩの特質を評価すれば、ＡＩやコンピテンシーの歴史的性格を明らかにすることができるのではないか、という意味である。

産業革命期における機械制大工業の出現は、製造業（工業＝industry）労働者の熟練・技能を陳腐化し、不要化した。いまＩＣＴ革命期におけるＡＩ（特に近年の生成ＡＩ技術）の出現は知的労働者の知能（intelligence）や知的スキルを陳腐化し、不要化しつつある、と言ってよい。産業革命期の機械は手工業時代の熟練・技能を陳腐化し、職人的熟練労働者を失業させたが、その代わりに、機械の作業・運動を制御する知的労働能力に対する社会的ニーズを高め、「労働の転換、機能の流動、労働者の全面的可動性を条件づけ」た（『資本論③』八五〇ページ）。これに対応する「能力＝学力」が、一九世紀後半期に開始する初等義務教育の3R's（読み＝reading　書き＝writing　計算＝arithmetic の三つ）であった（第一・二章参照）。これに対して、現代のＩＣＴは在来の知的労働能力を陳腐化・不要化し、精神的労働者にとって代わると同時に、ＩＣＴ革命期にふさわしい新たな能力を要請する。この「新たな能力」こそは、ＯＥＣＤ版コンピテンシーにほかならない。その意味で、コンピテンシーは、ＩＣＴ革命の技術的基礎上で起こる「期待される新たな能力＝学力」像を物語る。

産業革命期における資本主義に固有な生産様式（機械制大工業）は「機械と労働の競争」を呼び起こしたが、二一世紀のＩＣＴ革命期の生産＝労働様式は「ＡＩと労働の競争」を推し進め、それに対応する「コンピテンシー＝能力」観を呼び起こしているのである。中村高康氏（東京大）は、経済・社会の変化によって、それぞれの時代が要請する能力・学力が繰り返し変化し、問い直されることを能力観の「再帰性（reflexivity）」と名づけたが[32]、この能力観の再帰性の現代的帰結がコンピテンシーである、といってもよい。

学校教育に対しては、ＩＣＴ革命は二面的に作用する。それは、機械制大工業が資本主義的生産に対して、二面的作用を呼び起こしたのとあたかも同じである。まず第一に、すでに述べたように、機械制大工業は製造業の労働現場に対して、熟練・技能の陳腐化・不要化、伝統的スキルの解体を呼び起こした。ＩＣＴ革命のもとでの教育ＤＸは、これと同様に、学校教育の現場から教師の伝統的な教育スキル、教師の職人的熟練・専門性を陳腐化・不要化する機能を発揮する。たとえば、オンライン授業、対話型生成ＡＩの活用、デジタル端末利用等がＧＩＧＡスクール構想の筋書き通りに進めば、教師による「対面授業」の役割は低下することになるだろう。産業革命期に機械が労働者にとって代わったように、ＩＣＴ革命（＝教育ＤＸ）は生成ＡＩ技術が教師に取って代わる風景を広げる（とは言え、実際には、ＡＩが教師に代替することは不可能である）。

ただし第二に、機械制大工業のもとでは、機械の機能・運動自体を監視・調整・操作する頭脳・目による制御能力が必要になり、「自然諸科学の技術学的応用」や「科学の自立的な生産力能」、「一般的科学的労働」の能力（コンピテンス）の必要性が高まる（第二章注30参照）。マルクスは、この資本主義に独自な生産様式が要請する新たな労働者像を「全体的に発達した個人」（『資本論③』八五〇ページ）として描いたが、ＩＣＴ革命（＝教育ＤＸ）も、ＡＩ技術等のＩＣＴを知的なツールとして自由に使いこなす「全体的に発達した個人」を新しく要請するのである。私は、この「全体的に発達した個人」の能力をコンピテンシーではなく、コミュニケーション的理性と呼んでおきたいと思う（コミュニケーション的理性については、後述するが、詳細は二宮厚美『社会サービスの経済学――教育・ケア・医療のエッセンシャルワーク』新日本出版社、二〇二三年、第三章を参照）。その理由の一つは、ＯＥＣＤ版コンピテンシーには、「他者と集団的に関わりあう能力」として人間相互のコミュニケーションの能力が含まれていたからである（これは一般に communicative competece と呼ばれる能力のことである）。

とはいえ、ＩＣＴ革命期の学校教育に求められる「能力＝学力」をコミュニケーション的理性としたのは、コンピテンシー概念に上記の communicative competece（コミュニケーション能力）が含まれていた、という理由からだけではない。そもそも、学校教育は一方での「学習主体としての子ども」と「教育主体としての教師」とが、主体—主体間のコミュニケーション関係で結合する場であり、教育労働は言語的コミュニケーションを媒介にして生徒に働きかける精神代謝労働（社会サービス労働）の一種である。言語的コミュニケーションを媒介にした教育労働が発揮する能力はコミュニケーション的理性であり、同時に教育を受けて学ぶ生徒が獲得していくのも同じコミュニケーション的理性である。そのうえにいま重要なことは、このコミュニケーション的理性は、教育ＤＸが不要化・無用化しようとする教師の伝統的な教育スキル、職人的熟練・専門性等を一方的に陳腐化するどころか、むしろその正反対に、伝統的に受け継がれてきた教育的・知的スキル等を必須のものとして含み、再生し、その水準を高める力である。コミュニケーション的理性と伝来の教育的・知的スキルは対立するものではなく、相互補完の関係にある。

コミュニケーション的理性は、簡単にまとめると、①真理性を基準にした客観的理性、②規範性を基準にした社会的理性、③真意・誠実性を基準にした主観的感性（ex. 共感・芸術性）の三つから構成されるが[33]、これら三領域にまたがるコミュニケーション的理性の教育・学習が公教育の課題になるゆえんは次章で検討するとして、いまここで見ておかなければならないことは、教育ＤＸが推進する近年の「個別最適学習論」は、このコミュニケーション的理性を育む場としての学校を否定しようとする議論にすぎない、ということである。

「個別最適学習論」によるコミュニケーション関係の切断・分断

「個別最適学習」とか「教育の個別最適化」と呼ばれる考え方とは、ＧＩＧＡスクール構想や教育ＤＸを推進する際の、「学習中心主義」・「子ども中心主義」に立った学習・教育論である。「個別最適化」の意味は、文字どおり、子ども一人ひとりに適した学習、学び方を提示する教育・指導方法を意味する。個別最適学習化の考え方を比較的早く提起した「骨太方針二〇二〇年」は、「能力・特性や習熟度、地域の実情等に応じた多様で個別最適化された深い学び」と説明している。ここにいう「能力・特性や習熟度に応じた個別最適な学び」が、個別最適学習論のキーワードである。中西新太郎氏は、これを「理解度・達成度を客観的に測定する『到達度主義』」と呼んだ[34]。

具体的イメージを喚起するために、この「到達度主義」に具体的事例をまじえて補足しておくと、まず、①教師に代わって生成ＡＩ機器が教壇に立つ、あるいはオンライン授業の教室を想起するとしよう。②最近のＡＩは、「チャットＧＰＴ」が実例を示すとおり、生徒一人ひとりの学習到達度・習熟度に対応する教育課題を提示し、それぞれの生徒に最適とみなされる質問や課題を与えることができる。③生徒は、各自の到達・習熟度に応じてＡＩの指導・教示に従い、テストや問題にとりくみ、学習していけばよい。④教育ＤＸとは、こうした子ども一人ひとりに最適な学習を促すＩＣＴ環境

（情報・通信インフラ）を整備し、情報端末やデジタル教科書・教材を生徒全員に配布していくことである。

このような「到達度主義」に立った「個別最適学習論」に人々が誘惑され、惑わされ、「教化」され、教育ＤＸの流れに順応していくのは、三つの理由による。

第一は、近年のＡＩ技術のめざましい発展が、新自由主義的な「学習中心主義」や「子ども中心主義」に技術的基礎を与えていることである。特にチャットＧＰＴに例をみる生成ＡＩ技術の急速な発展と普及は、教師の役割を学習主体としての生徒に対する指導・援助・補助に「格下げ」してもかまわない、といった風潮を助長する。教室はここで、従来の「教育の場」から、自学自習を中心にした空間へと変貌する傾向に向かうだろう。

第二は、「到達度主義」が形の上では、ヴィゴツキー（旧ソ連の心理学者）の「最近接発達領域論」に似ていることである。「最近接領域論」とは、子ども一人ひとりの発達・到達水準にあわせつつ、その到達度から一歩先の「最近接領域の課題」を提示することが、教育（者）の役割だとする教育理論のことである。「個別最適化学習」は、この「最近接論」のいう「最近接領域の課題提示」と、考え方のうえで類似的である。ここでは、子どもの到達度・達成水準と最近接課題との間には乖離があるから、このズレ＝矛盾が学習・発達意欲を引き出すと捉えられる。また、到達度に見合った最近接＝最適な学習課題は外部（教育者側）から提示される、とする点でも両論は近似的である[35]。

第三は、受験学力競争主義のもとでは、ＡＩ技術の利用が生徒のサバイバル競争にとって有効な道具となり、実際に競争手段として役立つからである。逆にいうと、ＩＴ企業にとって教育ＤＸは巨大な市場をつくりだし、受験学力競争主義が強まれば強まるほど、そのマーケットは拡大する。伝来の学力競争の強化は、ＡＩの需給両者にとって有用かつ有益な作用を及ぼすのである。

だが、こうした「個別最適学習論」や教育ＤＸの流行は、学校教育の現場や子どもの学習・教育過程そのものに大きな問題をつくりださずにはおかない。その問題の理論的要点は、三点にまとめられる。三点の問題点とは、「個別最適学習論」＝教育ＤＸ論が、学校教育は一方での「学習主体としての子ども」と他方での「教育主体としての教師」とが、主体―主体間のコミュニケーション関係で結合する場であることを無視した議論にすぎないことに由来する。

第一の問題は、「個別最適学習論」が生徒・教師間のコミュニケーション的関係を切断・分断する議論にすぎないことである。「個別最適学習論」は、これを厚意的に解釈し、大甘に見積もったとしても、学習主体としての子どもの「学習中心主義」に偏倚《へんい》した一面的考え方にすぎず、そこではコミュニケーション概念は出番をもたない。

第二は、人格形成と学力育成が分断・切断されていることである。先に、「個別最適学習論」の「到達度主義」とヴィゴツキーの「最近接発達領域論」とは、形の上では似たところがあると述べたが、厳密にいうと、「最近接領域論」には存在した「人格的機能」論は、教育ＤＸ論には存在しない。というのは、個別最適学習において教師役を務めるＡＩには「人格」がないからである。「人格なきＡＩ」が、どのように踏ん張ろうと、生きた教師人格による教育労働にとってかわることはできない[36]。

　第三は、「個別最適学習」や教育ＤＸのもとでは、現代の学校教育に求められるコミュニケーション的理性の集団的な学習・教育が希薄化し衰退することである。すなわち、教育ＤＸの一方的推進のもとでは、教師・生徒間のコミュニケーション的結合関係だけではなく、生徒間の集団的コミュニケーション関係も「個別最適」の名によって軽視され、ひどい場合には破壊される。要するに集団教育の破壊である。個別最適とは、バラバラになった生徒個々人にとっての最適な学習、あるいは、私人間に分断された学力競争にとっての最適な競争力育成を意味するから、先述の中西新太郎氏は、個々バラバラになった人間が眼前に提示された課題に対して、その意味を考えないまま、しゃにむにチャレンジし続けるこの「個別最適学習」を「ポジティブ全体主義」（傍点は引用者）と名づけた[37]。眼前に提示された課題にたいして、その意味を問わず、ただひたすら、がむしゃらに取り組むだけの「態度主義」、これがポジティブ全体主義の意味である。

　集団主義が全体主義に取って代わられるのである。集団主義につきものとはいえないが、全体主義には必ずつきまとうものは何か。コンフォミズム（順応＝大勢追随主義）である（現代では新自由主義的コンフォミズム）。その反対に、集団主義にはあっても、全体主義には存在しないものは何か。それは「人間的コミュニケーション」である。だから、教育ＤＸで私たちに問われている課題のキーワードはコミュニケーション概念である。

中間的総括——コミュニケーション概念と教育労働の再定義・評価

先に、ＡＩには人格がない、「人格なきＡＩ」が人格を有する本物の教師の替わりをすることはできない、と述べた。これは、言いかえると、「人格なきＡＩ」と生徒たちの間の人間的コミュニケーションは成立しない、ということである（念のために指摘しておくが、これは生徒や教師が知的ツール〈道具〉としてＡＩを利用できないという意味では決してない）。人間的コミュニケーションの定義は、「相互了解・合意の形成・獲得」である。複数の人間間で「相互了解・合意」が成立するためには、コミュニケーション関係にある諸個人間の「了解・合意の能力」が前提として必要になる。互いの了解・合意の前提条件として必要になるこの能力が、コミュニケーション的理性である。だが、「人格なきＡＩ」は、情報の収集や分析・処理・加工はできても、肝心のこのコミュニケーション的理性をもたない。

したがって、教育ＤＸや個別最適学習論の限界を克服する「教育・学習論」には、まずＡＩには理解できないコミュニケーション概念の再発見から始めなければならない。コミュニケーションという言葉は、日常用語としては「伝達・連絡、意思疎通」の意味で用いられているが、先に指摘したように、社会科学上の定義としては「相互了解・合意」の意味で理解するのが正確である。コミュニケーション的行為とは「相互了解・合意の獲得」に向けた行為・活動にほかならない。教育労働でまず課題になるのは、この「相互了解・合意の獲得」である。

物質的生産労働では、建築・製造・金属加工業の例でわかるように、モノを相手にした「対物労働」だから、労働主体と労働対象との間の「相互了解・合意の獲得」は問題にならない。ところが、教育・保育・医療・ケア等の社会サービス労働では、働きかける主体（教師・医師・看護師等）と働きかけられる側（生徒・患者等）との間の「相互了解・合意の獲得」は不可欠・必須の課題になるのである。

これを言いかえると、教育労働は「相互了解・合意の関係＝コミュニケーション関係」を媒介にした労働だ、ということである。教育労働が、モノを相手にした物質的生産労働とは異なり、労働主体と労働対象（客体）との間の「相互了解・合意＝コミュニケーション関係」を媒介にして進められるのは、労働の相手が生徒（人間）であるために、労働過程において「主体－客体関係」が「主体－主体関係」（教師－生徒関係）に転化・転換するからである。

学校では、教室のなかの「主体－客体関係」は、まずは「教師－生徒関係」であり、一方での「教育労働の主体＝教師」と他方での「教育を受ける客体（生徒）」の間の「主客関係」が教室内の社会関係である。ところが、視点を変えると、生徒は「教育を受ける客体」であると同時に、学ぶ主体＝学習主体でもある。正確にいうと、生徒たちは、「教育を受けつつ学ぶ主体」である。生徒がこの

「学ぶ主体＝教育労働の享受主体」になる時、教師の教育労働は生徒によって消費されることになる。教師は、その労働が生徒によって享受・消費される客体に転化するわけである。

教師はその当初、教育労働の主体であったが、学習主体としての生徒が教師との間の「相互了解・合意の関係」のもとで学んでいく過程では、生徒によってその労働が消費され享受される客体に転換するのである。順を追っていうと、①教師は教育労働の主体であり、生徒は教育を受ける客体である、②教師・生徒間の「相互了解＝合意のコミュニケーション関係」のもとで、生徒は学習主体として教師の教育労働を享受・消費する主体となる、③生徒が教育労働を消費する学習主体になるとき、教師はその労働が消費される客体に転化する――これが、教室で進行する「主客逆転の関係」である。

このような「主客逆転の関係」が不断に進行し、繰り返される学校は、「教師＝教育主体」と「生徒＝学習主体」の二人の主役を主人公にした教育＝学習の場にほかならない。教育労働主体と学習活動主体の両者が同時に主人公になるのは、両主体が「相互了解・合意のコミュニケーション関係」のもとにおかれているからである。ここで学習・教育の対象になるのはコミュニケーション的理性である。このコミュニケーション的理性が現代の「全体的に発達する個人」に求められるコンピテンシーとなるのである。

この視点からみれば、学校を何より生徒の学習の場として位置づけ、子ども中心主義や学習第一主義を主張する近年の個別最適学習論や教育ＤＸは、明らかに一面的な誤りをおかしたものといわなければならない。

〈注〉

(1) 二宮厚美「経済学における人格論――貧困化と発達の弁証法」基礎経済科学研究所編『人間発達の経済学』青木書店、一九八二年。

(2) 拙論を取りあげた最も注目すべき論評に、井深雄二『戦後日本の教育学――史的唯物論と教育科学』勁草書房、二〇一六年があるが、井深説は、「人格は生産関係範疇に属し、能力は生産力範疇に属する概念である」とする史的唯物論視点にたった、それゆえ抽象度の高い議論であり、本章で扱う「独自＝固有の人格機能」については、これを認めない立場にたっているため、話が煩雑になるのを避けるべく、ここでは直接には言及しない。

(3) 鈴木敏正『主体形成の教育学』御茶の水書房、二〇〇〇年、三八ページ。ただし、鈴木氏は、「独自の人格機能説」はカント哲学の系譜上のものとして扱い、本書でふれる坂元忠芳氏や川合章氏等の論説には言及していない。

(4) 坂元忠芳『学力の発達と人格の形成』青木書店、一九七九年、二三三〜二三四ページ。なお、現在までに至る坂元説の現代的意義については、佐貫浩『学力・人格と教育実践――変革的な主体性をはぐくむ』大月書店、二〇一九年（特に第二章）が丁寧に説明している。

(5) 坂元忠芳「全面発達の思想と民主教育――能力・人格の発達論を中心に」矢川徳光・川合章編『講座

日本の教育　第三巻　能力と発達』新日本出版社、一九七六年、一九七ページ。

(6)　このような視点は、人格を「外的作用がそれを媒介として屈折される内的性質の総体」とつかむルビンシュテイン（旧ソ連の心理学者）の規定、また「思想と行動能力との統一されたものが人格である」（「人格＝思想＋行動」説）という見地にたった城丸章夫氏（千葉大）の民主教育論を生かす意味を持っていた（神代健彦編『民主主義の育てかた――現代の理論としての戦後教育学』かもがわ出版、二〇二一年、「第八章　民主教育論――身に付けるべき学力として」〈中村（新井）清二執筆〉参照）。

(7)　川合章『子どもの人格の発達』国民文庫、一九七七年、四一～四二ページ。

(8)　川合章『子どもの発達と教育』青木書店、一九七五年、七四ページ。

(9)　ほぼ同様の問題意識からの発達論にかかわる拙稿は、上記のもの以外、「発達の経済学――教育と福祉を中心に」島恭彦監修『講座　現代経済学　第一巻　経済学入門』青木書店、一九七八年、「大工業と住民生活」島恭彦監修、同上、『第二巻『資本論』と現代経済⑴』、『生きがいの構造と人間発達』労働旬報社、一九九四年、「現代社会と人間発達の諸条件」基礎経済科学研究所編『人間発達の政治経済学』所収。

⑽　本田由紀『教育は何を評価してきたのか』岩波新書、二〇二〇年、一一九～一二〇ページ。なお、川合氏も、一九八七年刊の著書『シリーズ　子どもの人格と学力 1』労働旬報社において、子どもの「人格の発達過程」と「教育過程、とりわけ教科教育との対応関係を考え続けてきた」と述懐している（一四八～一四九ページ）。

⑾　一九九〇年代以降のこれらの日本型新自由主義の特質については、二宮厚美『新自由主義からの脱

出』新日本出版社、二〇一二年、渡辺治・二宮厚美・岡田知弘・後藤道夫『新自由主義か新福祉国家か――民主党政権下の日本の行方』旬報社、二〇〇九年を参照。

(12)　少年少女組織を育てる全国センター編『新学力観　なにが問題か――子どもの地域生活から問い直す』青木書店、一九九四年、二四ページ。

(13)　佐貫浩『危機の時代に立ち向かう「共同」の教育――「表現」と「方法としての政治」で生きる場を切り拓く』旬報社、二〇二三年、一三〇ページ。

(14)　中西新太郎氏（横浜市大　社会哲学）はこの「人格の能力カテゴリー化（非認知能力化）」をとらえて、「能力主義の先鋭化」と述べている（福祉国家構想研究会編、中西新太郎・谷口聡・世取山洋介『教育ＤＸは何をもたらすか――「個別最適化」社会のゆくえ』大月書店、二〇二三年、九四ページ）。

(15)　神代健彦氏（京都教育大）は、「肉体的・精神的健康、根気強さ、注意深さ、意欲、自信、あるいは長期的計画を実行する能力、他人との協働に必要な社会的・感情的制御」や「自分の欲求や感情をコントロールするスキル」等の「人格的機能」ないし「ケイパビリティ」（Ａ・セン）に属する機能を「非認知能力」「ポスト近代型能力」と位置づけている（神代健彦『「生存競争《サバイバル》」教育への反抗』集英社新書、二〇二〇年、四〇～四一ページ）。中村高康『暴走する能力主義――教育と現代社会の病理』（ちくま新書、二〇一八年）も、これとほぼ同様のことを指摘し、「非認知能力」は幅広く曖昧であり、必ずしも「能力」とはいえない「抽象的能力」をさす、ということを強調している（二二四～二二七ページ）。人格概念によらない能力概念を使用した「認知・非認知能力」論は、その他に、志水宏吉『学力格差を克服する』ちくま新書、二〇二〇年にも見ることができ、そこでは、一般の学力・能力は認知能力、人格的機能は非認知能力として扱われている。
(16) 能力・学力のこの測定・計測可能性をめぐる議論については、広田照幸『教育は何をなすべきか――能力・職業・市民』岩波書店、二〇一五年、第二章参照。なお、同書の三九～四〇ページでは、認知スキルと非認知スキルは所得や収入による経済的不平等によって強い影響を受けているという研究結果を示している。この測定可能性に関しては、神代編、前掲『民主主義の育て方』にも同様の指摘がある（二一六ページ）。
(17) 前掲『新学力観 なにが問題か』一七ページ。
(18) 本田由紀氏は、この前世紀末の「新学力観」を戦後教育政策の転換ととらえ、前章でみたとおり、それをハイパー・メリトクラシーと名づけた。本田『多元化する「能力」と日本社会――ハイパー・メリトクラシー化のなかで』ＮＴＴ出版、二〇〇五年。
(19) 苅谷剛彦『教育改革の幻想』ちくま新書、二〇〇二年、一四二ページ。
(20) 神代、前掲、一一八ページ。
(21) 同上。
(22) 前掲『新学力観 なにが問題か』七ページ。これは司会者山下雅彦氏（九州東海大）の発言。
(23) その初期のあらわれは、二宮厚美『橋下主義解体新書』高文研、二〇一三年参照。
(24) 波多野誼余夫・稲垣佳世子『知力の発達――乳幼児から老年まで』岩波新書、一九七七年参照。
(25) 神代、前掲『「生存競争」教育への反抗』一五八ページ。
(26) コンピテンシー概念の評価については、松下佳代編著『〈新しい能力〉は教育を変えるか――学力・

リテラシー・コンピテンシー』ミネルヴァ書房、二〇一〇年、佐貫、前掲『学力・人格と教育実践』、同『危機の時代に立ち向かう「共同」の教育』、神代、前掲『「生存競争」教育への反抗』、神代編、前掲『民主主義の育てかた』、折出健二「『資質・能力』批判と人格形成の課題」『教育』二〇一八年八月号等から多くの示唆を得た。

(27)　ここでいう筆者流の「物質代謝労働能力」と「精神代謝労働能力」は、本書でも後述するが、さしあたりは、二宮厚美『社会サービスの経済学――教育・ケア・医療のエッセンシャルワーク』新日本出版社、二〇二三年、第一章参照。

(28)　松下佳代編著、前掲『〈新しい能力〉は教育を変えるか』二～三ページ、三五ページ。蛇足ながら、松下氏による縦軸・横軸は、前章でみた本田由紀氏のそれとは異なり、本田氏の垂直軸は能力、水平軸はどちらかといえば人格概念に即した軸であった。

(29)　橋下徹氏のツイッター、二〇一一年六月一二日。

(30)　「橋下主義」・「維新政治」の「新自由主義＋国家主義」の野合に関しては、二宮、前掲『橋下主義解体新書』のほか、志水宏吉『ペアレントクラシー――「親格差時代」の衝撃』朝日新書、二〇二二年、中西正人『大阪の教育行政――橋下知事との相克と協調』ＥＲＰ、二〇二〇年を参照。

(31)　児美川孝一郎・前川喜平『日本の教育、どうしてこうなった？――総点検・閉塞30年の教育政策』大月書店、二〇二二年、二一三ページ。

(32)　中村、前掲『暴走する能力主義』一五九～一六〇ページ。

(33)　二宮、前掲『社会サービスの経済学』一五六～一五七ページ参照。そこではコミュニケーション的理性の三領域を図示している。

(34) 中西他、前掲『教育DXは何をもたらすか』九三ページ。

(35) ヴィゴツキーの最近接発達領域論については、中村和夫『ヴィーゴツキーの発達論――文化‐歴史的理論の形成と展開』東京大学出版会、一九九八年、ルビンシュテイン他、駒林邦男編訳『人格・能力の発達論争』明治図書出版、一九七九年、矢川徳光『マルクス主義教育学試論』明治図書出版、一九七一年を参照。ただし、旧ソ連の「最近接発達領域論」には、「個別最適化学習論」には欠落する「外的条件は内的条件（＝人格）を媒介にして作用する」という命題（ルビンシュテイン説）と結びつけて理解される面があった点は注意を要する。

(36) AIがどんなに発展しても、AIには人格は存在せず、たとえば、チャットGPTが生徒の質問にいかなる名文をもって回答しようとも、AI自身はその文章（＝言葉）の意味を理解しているわけではないということについては、マーティン・フォード、松本剛史訳『AIはすべてを変える』日本経済新聞出版、二〇二二年、美馬のゆり『AIの時代を生きる――未来をデザインする創造力と共感力』岩波ジュニア新書、二〇二一年を参照。

(37) 中西他、前掲『教育DXは何をもたらすか』八五ページ。

第5章　言葉の起源とコミュニケーション的理性の獲得

はじめに――言葉獲得の始原「九ヵ月革命」

個体発生は系統発生を繰り返す

高校の生物学教科書あたりでは、「ヘッケルの反復説」と呼ばれる「個体発生は系統発生を繰り返す」という「生物発生原則」が紹介されている。この反復説は、ある動物の発生過程は、その動物（種）の進化過程を繰り返すような形で進行すると見なす。「個体発生（ontogenesis）」とは個々の動物の発生過程、「系統発生（phylogenesis）」はその動物の生物的進化過程をさす。これを単純に人間に当てはめると、子宮内での受精から胎児期、そして赤ちゃんの誕生から成長期の子どもの発達過程（すなわち個体発生の過程）は、人類（ホミニン）の生誕から現世人類（ホモ・サピエンス）に至る発達の歴史的過程（系統発生）をきわめて短期間のうちに繰り返す、という見方になる（本書、第二章参照）。

荒っぽくいえば、赤ちゃんの誕生から一〇歳頃までの子どもの成長は、およそ七〇〇〇万年前の、人間に最も近い類人猿・チンパンジーから分岐した人類（ホモ属）の進化史を個々人が繰り返すような歩みである――これが「反復説」のおよその趣旨である。ただ、この仮説は一九世紀後期にあらわれたもので、現代では、すべての動物にこの「発生原則」を適用することは、科学的厳密性に欠けるとされている。

それでも、私のような、人類の歴史と子どもの成長過程をクロスさせて人間の発達を追究してみようとする者にとっては、この「反復説」は魅惑的なガイドラインである。現代に生きる私たち個々人は、みんなそろって、きわめて短縮された時間のうちに、少なくとも数千万年間に及ぶ哺乳類から人類への進化の歴史を再現し、繰り返すようにして生まれ育つという見方は、ロマンにあふれる壮大な史観ではあるまいか。この見方は、人間的発達の核心部分を「言葉の獲得」に求める視点にたって、現在の赤ちゃんによる言葉獲得の謎に迫る場合には、特に有用な指針となる。

人類史上最大の謎としての言葉獲得の秘密

人類史の難問中の難問は、人類による言葉の獲得が、いつ、どのようにして可能になったのかという謎である。二足歩行が類人猿と人類を分かつ第一の指標であるというのはまず通説といってよいが、なぜ初期人類が、樹上生活に別れを告げて、地上に降り立ち、二本足で歩くようになったのか、その決定的理由はどこにあるのかというのは、未だ人類史上のいわば第一の謎である。[1]これに対して、現世人類の第一世代にあたるホモ・エレクトスの誕生の秘密が、「道具の生産」と「言葉の獲得」の二つにある、というのはほぼ定説として認められているといってよい。

このうち、ヒトを人間たらしめた第一の「道具の製作」という能力の獲得・発揮は、幸い原始的石器（化石）が残されているために、その誕生の秘密を解き明かす手がかりは現存する。だが、「言葉の獲得」については、その痕跡を示す化石のようなものは残されていない。初期人類の骨格や頭蓋の化石は保存されており、そのゲノム構造の解析・解読は進められてきたが、「言葉の獲得・活用・伝承」がいかなるものであったかを示す物的証拠は何一つ残されていない、といって過言ではない。

したがって、人間による言葉の獲得の秘密は、いまなお、人類史上最大の難問なのである。言葉の誕生の秘密を解き明かす具体的な手がかりは、大胆に端折っていうと、①類人猿等の動物的コミュニケーションと人間の言語的コミュニケーションの違いはどこにあるのか、②現在の人間の子ども、つまり赤ちゃんはどのようにして言葉を我がものにしているのか、の二点にあるといってよい。一時期には、人間と霊長類等のゲノムの差異、また頭脳の神経繊維（ニューロン）ネットワークの違いに、人間固有の言語誕生の秘密があるのではないか、という研究が進められたが、私の知る限り、これはことごとく失敗に終わっている。言葉の獲得は生物学的なものではなく、むしろ人間に固有のコミュニケーション関係に起因するものである、というのが今では支配的通説である。

これに一点だけつけ加えておくと、言葉の力を抜きには考えられない人類の活動、たとえば複雑な道具の生産、壁画や装飾品の製作、各種集団的活動等の痕跡から言葉の進化・発展過程を逆算して推測することは、「言葉の歴史」を解読するのには有用で、合理的な方法であるが、それは「言葉の進化」を説明するものではあっても「言葉の起源」を解き明かすものではない。「進化」と「起源」とは異なる概念であって、理論的には厳密に区別しなければならない（本章では、まず「言葉の起源」に関心を寄せ、同時に「進化」にも目を向けていく予定である）。

「言葉の獲得」の謎を解く赤ちゃんの「九ヵ月革命」

世間では、よく「猿まね」という言葉が使われるが、進化生物論の教えに従うと、「猿まね」は存在しない。[(2)] つまり猿は真似る能力を持たず、チンパンジーといえども、厳密にいえば、人間のような模倣（imitation）の能力は持たず、模倣もどきの模写能力を発揮するにすぎない（これを一般には、その意味を理解しないままの単純模写（emulation）として、本来の真似・模倣（imitation）と区別する[(3)]）。

これに対し、人間は模倣を起点とする特有のコミュニケーション関係の中から、言葉を獲得することになった[(4)]。この「動物的コミュニケーションの人間的コミュニケーションへの転換」を軸にして、言葉の誕生・獲得過程を最もわかりやすく説明したものは、マイケル・トマセロ（ドイツ・マックスプランク研究所）の「九ヵ月革命」説である。[(5)]

「九ヵ月革命」というのは、人間の赤ちゃんは生後九ヵ月頃に一つの画期的・革命的な能力を身に

指さしと共同注意

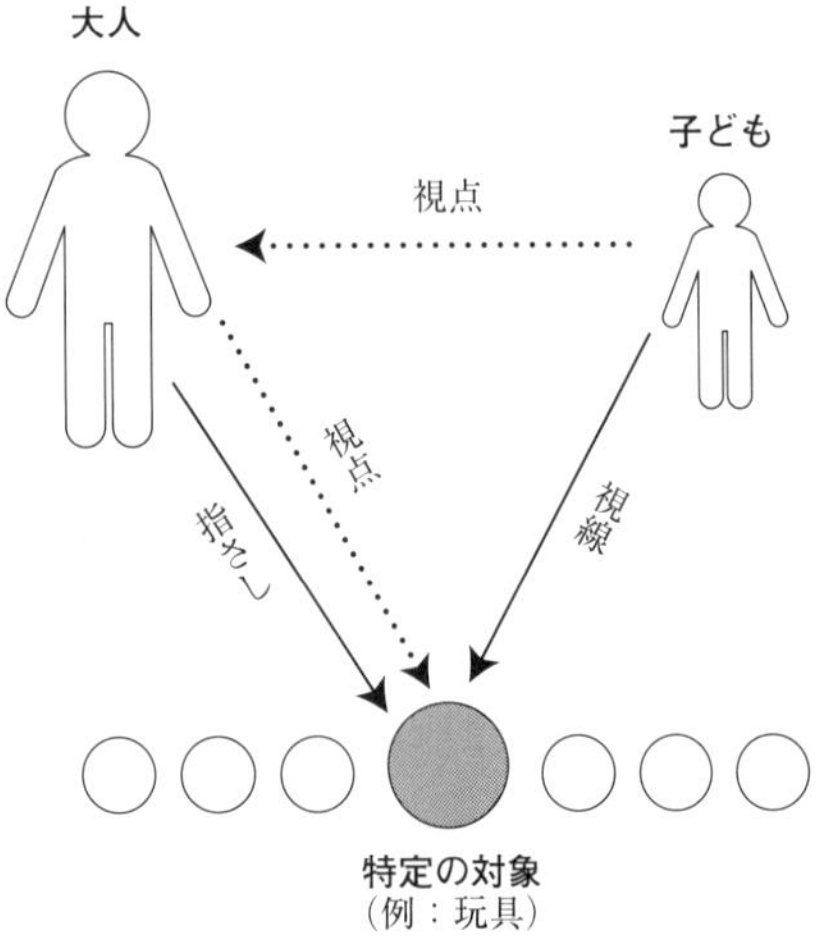

子どもは大人に視点を移動させつつ、
特定の対象に視線を向ける。

つける、ということをさす。その具体的な意味は、端的にいって、「指さし」が理解できるようになる（または指さしするようになる）ことである。たとえば、まだハイハイ段階の赤ちゃんに対し、大人が右方ないし左方にある玩具に指を差し向けて「ほら、あっちだよ」と教えたときに、赤ちゃんが指さしの方向に視線を向ける。これが指さし理解である。[6] この指さし理解は、赤ちゃんが大人の意図に気づき、いったん自分の視点を大人側に移し、そこから指さしの方向を読み取ると同時に、自分の視線を玩具の方に振り向けるという動作であり、かなりにこみ入った「共同注意（joint attention）」の能力である（別図「指さしと共同注意」参照）。チンパンジー等の類人猿はこのコミュニケーションの能力、すなわち「注意を共同化するコミュニケーションの能力」を持たない（「共同注意」を「共同注視」と呼ぶ場合もある）。だが、人間の赤ちゃんは、普通に、この指さし理解の「九ヵ月革命」を経験する。[7]

M・コーバリスも、「言葉が出るまで小さな子供は指さしをするものだ」と指摘しつつ、「野生のチンパンジーは指さしをすることはない」と認めている。[8] 身振りに言葉の起源を求めるコーバリスの見地にたつと、指さしが子どもにとって最初の言葉なのである。

実際、現世人類の子ども、つまり地球上の赤ちゃんたちはほぼ全員、生後九ヵ月過ぎ頃には「九ヵ月革命」を経験するという。指さしを理解した赤ちゃんたちは、その後順調に各地域の母語を習得する、とトマセロは指摘した。大人・赤ちゃん・玩具の三者関係を自然人類学では「三項表象の理解」と呼ぶらしいが、[9] この三項関係は、狩猟時代の人類が、ターゲットの獲物を指先で示し、協働の力を集めて獲物狩りに臨んだ姿を彷彿《ほうふつ》させるだろう。[10] 指さしで教示し、その意味を理解しあう、というのが言葉獲得の原点であり、かつ人間的コミュニケーション関係の起点なのである。

動物的コミュニケーションの人間的コミュニケーションへの転換

指さし理解に見る子どもと大人の間のコミュニケーション関係は、上の例では玩具という第三のモノに対する共同注意の成立を意味しており、この「三項表象の理解」は、人類以外の他の動物には成立しないものである。類人猿等の霊長類のコミュニケーション関係は、一定の個体と個体との間の二項関係、または特定の個体とその外部環境との間の不特定の二項関係を基本にしたものである。動物の求愛アピール、威嚇・示威行動、また母子関係等に現われる典型的なコミュニケーション行為は、すべてこの二項関係を示している。これにたいして人間の指さしにみる「共同注意」は、その対象が第三のモノであり、指さしを理解することは、三項関係における指示記号（指さし）の意味を理解しあうコミュニケーションが成立していることを物語る。大人が指さした方向に視線を向けた赤ちゃんは、大人の意図（intention）を了解して、注意（attention）を大人の視線に接続し、共同化したのである。このことは、二項関係の動物的コミュニケーション関係が三項関係の人間的コミュニケーション関係に転換したことを意味する。

人間的コミュニケーションの原義は、すでに前章の最後にふれたように、「相互了解・合意」であり、J・ハーバーマスがその大著『コミュニケイション的行為の理論』で論じたように、コミュニケーション的行為の意味は「相互了解・合意の獲得」という点にある。[11]世間一般の、常識的用語としてのコミュニケーション概念は「伝達・連絡、意思疎通」の意味を持たせて使用されているが、単なる「伝達・連絡」の機能だけを取り出せば、鳥のさえずりや、孔雀《くじゃく》の羽、ベルベット・モンキーの鳴き声、ライオンのうなり等もその機能を果たしており、動物的コミュニケーションにもあてはまることである。霊長類の声や仕草・身振りは、求愛にせよ威嚇にせよ、二項関係のなかのワンウェイ型（一方通行型）であり、二項関係のなかの「相互了解・合意」の成立を意味するものではない。人間相互のコミュニケーション関係だけが、三項関係のなかの「相互・了解合意」を作り出すのである。

トマセロが赤ちゃんの指さし理解に注目したのは、指さしが、二項関係のもとでの動物的コミュニケーション関係が三項関係のもとでの人間的コミュニケーション関係に転換したことの意味を読み取ったからにほかならない。人間的コミュニケーション関係とは、言いかえると、言語的コミュニケーションのことである。というのは、人間に独自なコミュニケーション関係の特質は、その他の動植物には存在しない言葉を媒介にしたコミュニケーション関係という点にあるからである。逆にいえば、言葉が、動物型から人間型へのコミュニケーションの転換を担ったのである。

言葉の獲得と人間的＝言語的コミュニケーションへの転換は、本書のテーマである「人間発達論」のアーキタイプ（原型）を物語るものとして、見逃すことのできない問題である。したがって、章としては最終章にあたる本章は、この「言語起源論」に焦点をあわせつつ、人間発達論の根本に立ち返ってみたいと思う。

1　人間的＝言語的コミュニケーション関係の基本構造

近代の言語起源論争

指さし理解・行為は、子どもが言葉を獲得・習得していくプロセスの端緒、その入り口を示すものである。指さし自体は言語起源そのものではないが、言葉が生まれる際の人間的コミュニケーション関係の形成や基本構造を再現していると見てよい。言語の起源としてのコミュニケーション関係の意義や重要性は、「言語起源論争」を通じて確かめられてきたことである。

現代に通じる「言語起源論争」の開始は、一七〜一八世紀に遡る。それ以前には、言葉がいつ、どのようにして生まれたのかといった「起源論」は、およそ問題にもならなかったといってよい。というのは、その当時は、聖書の「はじめに言葉ありき」が絶対的権威を持っていたからである。周知のとおり、新約聖書「ヨハネによる福音書」の冒頭には、「はじめに言葉（ロゴス）があり、言葉は神とともにあり、言葉は神であった」の開陳がある。これは、いわば「神＝言葉」説であって、そもそも言葉の起源を問うことは、神の起源を問うのと同じほどに無意味なこと、問答無用のことだったのである。

だが、近代社会になってくると、自然世界を因果関係の法則が貫いているとおり、なにごとにも起源があるという現実が無視できなくなる。その代表は、たとえば「王権神授説」にみることができる。絶対君主であっても、その権限に起源がある（神に由来する）とすれば、王権は神から与えられたものである。「王権神授説」の見方を言葉に適用すれば、少なくとも言葉は神そのものではなく、神が作ったもの、神がこの世に与えたもの、という「言語神授説」が生まれる。キリスト教のような「万能的一神教」の世界では、森羅万象《しんらばんしょう》の一切合切が万能神の創造によるものだから、言葉は神が創ったもの、したがって神が創造した自然法から生まれたもの、ということになる。一八世紀に入ると、この「言語神授説」ないし「自然法起源説」が支配的な考え方となっていった。(12)

だが、「言語神授説」は、それが登場した瞬間から、消滅する運命にあったといわなければならない。なぜなら、なにごとであれ、ものごとには始まりがあり、その誕生・生成には根源があるという発想は、すでにそれ自体が理性的な認識にもとづいており、合理性を宿した発想だからである。だが、「言語神授説」は合理的説明ではなく、反理性的な神秘的・超越的起源論にすぎない。神秘的起源論にすぎない「言語神授説」のこの綻びを弥縫《びほう》するために、近代啓蒙主義者は「神」の代わりに「自然法」を持ち出し、言葉を自然法（あるいは「自然史」）から導き出そうとしたが、その帰着点は、人間がその理性の働きによって、言葉を創造した、というものであった。ここでは言葉は「神授」ではなく、「人為」の産物となる。言葉は天から降ってきた神秘的・超越的なものではなく、地上の生きた人間から生まれ成長したものである。ここにおいて、「言語起源論」は、「神授説」から「人為説」に逆転することになった。

一八世紀後半において、「人為説」にたった言語起源論を主張したのは、コンディヤック、ルソー、ヘルダー等であった。一七七二年刊のヘルダー『言語起源論』の翻訳者・宮谷尚実氏はその訳者解説において、当書を「神を中心とする言説から人間を中心とする言説へとシフトしていくその分岐点として、そして人間とはいかなる存在かを問い直すための手かがりとして、初版から二五〇年近く経った今日でも再読する価値をもっている」（傍点引用者）と指摘している。[13] ただし、「人為説」による「言語起源論」は、「神授説」の神秘性を剥ぎ取ったかわりに、別の難問を呼び起こすことになった。新たな難問とは、①言葉は人間の理性の産物であるという「言語＝理性起源論」と、②人間の理性は言葉から生まれたとする「理性＝言語起源論」との間のジレンマである。言葉が人間の理性よる産物だとすれば、他方で、人間の理性は言葉抜きには考えられないことである――この「ニワトリが先か、タマゴが先か」式のジレンマが、「言葉＝人為説」につきまとったわけである。

言語の「人為起源論」におけるこの「鶏・卵論争」のジレンマをどう克服するか。ジレンマから脱出する一つの試みは、言語を人と人との交流のなかで生まれたもの、人間的コミュニケーションの産物であるとする捉え方であった。ジレンマから脱出するための突破口を最初に切り開いたのはコンディヤックである。コンディヤック説とは、一言でいえば、「言語＝コミュニケーション起源説」である。近代の「言語起源論争」の成果が、「言語＝コミュニケーション起源説」であったとすれば、この視点に立って、私たちも、これを先にみた指さしを理解する人間的能力の構造に立ち戻って見ておかなければならない。

「九ヵ月革命」による指さし理解の五局面

人間の赤ちゃんの「九ヵ月革命」による指さし理解は、その構造＝過程を細かく分解すると、五段階に分けて捉えることができる。

それは、①起点としての大人側の指さしという目的意識的・意図的行為（意図性）、②意図的行為である指さしに込められた大人の教示・示唆性（援助・協力性）、③指さし行為の形態にある指示的記号性・符号性、④子ども側の指さしの意味・意図の理解、⑤大人・子ども（発信・受信）両者間の「共同注意」の成立（コミュニケーション関係の形成）、この五段階＝局面である。

これは、すでに指摘したように、指さし理解が、子どもによる言語獲得直前の――したがって言語習得の入り口の――人間的＝言語的コミュニケーション関係の成立を物語るものにほかならない。以下では、この五段階＝局面の構造を、動物的コミュニケーションとの対比を意識しながら、もう少し詳しくみていくことにしよう。

協働に由来する目的意識性・計画性

指さし行為の出発点は、大人が子どもにたいして、眼前にあるモノではなく、比較的遠くにある物体（たとえば玩具やボール等）を差し示してやろうと意図すること、つまり指さし行為に一つの目的を持つことである。大人・子どもの二者と第三のモノ（玩具等）との三項関係において成立する指さし行為の起点は、まず大人の側（働きかける側）が、特定の目的を持つこと、すなわち子どもに玩具のある方向に目を向けさせようとする目的志向性を持つことにある。

指さしが目的意識的行為であり、意図的な行為であることは、現代人にあってはおよそ自明のことであって、ここで大げさに言い立てるほどのことではない、と思われるかもしれない。だが、その行為・活動に入る前から、あらかじめ目的や構想をもってその行動に臨むというのは、他の類人猿等には見ることのできない人類に固有のことである。
目的を持つことは、将来に実現する課題を前もって予測することであり、将来を見通す能力は人間に固有な力だといって過言ではない[14]。将来を見通す能力とは、逆に言うと、過去に遡って記憶する能力のことでもある。極めて短期のワーキング・メモリーの記憶力は哺乳類一般に存在するが、中長期の「エピソード記憶」は人類に固有な能力である。

その起源は、第二章で指摘したように、労働――特に道具製作の労働――にある。例えばチンパンジー等の類人猿が食欲を充たすために動植物を採餌・採取する行為は、彼らの即自的欲望を充足するための情動的活動であって、目的意識的、計画的活動ではない。この場合の情動（emotion）は、理化学研究所脳科学研究センターの定義に従うと、「意識とは関係なく起こる体の反応をコントロールする脳の機能」である。そのわかりやすい具体例は、恐怖・快楽の情動である。この情動は「環境の変化に応じて、個体の内部環境が、常に生存により適した状態になるように、行動を制御するために、進化が編み出した脳の仕組み」にほかならない[15]。人間以外の動物の情動的行為は、意志的・意図的活動ではないのである[16]。

子どもによる言葉の習得過程における指さし理解の意義に注目したトマセロは、指さしのような「身振り原語」には、①意図的運動（伝達、目的実現・達成型）と、②相手の注意喚起の運動（対象の主体化、教育的・教示的活動）との二つのタイプがあると指摘した[17]。後者②の「相手の注意を惹き、喚起して、それによって行動・活動を促す言語的行為」とは、オースティン（言語学者）の言語行為論にそくしていえば、「発語媒介的行為」（ある言葉を媒介にして聞き手に他の活動を促す行為）に属するが、目的意識性・意図性をもった行為である点では、前者①と変わらない。要するに、指さしは人間に固有の目的意識性・意図性を起点にした行為・活動であり、その意味でいえば、指さしに原点を持つ言葉は、人間に固有の労働（特に道具製作労働）に起源・根源を持つのである。

指さしの意図性にある協力性・教示性

指さし行為の第二の局面の意味は、指さしをする大人の側が、赤ちゃんにたいして玩具やボール等のある方向・場所を教えてやろうとする意図性にあった。指さし自体は、玩具やその所在を指示する、教示する意図的行為にほかならない。だが、指さしによる指示・教示は、人間以外の動物による指示・表示・誇示等と比較してみると、人間の指さし的指示・教示には一つの特徴的な意味が込められていることがわかる。それは人間に固有な他者に対する協力性・援助性・教育性である。指さしは、子どものためを思った大人の行為、つまり大人の側の子どもに対する一種の利他的行為であって、己のための利己的行為ではない。指さしによる「受益」は大人ではなく、子どもに帰属する。

ただし、こうした利他性、援助性、協力性をもった関係や行為が、人間以外の動植物にはまったく皆無であるとまでは言えない。というのは、自然の生態系は、全体として、相互依存・互助関係を基本にして成立しているからである（たとえば蜜蜂と植物の花弁の相互依存的共生関係）。だが、利他性・

協力性・教育性を有する活動に意図的、目的意識的に乗り出すのは人類に固有なことである。霊長類等のそれは状況依存的、一時的、限定的、単発的である。[18] それは動物的コミュニケーション関係の基本が、協力的・協調的・友好的ではなく、競争的・対立的・敵対的なものだからである。地球上の自然的生態系は、全体としては、相互依存的、共生・共存的であるが——だからこそ、今日の人類を含む生態系が存続しているのであるが——動物の世界には生存競争による自然淘汰《とうた》が貫徹する。世間でいう生きるか死ぬかの「ジャングルの法則」が貫くわけである。たとえば、霊長類の採餌は、母子関係を除くと、孤食が基本であって、共食は状況依存的、一時的である。[19] 人類が、この動物的生存競争による自然淘汰から脱出したのは、一言でいえば協働（collaboration）の力による。労働が、競争的・対立的関係を基本にした動物的コミュニケーション関係を、協力的・協調的・教示的な人間的コミュニケーションに転換したのである。

ただ、協力的・協調的コミュニケーション関係の生みの親となった「協働」の概念については、二点ばかり注意しておかなければならないことがある。

一つは、人間的協働・協業が本格化するのは、道具の生産・製作を起点にした労働に始まるということである。具体的にいうと、採集狩猟社会と一括される人類の原始社会にあって、狩猟による肉食が本格化する時代から、つまり狩猟のための集団的労働＝協働が定着する時代からである。草食・菜食中心の単純な採集社会では、樹上動物の採集活動を見れば分かるように、協働・協業は必然化しない。草食動物の鹿やシマウマ、ヌー等は群れを形成しても、協働はしないのである。人類の場合、狩猟・捕食のための集団的な協働＝協業が必要になり、定着するのは、狩猟に不可欠な道具・石器の技術が一定の水準に達した段階である。その道具＝石器は、アシューリアンと呼ばれる旧石器であり、人類史でいえば、およそ二〇〇～一八〇万年前以降のホモ・エレクトス時代に一〇〇万年以上ものあいだ使われ続けた原始的石器のことである[20]。大づかみにいって、人類はアシュール型石器を使った協働が定常化した時期、約二〇〇万年前以降に、指さしに見ることのできる人間的コミュニケーション関係の時代に入ったと考えられる。

いま一つの留意点は、協働は狩猟のための集団的労働だけではなく、育児のための協力・共同活動からも生まれ、発展してきたことである。子育ての協働とは、労働論にそくしていうと、精神代謝労働における協力・共同のことである。別書（『社会サービスの経済学』）で詳しく論じたように、人間の労働は大別すると、物質代謝労働（＝物質的生産労働）と精神代謝労働（＝対人的サービス労働）の二つに分類できる。狩猟労働や農耕労働、建築労働は前者、子育てや教育・介護労働は後者の代表である。「協働」という場合の「働＝はたらき」は、この二種類の労働を含んだ労働であり、指さしにみる人間的コミュニケーション関係は、狩猟労働（物質代謝労働）と子育て・育児（精神代謝労働）の二つから、（論理的には同時発生的に）生まれ、発展したと考えなければならない[21]。

これら二点の補足をつけ加えて、ここで確認しておいてよいことは、指さしにその原型をたどることのできる人間的コミュニケーション、すなわち動物的コミュニケーションから人間的な協力・協調的コミュニケーション関係への転換は、その起源を「協働」に求めることができる、ということである。動物的コミュニケーションが生存競争の帰結であったとすれば、人間的コミュニケーション関係は生存競争ではなく生存保障のための協力・協調の産物であった、といってもよいだろう。

指さしの記号的性格

話を一歩進めていうと、指さし行為の第三の局面の意味は、指さしが一つの記号、サイン、符号だということである。言葉の形態は大きく①音声言語と、②身振り言語の二つに分けることができるが、その完成形態の決定的な特質は象徴性（シンボル性）にある。象徴の機能は、それによって他の何ものか（具体物）を表わす抽象性、記号性にある。指さしとは、人間による特殊具体的な行為ではあるが、それ自体は一つの記号（サイン）である。記号は、それ自身に意味があるのではなく、その意味は状況依存的で、指さしの場合には、三項的社会関係のなかで決まることである。

たとえば、人差し指を縦にして誰かの前に示すときには、「一つ」とか「一本」とか「一個」を意味するし、唇に当てるようにすれば「しぃー、黙って」を意味するだろうし、ラグビーの主審が上方に掲げるときには「トライ」を意味する。音声言語になると、たとえば日本語の「かく」という音声は、「書く」「欠く」「掻く」等のさまざまな意味合いをもち、「文字を書く」・「メンバーを欠く」・「背中を掻く」という時に、なぜ「かく」という音声が表わすのかは、恣意的であり、偶有的《ぐうゆう》であり、記号形態とその意味内容の結びつきには必然性はない。つまり、社会習慣的に決まることである。犬を

「いぬ」と言い「さる」とは呼ばない、また猿を「さる」とよび「とり」とは言わない、その必然的理由は存在せず、人々の生活習慣からそうなったと理解するほかはない。これは、ソシュール言語論でいうと、シニフィエ（記号意味内容）とシニフィアン（記号表現形態）の結びつき、対応関係は恣意的である、ということを物語る。スイスの言語学者Ｆ・ソシュールは言葉とその対象の関係を恣意的契約（フランス語の convention arbitraire）と呼び、必然的関係とは反対の、生活習慣上の「社会的黙《もっ》契《けい》」であると指摘した。[22] 記号を用いた言葉は、その記号形態と意味内容との対応関係には必然的連関はなく、恣意的な関係でしかないということは、言語一般の、ある意味で最大の特質であり、言葉の起源を物語る一つの有力な証拠であるといってもよい。

つまり、指さし行為は、一つの指示記号表現であって、人間に固有な言葉のいわばアーキタイプ（原型）をさしているわけである。言語論では一般に、人間の使用する記号の形態は、インデックス、アイコン、シンボルの三つに大別される（別表の「言葉がシンボル＝象徴記号に至る時系列」を参照）。最初のインデックス（指標）は、動物の世界にも見られる記号（足跡・匂い・鳴き声）であるが、その意味は恣意的ではなく、記号そのものと直結している。これにたいして、アイコン（類像）はアナロジカルな形態の記号（彫像・絵文字・象形文字）であり、その意味と直結しているわけでないが、強く結びつき、その実態・実像を反映した記号形態である。ただインデックスとは異なり、人為的・意図的に作られた記号である（たとえば、後述のオノマトペ＝擬音・擬態語）。最後のシンボル（象徴）は、アイコンと同様に、人為的・意図的につくられたものではあるが、それが差し示す物や意味との間に

<記号の発展順序：インデックス→アイコン→シンボル>

インデックス（指標）		アイコン（類像）		シンボル（象徴）
表示するものとの間に物理的なつながりがあるもの	⇒	差し示すものを物理的に喚起する意図的記号	⇒	指示するものと慣習的に結びついた意図的記号
（事例） 足跡、煙、匂い、影、サイレン		（事例） 影像、肖像、象形文字、擬音、擬態		（事例） 単語、モールス信号、アルファベット

《要旨》

インデックス（指標）からアイコン（類像）、そしてシンボル（象徴）の時系列順に言葉としての記号は発展してきたと考えられている（C・S・パース説）。最後のシンボル段階の記号が、現在の言語にあたる。シンボルは1つの象徴を表しているから抽象的・一般的概念を意味する記号となる。

（出所）ダニエル・L・エヴェレット、松浦俊輔訳『言語の起源』白揚社、2020年から作成。

は必然的連関はなく、記号の形式と意味との関係は恣意的であり、習慣的に結びついているだけである。現在使われている言葉は、これらすべての記号を含むが、その完成形態は最後のシンボル（象徴）記号であり、指さしは、アイコンとシンボルの間の過渡的形態として位置づけられるだろう。

　ここでは、指さしが言葉のアーキタイプ（原型）にあたるという点につけ加えて、後の議論のために、二点を補足しておきたい。

一つは、霊長類等の動物も伝達を目的にして上述のインデックスを用いることがあるが、そのインデックスは、意図的・制御的につくりだされた伝達手段ではない、ということである。人間は、たとえば、緊急事態のときにサイレンを用い、悪臭等によって危険を知らせるが、動物の足跡や匂い、鳴き声等は意図されたインデックスであるとはいえない。たとえば、ベルベット・モンキーがニシキヘビ、ワシ、ヒョウの捕食動物を発見し、チチチといった声を（使い分けるように）発するとき――それを警戒のための意図的な発声だととらえる解釈がありはするが――、それは感覚的な反応というか、一種の情動的反応であって、意図的に制御された発声・発音ではない[23]。

いま一つは、言語記号の形式＝形態（シニフィアン）とその意味内容（シニフィエ）の間の恣意性は、後に再述するコミュニケーション的理性の萌芽を意味するということである。たとえば、犬を英語ではdog、フランス語ではchien、中国語では狗（ゴウ）というが、これは、社会習慣的な決まりごと、一種の社会的なルール（約束事）である。このルールや習慣的な約束ごとを理解し、守らなければ、人と人との間のコミュニケーション（人間的コミュニケーション）は成立しない。指さしを例にとると、「あっち（there）」と「こっち（here）」の区別は習慣的な決まりごとであり、絶対的・普遍的・必然的な区別ではなく、コミュニケーション（相互了解・合意）のための区別にすぎない。これにたいして、腐臭・死臭（記号）と危険性（意味）との関係は、恣意的なものではなく、感覚的・直結的・必然的であり、人間に限らず、動物的コミュニケーション一般にあてはまる――だからこそ、動物は匂いや遠吠え、表情等を伝達手段に用いるのである。だが、「あっち」と「こっち」の区別は、社会習慣による恣意的なものであり、記号形態とその意味内容との恣意的、習慣的な結びつきを理解することは、動物にはない、人間に固有なコミュニケーション的理性の萌芽を意味するのである（この場合の理性は、社会規範＝ルールを理解する力＝理性のことである）。

指さしが示す人間的コミュニケーションの原型

指さし理解の第四の局面は、大人の示した指さしの意味を子どもが理解すること、指さしに込められた大人の意図を了解することであった。生後九ヵ月前後の赤ちゃんは、目の前の大人が単純に人差し指を立てたり、上下左右のいずれかの方向に差し向けたりしても、チンパンジーと同様に、まだ、その意味を恐らくは理解していないはずである。ところが、大人・子ども間のコミュニケーション関係、および第三の玩具などを加えた三項関係において、大人の指さし記号に一つの意図性（意味）を読み取ったときに、その赤ちゃんは、玩具などの方に視線を振り向ける。これは、指さし記号とその意図性（意味）の対応関係を理解したということを意味するから、先述のコミュニケーション的理性が芽生えたということを物語るだろう。

ロビンズ・バーリング（人類学、言語学）は、人間は言葉の産出・創造よりも、その了解・理解が先行するということを強調しているが[24]、赤ちゃんはまさしく喃語《なんご》を話す以前に、人の言語記号にある意図・意味を理解・了解する理性を先行して芽生えさせるのである。赤ちゃんによる大人・子ども・

玩具などの三項関係のなかの指さし理解は、言葉の理解と産出、人間ならではの理性の芽生え、人間的なコミュニケーション関係の形成が相互不可分の関係で進むことを示している。

言いかえると、赤ちゃんによるこの指さし理解は、人間に固有なコミュニケーション関係の形成を意味する。ここで「人間に固有な」というのは、人間だけが、対面関係にある他者に対して意図的に働きかけ、また、逆に受信者側はそこに意図性を読み取り、両者の間に応答関係を築くことができるからである。「動物的コミュニケーション関係」では、一方的であり、双方向的な応答関係は形成されない。まして、（協働関係のような）三項表象の了解関係を築くことはできない[25]。この場合の人間的コミュニケーション関係とは、これまでに再三指摘してきたように、「相互了解・合意の関係」を意味する。

いまここで注意しておいてよいことは、人間と外界（対象）の関係は、「人間－自然関係＝主体－客体関係」と「人間－人間関係＝主体－主体関係」とに大別できる、ということである（ただし、「個人－社会関係」は「主体－客体関係」であると同時に「主体－主体関係」でもある）。トマセロをはじめ人間発達の研究者達が教えるところでは、乳児は、指さし理解に先だって、およそ生後四～五ヵ月頃には、外界にある対象（物体）をカテゴリー化して区別する、つまり識別する能力（トマセロの言葉では認知スキル）を発揮するという。ただし、この「主体－客体関係」の認識は、哺乳類その他の動物も持ち合わせている認知能力である。動物は、環境・獲物・外敵等をはじめその外部世界を認知しないでは、生存することはできず、その認知のための感覚・器官・神経・脳等（感覚的識別能力）を持ち合わせている。その意味では、乳児期の人間の「主体－客体関係」の認識は、人間だけに固有な能力とは言えず、霊長類等のそれを継承したものである。だが、「人間－人間関係＝主体－主体関係」における「主体（本人）－客体（他者）関係」の認識は、その他の動物にはなく、人間に独自な「認知スキル」である。この認知スキルとは、相手が、自然環境のような客観的客体か、それとも人に固有な意図的主体かの違いが区別できる、ということであり、「九ヵ月革命」は赤ちゃんがこの認知スキルを発揮して、人間的コミュニケーション関係を形成したことを物語る「大事件」だったということである。

「九ヵ月革命」の仕上げとしての第五の局面は共同注意の成立である。これは、「相互了解・合意関係」を意味する人間的コミュニケーション関係が形成されたことを物語る。いいかえれば、動物的コミュニケーション関係から人間的コミュニケーション関係への転換が、指さし理解の「九ヵ月革命」の物語るところである。この人間的コミュニケーション関係が、言語の誕生・創造の起源となるのである。

以上のように、指さし理解の構造を五つの局面にわけてとらえると、各局面のキーワードは、①意図性、②協力性、③記号性、④他者理解、⑤相互合意の五つになるだろう。この五点は、言葉の起源を構成するいわば元素（要素）である。五要素をあらためて二つに分けて束ねると、二つの言語起源論に要約される。二つというのは、言葉の「労働（道具生産）起源論」と「コミュニケーション起源論」である。五点のうち、意図性とその表現（記号性）は、労働起源説から説明でき、協力性や他者理解、相互合意関係はコミュニケーション起源説に関係することが理解できる。必要は発明の母というが、言葉の必要性は「労働」と「コミュニケーション」の二つの母——より正確には「労働を父」とし、「コミュニケーションを母」とする両親——から生まれたわけである。次節では、この言語の起源としての両親の関係にもう少し立ち入ってみることにしよう。

2　言葉を生んだ「必要は発明の母」

言葉の起源としての労働（父親）の役割

言葉の産みの親は、「労働＝父」と「コミュニケーション＝母」の二親（両親）である——近代以降の言語起源論はこの「労働起源説」と「コミュニケーション起源説」の二つに分かれる。こうした見方は現代の支配的な通説であるといってよいが、論者によって、この両親のどちらを重視するかの力点の置き方に違いが生まれる。筆者の個人的印象でいうと、後者のコミュニケーション起源説がどちらかといえば多数を占め、優勢であるという感想を持つが、ここでは、両親起源説にこだわって、「言語起源＝父母親」説の根拠をみておくことにしたい。

まず「労働起源説」から。言葉の誕生を人間ならではの労働から捉える見方は、人間の労働と他の動物作業との違いに着眼するところから始まる、と言ってよい。本書第一章で見たように、人間の労働の特質は、生存をかけた動物一般の作業、つまり「種の保存の法則」に従う活動とは違って、実際の労働にとりかかる以前に、前もって目的を設定すること、労働の成果・結果を事前に予想・構想し、そのいわば設計図を頭の中に描く点にあった。労働目的の設計図をあらかじめ頭脳に思い浮かべ、描く能力とは、いま・ここに存在しないものを表象する（represent）能力を意味しており、この表象（representation）能力こそは、類人猿等と人類とを区別する力、すなわち人間と他の動物とを決定的に分かつものである。

将来に実現する労働目的を精神的に先取りして、頭脳に思い浮かべるこの表象能力は、およそ一八〇万年前以降に発展するアシューリアン型石器（アシューリアン）の製作から生成された能力だったと考えられる。複雑なアシューリアンは「石器を使用して作製された石器」にその典型をみることができるが、その際に問われる能力をI・タッターソル（人類学）はこう述べている。「石器制作者は作り始める前から石器の完成品を頭に描かなければならなかったばかりか、まっすぐに望ましい形を目指すのではなく、いくつもの製作段階を計画し、概念化しなければならなかった」[26]。

労働目的を頭のなかで表象することは目的意識を持つこと、したがって目的を追求する意図が労働主体に生まれることを意味する。その意味で、労働は人間を「目的を持つ主体」、「目的を達成しようとする意図的主体」に発達させる原動力である。労働目的とは、この場合、現時点では未だ実現していない課題であり、したがって、現在の到達点からみれば、その先にある未達の地点にある課題である（第二章参照）。ここでは、現在の到達地点と将来の目標地点との間の乖離が生まれる。時間のズレだけを取りあげると、これは現在と将来の間の時間的乖離であるが、目的意識性や意図的主体性の視点を取り入れてみれば、この乖離は労働によって埋められ、現在の目的と将来の成果は労働を媒介にして結合し、合一化する関係にある。

柿の木の実を採ろうとする場合の具体例でいうと、この乖離は、単に手を伸ばしただけでは採ることができない柿の実を、背を思い切り伸ばすと採ることができる、ちょっと飛び上がれば採ることができる時に生まれる乖離であり、一種の矛盾である。あるいは、まだハイハイのできない赤ちゃんが、目の前にある玩具に向かって這ってみようとする時に生まれる乖離であり、玩具に手を伸ばしてみよう、這ってみようとする時の意欲を生み出す源泉である。本書の「はじめに」で、人間の意欲は目的を持つときに生まれると指摘したが、この意欲の源泉は、現在の到達点と将来の目的の間にある乖離＝矛盾に求められるわけである。

かつてロシアの教育学者ヴィゴツキーは、この「乖離＝矛盾」を「最近接領域の課題」と呼び、子どもの学習意欲や発達意欲は、現時点で獲得した能力を基礎にして、その一歩先にある課題を教示することが大切であると指摘したが、これは現在の到達能力と将来に獲得しようとする能力（＝目的）

の間の乖離、それも最も近接した乖離が生み出す内発的意欲に着眼した見方であった。簡単にいえば、将来に実現する夢のような希望が子どもの意欲を引き出す、ということである。

同じロシアの教育学者ルビンシュテインは、将来に達成すべき目的と現時点の到達点の間に生まれる矛盾と、その矛盾が生み出す子どもの内発的意欲の関係のうち、後者の主体的意欲が生まれる構造の方を重視し、「外的条件〔外部から提示された教育課題〕は内的条件〔子ども内部の既得能力状態＝条件〕を媒介にして作用する」という有名な命題を提起したが、これは本書の言葉でいうと、子どもの学習＝教育課題とその人格的機能（主体的意欲等）の相互関係に着眼したものにほかならない[27]。旧ソ連の教育学は、その意味でいえば、人類が開始した人間的労働に起源をもつ目的の表象化が、動物にはみることのできない「将来の精神的先取り」能力を喚起すること、言いかえると、人間に固有な人格的機能（主体的意欲）を生み出すことに注目した議論であった、と言ってよい（ついでながら、こうしたいわば労働起源論的教育論の視点に足場をおくと、コミュニケーション起源論的教育論〈＝コミュニケーション的理性論〉の方は比較的手薄いものに止まることになる）。

話がやや脇道にそれたので元に戻して続けると、人間に固有な労働が人類にもたらしたものは、労働の成果を精神的に先取りする「目的を表象化する能力」である。この「将来の精神的先取り」としての「目的の表象化能力」は、本書のテーマに即していうと、人格的諸機能――ここでは主体的意欲、ただし協働視点に立つと協力・協調・共同性やアイデンティティ・統一性等に広がる人格的諸機能――を生み出し、発達させる原動力（エンジン＝かまど）になったのである。フランスの詩人・アラゴンは「教育とは共に希望を語ること」と歌ったが、希望という人格的機能は労働を起源にした目的表象化能力から生まれたのである。

したがって、言葉のルーツを探る視点からみて、労働が言葉を生み出す親（少なくとも片親）の役割を果たしたことは疑いを入れない。なぜなら、労働目的を表象する（represent）ためには、言葉が必要だからである。なにごとにつけ、必要は発明の母である。表象（representation）に言葉が必要であれば、労働と不可分一体の表象能力の形成・発揮・発達には言葉が不可欠であり、言葉は表象能力のための不可欠な必要条件となる。澤口俊之氏（北海道大、認知神経科学・霊長類学）は、この representation を「再現」と訳し、言葉の「最も重要で本質的な機能」は「世界の事物や事象、他者、あるいは自分自身を符号化・概念化して再現すること」にある、と指摘している[28]。このことを逆に言いかえると、労働目的を表象化（＝再現化）する必要を充足するために言葉が生まれたのである。

だが、労働は言葉を生み出す必要にしてかつ十分な条件である、とまでは言えない。なぜなら、言葉は、一人だけの世界からは生まれないからである。言葉は、ある者が他の者にしゃべる時に生まれるものであり、使用されるものである。孤島に住むロビンソン・クルーソーは、一人で生活しているあいだは、まったく言葉をしゃべる必要はなかった。これと同様に、言葉の起源を労働だけの孤島、唯一労働だけに求めることはできない。言葉が生まれるためには、一人の世界ではなく、複数の人間の間の交流、交わり、伝達・連絡が必要である。一言でいえば、複数のヒト同士のコミュニケーション関係が言葉の起源であり、労働と並ぶいま一人の親だったのである。労働が言葉の父親であったとすれば、コミュニケーション関係がその母親であり、父と母の両親が揃ったところで言葉は誕生したのである。父親と母親とが同時に言葉＝子どもを必要とした、そのときに言葉は人類の子孫繁栄の希望を託されて生誕したのである。

ただし、この言葉の誕生物語において、一点だけ再度注意しなければならない点がある。

人間に独自な協力的コミュニケーションの成立

言葉の「コミュニケーション起源論」とは、要点をいえば、言葉の起源を「動物的なコミュニケーションの人間的なコミュニケーションへの転換」に求める見解である。一般的意味でのコミュニケーションは、人間以外の生物、動物にも存在するものである。人間に固有なコミュニケーションも動物的コミュニケーションの延長・発展線上にあるもの、すなわち類人猿等の霊長類のコミュニケーションを継承し、これを進化させたものである。もちろん、動物的コミュニケーションの単純な延長線上に人間的コミュニケーションが生まれたわけではない。動物一般のコミュニケーションと人間に独自なそれとの間には、質的な違いがある。

この動物・人間間の質的な差異のうち、いまここで問題になるのは、言葉を必要とし、言葉を生み出さずにはおかないような人間的コミュニケーションとは何か、という点にある。本章で見てきたトマセロの「九ヵ月革命」説に従うと、子どもが言葉を獲得・習得していくときのコミュニケーション関係とは、動物の世界には見ることのできない「協力的コミュニケーション関係」であった[29]。すなわち、言葉を創出・獲得する以前に、ヒトとヒトの相互関係が、協力的・協調的なコミュニケーション関係が成立していること、これが言葉を必要とする人間に独自なコミュニケーション関係の意味するところであった。

これとは対称的に、動物的コミュニケーション関係は基本的に、競争的・対立的・敵対的関係である（既述のとおり、動物の協力的・協調的関係の形成は母子関係の例が示すように、血縁的・一時的・限定的なものである）。さらに動物的コミュニケーション関係は、鳥類の求愛ダンス、孔雀の羽翼、ゴリラのマウンティング、ライオンの威嚇等が示すとおり、一方的・感覚的であり、指令的・命令的・行動促進的であって、総じて情動的・直情的・反応的である。これに対して、人間の協力的コミュニケーション関係は双方向的、応答的、意図的なものである。後に再述するように、人間的な共感関係（sympathy）と動物的な共感関係（empathy）とを同一視する議論はありはするが、前者は理性によって媒介・制御された感性であるのに対して、後者の「動物的同感・共情」は情動的（emotional）なものであり、動物進化論の言葉を借用していえば、情動伝染の一種にすぎない。人間的な共感＝シンパシーと動物的な情動伝染的エンパシーを同一視することはできない。

五感の感覚に直結した感情は、一般に、快－不快、好－嫌（悪）、愛－憎、美－醜のように二項対立的関係にある情動である（ただし、人間的感情には、これらの二項対立が生み出す矛盾した感情、すなわち第三の感情範疇があるが、ここでは立ち入らない）。こうした情動は、人間以外の動物にも存在しており、それは、生存の確保・維持にとって適合的＝適応的なものと不都合なものへと感覚的反応が二分されるからである。生存の確保・維持に好都合なものはポジティブな反応、不都合なものにたいしてはネガティブな反応を呼び起こし、快－不快、好－嫌等の二項対立型の情動を生み出すのである。寺沢恒信氏（哲学者）は、感情を定義してこう述べている。「感情は客観的実在が生命の保存に有利か不利かということの直接的反映であり、また同時に生命の保存に有利な対象の作用を受け入れ不利な対象の作用を避けようとする人間の主観的反応である」[30]と。生命維持・生存確保にとって有利かどうかによる感覚的反応は動物にとっても決定的に重要な意味をもつから、この情動は人間・動物に共通のものである。

だが、ここで注意しておかなければならないことが二点ある。

一つは、動物的コミュニケーションは、このポジ・ネガの二項対立的情動と不可分の関係で、競争的・対立的・闘争的関係か、それとも共情的・同調的・同情的関係かの二つに分かれ、母子関係のような血縁的・本能的関係を除けば、動物の個体間関係は基本的に前者の競争的・対立的関係に貫かれていることである。「動物的共感・協力」は、人間に固有な協力的コミュニケーション関係とは厳密に区別されなければならない。両者をごちゃまぜにしたのでは、人間的コミュニケーション関係は言葉を生み出したが、「動物的共感・協力」の中からは未だに言葉が生まれていないことが説明できないであろう。

いま一つは、動物的コミュニケーション関係であれ、人間の協力的コミュニケーション関係であれ、コミュニケーション一般――すなわち伝達・連絡・交流・交通・意思疎通――では、一つの媒体が必要になるということである。たとえば、動物の生来的コミュニケーション関係では、ホタルによる光の点滅、イルカの音声信号、蜜蜂の８の字ダンス、類人猿のグルーミング（毛づくろい）、オオカミの遠吠え等がその媒体の例である[31]。これらのコミュニケーションの媒体は、聴覚、視覚、嗅覚、触覚等の感覚を使ったものである。人間的なコミュニケーションの媒体も、これと同様に五感に根ざしたものであるが、動物との違いは、感覚そのものではなく、労働にもとづく表象（representation）が媒体になる、ということである。

それはなぜか。なぜ、「労働にもとづく表象」が人間の協力的コミュニケーションの媒体になるのか。その理由は簡単である。動物的コミュニケーションを協力的コミュニケーションに転換した原動力は、動物にはない人間の協働にあったからである。トマセロは、「ヒトの協力的コミュニケーションは、まずは、さまざまな協働行為の中で進化したのです」、「ヒトは、協働行為の中で協力的コミュニケーションの手段を発達させてしばらくたってからはじめて、そういった行為の枠外でも協力的コミュニケーションをおこなえるようになったのです」と指摘している[32]。要するに、人間に固有な集団的労働＝協働が、人間に独自な協力的コミュニケーション関係を生み出したわけである。

以上のように、二つの「言語起源論」、すなわち「労働起源論」と「コミュニケーション起源論」の二つ――言葉を誕生させた父親と母親――を見てくると、言葉は、「協働」と「協力的コミュニケーション」との二つが相互前提的・相互依存的関係のもとで発展する過程において生まれた、ということになるだろう。「協働」を父とし、「協力的コミュニケーション」を母として、人間の言葉は誕生したといってよい。父と母の両親が同時に必要とし、人類のいわば子孫繁栄の希望を託されて生誕した子どもが言葉だったのである。

ただここで一点、再度注意しておいてよいことは、言葉は一つの記号、サイン、シンボルの姿・形態をとって生まれたことである、私は前ページで、言葉は「労働にもとづく表象」として、コミュニケーションの媒体を担うものとして生まれたと述べたが、正確には、「記号化された表象」と呼ぶのが適切である。というのは、「表象」の常識的意味は、頭のなかに描かれた具体的イメージ（実感的イメージ）をさす場合が一般的で、記号や符号のような抽象性、象徴性の側面・性格はそぎ落とされて理解される場合が多いからである。この通俗的意味での「表象」はそのままの姿、生《なま》の姿では、他者に伝達することは困難である。それは、二日酔いによる気分の悪さや睡眠不足による不快感をその生《なま》の感覚で他人に伝えるのが難しいのに同じである。「二日酔い」とか「寝不足」とかは、一つの記号表現であるが、この記号（＝言葉）を用いた伝達なら、人間には言葉を手がかりにした推理（理性）力があるから、他人にもその具体的・実感的表象が伝わりやすい。そこで、言葉に内在するこの記号性・象徴性にこだわってみることが次の課題となる。

3　言語規範を出発点にしたコミュニケーション的理性の生成・発達

生活習慣的な「言語の恣意性」から生まれる「言語規範」

人間の言葉が動物の鳴き声や鳥のさえずり、孔雀の羽、狼の遠吠え、猿の毛づくろい等と違うのは、指さしの例が示しているように、その記号性・符号性にあった。一口に記号（サイン）といっても、それにはインデックス（指標）、アイコン（類像）、シンボル（象徴）の三つの形態があり、そのうち、人間の言葉の特質を最もよく表わす記号形態はシンボルである、という点についてもすでに指摘した（本章第一節参照）。

シンボルの記号形態における特徴は、それが他の何ものかを表わすときの「形態－内容間の直接的・必然的つながり」が存在しないこと、その記号形態と意味内容とのつながり（結合・連接関係）が恣意的・任意的な点にある。たとえば、風を「かぜ」と呼び、「あめ」と呼ばないのか、また、山を「やま」と呼び、「うみ」と呼ばないのか、その理由《わけ》に必然性はない。先に紹介したとおり、ソシユールは、この偶有的・習慣的関係を「恣意的契約」と呼び、両者（形態と意味）間のつながりを「社会的黙契」とした。ソシュールの言語論のポイントは、言語記号（signe シーニュ）をこのシニフィアン（signifiant 記号表現形態）とシニフィエ（signifié 記号意味内容）との恣意的結びつきとしてとらえたこと、言語の特質をこの恣意性に求めた点にあると言ってよい。

日本のソシュール言語論では、このシニフィエ、シニフィアンを「所記」と「能記」と訳し分けて、両者の結びつきの恣意性を「言語の恣意性」と呼んできたが、言語論には素人の私などには、この「所記」・「能記」という日本語訳はいかにも分かりにくいし、まして両者の区別となると、普通の人にはただちには理解しがたいと思われる（「所記」と「能記」の言葉に初めて出くわした人は、両者をどう区別して解釈するか、恐らくはすぐには答えられないだろう）。そこで、ここではシニフィアンを「記号形態」、シニフィエを「意味内容」と識別して、両者の関係を「言語の恣意性」と呼んで話を進めることにする。[33]「言語の恣意性」でまず問題になるのは、インデックス、アイコン、シンボルの三つの記号形態のうち、「記号形態」と「意味内容」のあいだの「恣意性」が最も強いものはいずれか、という問題である。現在の英語で用いられるアルファベット、日本語で用いられるヒラガナのようなシンボル記号と、狼煙《のろし》のようなインデックスや、オノマトペ（擬音・擬態語）のようなアイコンとを比較すればすぐわかるように、「恣意性」が最も強く、純化されている形態の記号はシンボルである。先述のように、犬を「イヌ」とか「ドッグ」と呼ばなければならない必然的理由はなく、実物の犬と「イヌ」・「ドッグ」の呼び名（シンボル記号）との対応関係は恣意的である。これに対して、インデックス（指標）やアイコン（類像）の記号は具象性をもっており――例えば匂いと光を混同したり、魚像と山形のマークを混同することはない――、記号とその意味・内容の結びつきには一定の連関性、必然性がある。各種記号のなかでは、言葉の典型的形態であるシンボルが「言語の恣意性」を最も強く表わす記号形態なのである（現在までの人間の歴史では、シンボル形態の言葉が、言語の最終的な完成形態であるという点に注意されたい[34]）。

では、いったいなぜ、人間は、犬をイヌと呼び、鯨を「クジラ」と名づけ、また徒歩を「あるく」、水泳を「およぐ」、跳躍を「とぶ」と言うようになったのか。言いかえると、犬をシカとは呼ばず、投げるのをころぶとは言わなくなったのは、なぜなのか。それは生活習慣による、経験的・体験的な習わしによる、自然発生的な社会習慣による、というのがその答えである。生活習慣的に犬を「イヌ」と呼び、峠を「とうげ」と呼ぶようになった、その理由は恣意的なものによる、というのが「言語の恣意性」の由来である。

すでに指摘したように、この「言語の恣意性」をソシュールは、生活習慣上の「社会的黙契」によるもの、必然的関係ではない「恣意的契約（convention arbitraire）」によるものだとした。社会的・恣意的な暗黙の契約によるということは、言いかえれば、日本で犬をイヌと呼ぶのは、それが生活習慣の上で一種の社会的な約束ごとになった、ということにほかならない。犬をネコとは名づけずにイヌと呼ぶのは、一つの社会的な約束ごとである――日本人であれば、これは容易に理解できることだろう。ドイツ人の世界では虹の色は「五色」で捉えるらしいが、日本人の習わしでは「虹は七色」と見なす。いまここでは、虹を何種類の色に分かつのが正確かという問いは横におくとして、日本では生活習慣上、「虹色は七色」と捉えるのが（よほどのひねくれ者は別にして）一つの社会習慣上の約束ごとなのである。

「記号形態」と「意味内容」間の結びつきが恣意的であるということは、必然性の視点からみれば、両者の関係には一種の乖離がある、溝があるということを意味する。両者の関係が分裂したままの状態では、その記号（サイン）は無意味であり、コミュニケーションの道具・媒体としては役立たずの代物にすぎない。蛇を「へび」と呼ぶか、「むし」と呼ぶか、それとも「とり」「しま」「はち」などと呼ぶかは、各自銘々自由にすればよいといったバラバラな分裂状態では、その言語記号は意味をもたず、コミュニケーションの道具としては何の役にもたたない。記号の意味理解がバラバラな状態は危険ですらある。原始的な狩猟採集社会にあっては、毒蛇、毒草、危険物、天敵、警戒物等を識別した記号に対する共通理解が生命維持・安全確保上不可欠であって、言語記号とその意味内容の間にある「恣意性」の乖離・溝は共通理解（＝理性）によって埋められなければならない。つまり、毒物と無毒をあらわす記号とその意味理解に対する生活習慣上の約束ごと、社会的ルールが遵守されなければならない。「言語の恣意性」が呼び起こすこの社会生活上の習慣的約束ごと、一つの社会的ルールのことを、ここでは「言語規範」と呼んでおくことにしよう。

ここで言語規範とは、たとえば「馬をヘビとは呼ばずに、ウマと呼び、馬と理解する」という一種の社会規範のことである。規範（norm）というのは、一つの社会的な約束ごと、守られるべきルールのことをさす。馬をネズミとは呼ばずにウマと呼んで、他のものとは識別する、蝶をチョウと呼んで蛾とは区別する、という社会規範を理解するのは理性の力による。人間が言葉によって身につけるこの理性は、ベルベット・モンキーが毒ヘビやワシ、ヒョウを発見した時に発する鳴き声には存在しない判断力である。人間の言葉は、「記号形態」とその「意味内容」の関係が恣意的であるがゆえに、逆に、一定の記号は特定の意味とのつながりをもって理解されなければならない、という「言語規範」が生まれ、そこからベルベット・モンキーにはない理性の力が生み出されるのである。

協働的コミュニケーションが生み出すコミュニケーション的理性

他の動物にはない人間の言葉は、「言語の恣意性」のゆえに、「言語規範」を呼び起こし、同時に、「言語規範」は一つの理性を呼び覚ます母胎となる——その必然性はどこにあるのか。ここであらためて問わなければならないのは、この問題である。とはいえ、この問いに対する答えは、すでに「言語起源論」で説明してきたことにダブるので、簡単にその要点だけを述べておきたい。

言語と「言語規範」が生まれる理由は、言葉の起源が、一言でいえば、協力的コミュニケーション関係に求められるからである。人類史において、協力的コミュニケーション関係がハッキリとした形で成立するのは、およそ二〇〇～一八〇万年前頃のホモ・エレクトス（アフリカではホモ・エルガステル）の時代に遡る。イメージ的にいえば、草食を中心にした狩猟菜食時代が肉食を常態化した狩猟採集社会に移行する時期である。初期の人類が大型哺乳類を捕獲するには協働・協業が不可欠となる。この協働・協業の定常化は、人類史上、二つの産物を生み出すことになった。

まず、協働は、労働を起源とする目的意識性、「将来の精神的先取り」の能力を生み出す。協働によるこの産物は、いま・ここに存在しないものの「表象化能力」である。いま・ここに目に見えて現存しないもの、あるいは、いま・ここにおいて耳で聞き、手に触って感じ取ることのできないものを表象するということは、表象（representation）概念自体が意味しているように、頭の中で（精神・観念世界において）現物を記号化、象徴化した形態で思い浮かべることにほかならない。言葉とは、表象のこの対象化＝外化、記号的表現化である。たとえば、私たちはふだんの生活において、「思いを口に出して表わす」とか、「見てきたことを言葉で表現する」とか、「いやな匂いを言葉で説明するのは難しい」といった言い方をするが、これは脳の働きによる表象を対象化＝外化すること（＝言葉にすること）をいったものにほかならない。その意味で、「言語規範」にいう「言語＝表象」は、協働の必然的産物であり、協働が必然化する「協力的コミュニケーション」の産物でもある。

第二に、協働・協業は「協力性」を必要とし、協働による人間固有の協力性の発揮は、動物的な競争的・対立的コミュニケーション関係を協力的コミュニケーション関係に転換する。コミュニケーションとは「相互了解・合意の獲得・形成」を意味するものであった。人間相互の協力的関係は、動物の情動的同感・同情ではなく、言葉による相互了解・合意によって築かれるものである。これを言いかえると、協力的コミュニケーション関係が言葉を生み出し、協力的関係を維持し、恒常的に再生産するために「言語規範」が生まれる、ということである。言葉の意味理解に対する社会的ルール＝規範を欠いたところでは――先述の言語記号の意味理解が諸個人間でバラバラな状態では――、協力的コミュニケーション関係は持続しない。

このように、言葉と「言語規範」のルーツが協力的コミュニケーション関係に求められるとすれば、次に問題になるのは、先述のとおり「言語規範」が一つの理性を喚起・覚醒《かくせい》することである。理性（英語の reason　独語の Vernunft）の定義はいささか難しい哲学的問題であるが、ここでは理性概念を厳密に論ずる必要はない。さしあたり手元にある『広辞苑』（第五版）の説明を引いておくと、「①概念的思考の能力。実践的には感性的欲求に左右されず思慮的に行動する能力。古来、人間と動物とを区別するものとされた。②真偽・善悪を識別する能力」と解説されている（この①②に続けて、カント的理性やヘーゲル的理性概念など、⑧まで説明があるが、ここではこの①②の定義で十分なので、残りは省略する）。

この『広辞苑』の定義にそって言いかえると、さしあたり理性とは、①感性とは異なり、法則性、真偽性、必然性を見極め理解する能力、②動物にはない社会的善悪、価値・規範を判断する能力、ということになるだろう（「真偽」の「偽」の意味には、ⓐ誤り・間違いと、ⓑ偽り・欺しとの両義性があるが、ここではⓐの意味を優先して、「真偽性」を「真理性」の範疇に属する①に組み入れておいたが、ⓑの意味で理解する場合には、②の範疇に組み入れてもよい）。これら二つの理性の系譜は、ここでの議論に照らしていえば、「協働的コミュニケーション」に由来する、というのがここでの結論である（以下に論じる協働的コミュニケーションからコミュニケーション的理性概念については、拙著『社会サービスの経済学——教育・ケア・医療のエッセンシャルワーク』〈新日本出版社、二〇二三年〉を参照されたい)。

まず「協働的コミュニケーション」の「協働」に注目すると、すでに第二章および本章で確かめたように、労働は人間に固有な目的意識的＝目的合理的な営みであり、所期の目的を達成するためには、合法則性が要求される。人間・自然間の物質代謝労働で問われるのは、自然界を貫く自然法則に適合的・適応的であること、つまり合法則的であることである。自然の法則を認識することは、言いかえれば、真理を認識することにほかならない。人類は、労働を通じて、労働対象を貫く法則性、労働方法・手段に求められる目的合理性や技術的・道具的合理性を身につけ、真理性を基準にした認識・評価・判断能力を獲得したのである。

この理性をここでは「真理性を基準にした理性」と呼んでおくことにしよう。これは、『広辞苑』による理性の定義の一番目、すなわち「感性とは異なり、法則性、真偽性、必然性を見極め理解する能力」にほぼ該当する「理性」である。

人間的労働の固有性・独自性が現われるのは、労働の集団化＝協働化を必然化する道具の製作・生産労働からである。農耕に先行する協働は狩猟社会に出現するが、協働による狩猟がある程度定常化するのは、各種アシューリアンが集団単位で生産される頃(一八〇万年前以降)からである。「真理性を基準にした理性」が集団を単位にして芽生えるのは、このアシューリアンを使用した協働を本格化するホモ・エレクトス期の頃からである。協働は協働的・協力的コミュニケーション関係を呼び起こすから、この「真理性を基準にした理性」はコミュニケーション的理性と呼ぶことができる。

集団の協力にもとづく協働の形成にはコミュニケーションが不可欠である。コミュニケーションとは「相互了解・合意（understand & agreement）」のことであるが、このコミュニケーションを欠いては協働・協業は成立しない。協働が生み出す「真理性を基準にした理性」は、その意味において「真理性を基準にしたコミュニケーション的理性」となる。

「真理性規準の理性」と「規範性規準の理性」

「協働的コミュニケーション」の「協働」が「真理性を基準にしたコミュニケーション的理性」を生み出すとすれば、「協働的コミュニケーション」のいま一つの側面、すなわち「コミュニケーション」は、既述の「言語規範」を呼び起こす。なぜなら、協働を担うコミュニケーションとは、動物的コミュニケーションを人間的コミュニケーションに転換したもの、つまり言語を媒介にしたコミュニケーションだったからである。言葉の誕生とともに現われた「言語規範」は、一つの社会規範であった。

話が堂々めぐりにならないように、論理を区切っていいかえておくと、これまでに述べてきたことは、①言葉は「労働＝父親」と「コミュニケーション＝母親」の両親を起源にして生まれた、②道具の生産を起点にした労働の協働・協業化は協働的コミュニケーションを発展させ、協働に由来する理性、すなわち「真理性基準のコミュニケーション的理性」を生み出した、③それと同時に、協働的コミュニケーションは言葉に由来する「言語規範」、すなわち一つの社会規範を呼び起こす――これがこれまでに述べてきたロジックである。

ところで、この場合の社会規範とは、『広辞苑』による「理性の定義」の第二番目、すなわち「動物にはない社会的善悪、価値・規範を判断する能力」をさすものにほかならない。社会規範とは社会的な約束ごと、ルールや規則、価値規範のことであるが、この善・悪、良し・悪し、正・不正、是・非などを区別・評価・判断する能力も、『広辞苑』の定義が示すとおり、一つの理性である。「言語規範」の例でいえば、交通信号の赤色と青（緑）色の意味を誤解しないのは理性の力による。「言語規範」を起点とするこの社会規範を基準にした理性、すなわち社会的ルールや規準、約束ごとに照らして正当かどうか、妥当かどうかを判断する力をここでは「規範性を基準にした理性」と呼んでおくことにしよう。この理性も、協働的・協力的コミュニケーションから育つ理性だから、先の「真理性基準のコミュニケーション的理性」と同様に一つのコミュニケーション的理性、すなわち「規範性基準のコミュニケーション的理性」となる。

「真理性基準」と「規範性基準」の二つの理性の違いは、日本語でいうところの「正しいか正しくないか」の判断能力の二形態の違いだと考えればよい。日本語の「正しい」には幾つもの意味がこめられているが、ここでは二つの意味の違いをとりあげてみよう（先述の「偽」の両義性と、この「正しい」の両義性は重なる）。

まず、地動説と天動説ではどちらが正しいか、という問いのケースがある。あるいは、万有引力の法則、すなわち「二つの物体の間には、物体の質量（M、m）に比例し、二物体間の距離（r）の二乗に反比例する引力Fが作用する」と見なす法則（$F = GMm/r^2$）に関して、これを正しいとみるか、誤りとみなすのかを判断する場合がある。ここで試されるのは、何が真理か、何が科学的法則性かを見抜き、評価し、判断するときの理性である。これが「真理性基準のコミュニケーション的理性」の例である。

これにたいして「規範性基準のコミュニケーション的理性」は、社会的にみて正当であり、正しいかどうかという場合の「正しさ」にかかわる理性のことである。たとえば、ヒットラーによる一九三九年のポーランドへの軍事侵攻や二〇二二年のプーチンによるウクライナの軍事的侵略を正しいとみなすかどうかの判断力が、この「規範性基準のコミュニケーション的理性」の例である。「言語規範」の例でいうと、たとえば、フランス語の avocat（アボカ）には、アボカドと弁護士との二つの意味があるが、ランチに何を食べたかの問いに対する答えを「昼食に弁護士を食べた」と翻訳した場合には、その翻訳は明らかに「正しくない」ということになる。先述の交通信号の例では、赤色と青色の意味をとり違えて、赤色であるにもかかわらず横断するのも正しくない判断である。「赤信号、みんなで渡れば恐くない」のブラックジョークも社会的に正当・妥当かどうか、社会的ルールや約束事からみて正しいかどうかの「規範性基準の理性」の例を示す[35]。

「規範性基準の理性」は、このように「真理性基準の理性」とは、「正しさ」を判断する理性において明らかに異なった性質をもった理性であるが、ここで確認しておきたいことは、これら二つのコミュニケーション的理性は、協働的コミュニケーション関係のなかにおいて、人類固有の能力として生まれ、発達してきたものだということである。

協働起源の人格的機能とコミュニケーション的理性の相即的関係

協働的コミュニケーションは「真理性基準プラス規範性基準」の二つの「コミュニケーション的理性」を生み出すこと――これがこれまでに述べてきたことの小括である。ただ、この小括には、人間発達の視点からみて、二点ばかり補足が必要である。

一つは、コミュニケーション的理性は少なくとも三領域にまたがるものであり、上記の「真理性基準プラス規範性基準」の二つの領域における理性をとりあげただけでは不十分だということである。コミュニケーション的理性とは、そもそも筆者がJ・ハーバーマスの「コミュニケーション的行為論」から借用した概念である（正確にいうと、ハーバーマス説を再構成した概念である。この点については、前掲拙著『社会サービスの経済学』第三章を参照）。ハーバーマスは、三つのコミュニケーション的理性を「客観的理性」、「社会的理性」、「主観的感性」の三領域にわけ、その「基準」を順に「真理性」「正当性」「誠実性」の三つに求めた。これらの基準は、比較的わかりやすい通俗的な区分に引きよせていうと、「真」・「善」・「美」の三点のことである。これらの基準にもとづく理性がなぜ「コミユニケーション的理性」とされたのか、その理由は、「相互了解・合意の獲得（コミュニケーション）」には、たとえば談話や討論、協議・審議といった討議の場において、参加者間に何が真理か、何が正当かにかかわる一定の思考・評価・判断能力が必要になるからである。気候温暖化に関連する討議や判断には「真理性基準の理性」が不可欠であり、「大阪維新」の政治的評価には少なくとも「規範性基準のコミュニケーション的理性」が必要である（筆者の有する理性でわかりやすくいうと、「維新政治」に迎合する捉え方の「真理性＋規範性基準の理性」は、きわめて貧しく、低劣である）。

ところが、これまでに取り上げてきたコミュニケーション的理性は「真理性＋規範性基準の理性」の二つにすぎず、ハーバーマス説の第三の「誠実性基準の理性」ないし「主観性感性（＝美）の領域」の検討は除外されている。協働的コミュニケーションが、この第三の「誠実性基準の理性」領域において、いかなるコミュニケーション的理性を呼び起こすのかについては未検討のままであり、この残された論点は、別途補わなければならない（この補完は、次節でおこなわれる）。

ただ本節で、第三の主観的感性にかかわる理性（共同主観＝共感にかかわる理性）を除外してきたのは、この「第三のコミュニケーション的理性」は、協働の生産力の一定の発展段階、したがって自律的言語を基礎にしたコミュニケーションと文化の一定の発展水準を前提にし、芽生え、成長していくことによる。やや具体的に言うと、第三番目の感性や共感、美意識等にかかわるコミュニケーション的理性の発達は、系統発生的には、ホモ・サピエンス誕生後の一〇～五万年前以降の後期旧石器時代から、個体発生的には、子どもが「心の理論」をものにするとされる四歳以降に現われる。これまで

第三のコミュニケーション的理性に言及してこなかったのは、この歴史＝論理的な理由によるという
ことを付言しておきたいと思う。

第二に指摘しておかなければならないことは、「人格の発達」と「コミュニケーション的理性」と
の関連である。本書では、第三章で見たように、「人格の発達」を「人格＋労働能力の発達」視点か
らとらえてきたが、これとコミュニケーション的理性の形成・発達とはいかなる関係にあるか。この
点については、本書全体のテーマにかかわっているので、簡単にでもふれておかなければならない。
ただ、この論点は、第三章と本章とを読んでいただいた読者には、蛇足を加えるようなものであるか
ら、二点だけ指摘しておきたいと思う。

第一は、協働に起源をもつ「人格的諸機能（主体性＋統一性）」と「多様で専門分化した個別具体的
能力」の形成、したがって「人格プラス労働能力」の発達は、協働的コミュニケーションの視点から
みると、上記の「真理性＋規範性規準のコミュニケーション的理性」の形成・発達でもあったという
こと、つまり「人格の発達」と「コミュニケーション的理性の発達」とは不可分一体の関係にあった
ということである。前者の「人格の発達」と後者の「コミュニケーション的理性の発達」とを媒介し
たのは、要するに「言葉」である。言葉は、その起源論が「労働起源論」と「コミュニケーション起
源論」の二つにわかれたように、「労働プラスコミュニケーション」を起源とする、すなわち「協働
的コミュニケーション」を起源とする。これを検討したのが本章である。

第二は、人間発達を「人格プラス労働能力」の二面から捉えた場合、コミュニケーション的理性の

発達は、どちらかといえば、「労働能力」サイドの発達といわば二人三脚のような相即的関係で進んできた。この場合の労働能力とは「労働手段と協業・分業の組み合わせによる労働能力」、すなわち集団的な協働の能力であり、物質代謝労働を例にしていえば、自然的諸力にたいする人間の意識的・理性的制御の力を意味する。分業にもとづく協業の労働生産力が発展していく過程では、この「意識的・理性的制御の力」は「多様で専門分化した個別具体的能力」の発展としてあらわれる。コミュニケーション的理性はこれに並行し、相互媒介的関係において発達してきたのである。話がやや飛躍するが、現代の学校教育が、その教科教育において担う主要課題は、コミュニケーション理性の育成であると考えられるが、時代によって教科教育のテーマ・領域が変化するのは、人間の有する協働の能力が発達するからである。

以上の点を押さえておいて、ハーバーマスのいう第三の「誠実性＝真意性基準のコミュニケーション的理性」の検討に移ることにしよう。

4　人間発達における系統発生と個体発生の交錯

後期旧石器時代にあらわれた新たな協働的コミュニケーション

人間発達の視点から、原生的な協働的コミュニケーションの歴史的画期を区分すると、大きく二階梯に分かれる。その第一期は、すでに述べたホモ・エレクトス期、すなわちアシュール型石器を製造・使用し始めた二〇〇～一八〇万年前頃である。第二期はホモ・サピエンスの出現後、「第二次出アフリカ」が始まる頃（今から一〇万年前以降）、もう少し絞って言えば、およそ六～五万年前以降の時期である。「第二次出アフリカ」とは、エレクトス期の「第一次出アフリカ」に次ぐ第二次のそれをさす。すなわち「アフリカのイブ」（またはミトコンドリア・イブ」）を祖先とする現世人類が、およそ一〇～八万年前以降、漸次的にアフリカを出て全世界に広がったことをさす。[36] 出アフリカは一〇万年前から一・五万年前頃にかけて、繰り返し、漸次的に進められたが、およそ五万年前後からヨーロッパ・アジアを中心に後期旧石器時代を迎える。この後期旧石器時代の遺跡・遺物等は、人類の発達史上、一つの歴史的画期を物語るものになった。

ホモ・エレクトスにかわってホモ・サピエンスが出現するのは三〇～二〇万年前頃のことである（それ以前のハイデルベルゲンシスやネアンデルタール人との関係については、ここでは一切省略する。また、ホモ・サピエンスの誕生期や第二次出アフリカの年代時期に関しても、細かくいえば、諸説があるが、ここでは立ち入らない）。現世のホモ・サピエンスの歴史の中でも、ここで「第二次出アフリカ」以降に注目し、後期旧石器時代の歴史的画期性を重視するのには、三点ばかり理由がある。

第一は、少なくとも出アフリカ期、またはそれ以降の時点から、人類の解剖学的特質や遺伝子の構造、頭脳の容量や生物学的構造に変化はなく、基本的に後期旧石器時代（五・六万年前～一万年前頃）のものと変わっていない、とされていることである。[37] これを逆にいうと、出アフリカから後期旧石器時代までに人類が獲得した能力は、現世人類にはすでにゲノム化され、生得的能力化している可能性がある、ということである。

第二は、この時期に、人類の新たな夜明けを告げたホモ・エレクトス期の協働的コミュニケーション関係に一つの大きな転換、「大躍進」と呼ばれる変化が起こったことである。既に述べてきたように、協働的コミュニケーション関係と「労働＝道具生産の開始」、及び「言語の獲得」とは相互前提・依存関係にたつものである。ここでは、エレクトス期の原生的な協働的コミュニケーション関係との区別を明確にするために、「大躍進」期の新たなコミュニケーション関係を「共同体的コミュニケーション関係」と呼んでおくことにする。後期旧石器時代の文化は、この共同体的コミュニケーション関係から生まれたのである。

第三は、共同体的コミュニケーションを媒介する言語の新たな形態、すなわち音声言語が確立した、と推定されるからである。この場合の音声言語とは、身振り言語と対比される言葉をさす。より正確にいえば、身振り言語に含まれていた音声による言葉が、その他の手振り、身振り（ジェスチャー）、表情等の身体表現から独立し、音声だけで言語機能を果たすことのできる自律的音声言語として確立したことである（簡単に言うと、電話を通して話しあうときの言葉が自律的音声言語である）。

以上の三点は、前節から持ち越したテーマ「誠実性＝真意性基準のコミュニケーション的理性」に深く関連する。

大躍進期に特徴的な五つの文化、能力

後期旧石器時代にあらわれた文化の特質は（人間発達史観からみると）、①象徴的文化の出現、②技術・道具の発展、③剰余労働・自由時間の形成、④共同体的コミュニケーション関係の形成、⑤自律的音声言語の確立――これら五点と、それらと不可分の⑥コミュニケーション的理性の発展、の六点に要約される。まず、前の五点をできるだけ簡潔に述べておくことにしよう。

①工芸品、装飾、芸術等にあらわれた象徴的文化

後期旧石器時代を特徴づける第一のものは、生活手段等に装飾や工芸的工夫が凝らされ、壁画に代表されるような芸術的作品が現われることである。装身具、ビーズのような貝殻細工、笛などの楽器、顔料、縫い針や銛《もり》、ラスコー洞窟やショーヴェ洞窟、アルタミラ洞窟の壁画等がその例である。装飾やデザイン、絵画・彫像等の芸術は通常「象徴化の認知体系」の現われとみなされているが、言葉の発展とともに、中期旧石器時代の後半から後期旧石器期にかけて、象徴化の思考様式に基づく初期の美術・芸術が出現する。(38)

②技術・道具の多様化と労働生産力の発展

一八〇万年前から長く続いたアシューリアンに変わって、新たな道具があらわれるのも、後期旧石器時代の特徴である。上述の工芸的作品、装身・装飾、芸術品が作製されたのも、また後述の労働生産力の高まりも、この道具技術の発展のおかげである。この技術の発展は「骨角器インダストリー」の形成と呼ばれたりする。出アフリカには、様々な技術（たとえば渡海のための造船技術、移住・住居のための建築技術、狩猟・採集の器具製作技術）が必要となるが、新たな道具の生産は、人類の有する「分業にもとづく協業の生産力」の発展を呼び起こした（一例は弓矢の製作と狩猟技術の高度化、縫い針と着衣の生産、火器による火の利用等による生産力の発展）。分業の展開と道具の専門分化・多様化とが同時に労働生産力を発展させたのである。

③協働生産力の発展による剰余労働、自由時間の形成

技術と労働生産力の発展に関連して、ここで注目しておかなければならない点が三点ある。

第一は、協働の生産力の向上とともに、協働体を単位にした目的意識性、構想・計画・調整能力等、すなわち人格的機能の形成を促したことである。これは協業にもとづく分業、すなわち精神労働と肉体労働の分業の展開過程において、精神労働の能力（第二章で述べた「将来の精神的先取り能力」）を高めたことを意味する。ただし、この精神労働の能力は協働集団（原始共同体）を単位にしたそれであって、ただちに個人＝個体単位の発展を意味するものではない。個体（個人）は原始的な協働的コミュニケーション関係のもとでは、協働体の中に埋没していたからである。それでも、協働体単位の精神労働（能力）の発達は、四季の変化、気候変動、段取りを始めとする協働過程のシミュレーション等を読み込む力を発展させ、次の新石器時代を準備し、農耕・定住社会の歴史を開く原動力となった。

第二は、教育の必要性を芽生えさせたことである（ただし、これは筆者の推論による）。道具技術の高度化・複雑化・多様化とそれにもとづく分業の発展は、人類に固有なスキル・機能・知能の蓄積及び継承の必要性を高める。この道具の専門分化・多様化とスキル・技能の高度化・複雑化の関係は、後の中世期における道具の発展と、ギルド（職人組合）による職人の養成・育成（徒弟制）との関係に同じである。一般的にいって、労働生産力の発展は、後継者への労働能力（＝技能・知能）の継承と蓄積の必要性を高め、次世代の教育の必要を高めるのである。K・L・レイランド

（動物進化論）は、この「教育の誕生」物語を、「動物的模倣－学習」から「人間的模倣－学習－教示」への進化過程ととらえ、「遺伝子－文化共進論」の視点から、人間的な「模倣－学習－教示」の帰結として「固有の意味での教育」の必然化（社会的選択＝淘汰）を説いた。[39] 縮めていえば、人間の認知スキルの高まり――本書の視点から言いかえると労働生産能力の高まり――は、動物には見ることのできない人間固有の「教育（その萌芽）」を誕生させた、ということである。

第三は、道具技術の多様化・高度化とそれにもとづく労働生産力の発展によって、剰余労働時間を生み出し、わずかばかりとはいえ、いわゆる必要労働から解放された「自由時間」がつくりだされたことである。人間以外の動物には、基本的に、一日二四時間すべての時間が生存に不可欠な必要時間である。休息時間や、何もしないでいる「空白時間」は、必要時間の間隙にある「空っぽの時間」であって、人間社会における「自由時間」ではない。

ここでいう「自由時間」とは、一日二四時間を大きく「消費時間と生産時間」とに二分した場合の、「消費時間」に属する「自由時間」のことである。人間の生存過程を自然との物質代謝過程に置きかえてとらえた場合、生存＝物質代謝過程は「消費的行為＋生産的行為」の二過程に分かれる。狩猟・採集社会にあっては、飲食や休息・睡眠等の個体単位の消費的営みは「消費」であり、狩猟・採集は「生産（＝労働）」である。「消費」と「生産（＝労働）」との違いは、「消費」は各個体（個人）単位で行われないと生存にとって意味をなさない行為をさし――例えば飲み食いや睡眠、排泄は当人が行なわなければ無意味であり、他人に代わってもらうことのできない行為――、「生産」とはそれ以外の他者による代替が可能な行為をさす（だから、この「生産的行為」を通常は「労働」に等しいものと扱う）。共同体の生活＝生存時間をこうした「消費」と「生産」に分けてとらえるとすれば、狩猟・採集の生産（＝労働）にあてる時間は、共同体（全成員）の存続・維持のための「消費」に必要不可欠な「協働＝生産時間」となり、その意味で最低限の「必要労働時間」となる。この最低限の「必要労働時間」以外の消費に充当する時間は、必要労働から解放された時間、つまり共同体の存続の必要性という拘束・制約から自由になった時間として、相対的意味での「自由時間」となるわけである。時代が階級社会に入ると、この生産的行為に充てられる最低限の時間を「必要労働時間」、それを超えた時間を「剰余労働時間」としてとらえられるようになっていく。この「剰余労働時間」は「必要労働時間」から解放された時間として「自由時間」のカテゴリーに組み入れられることになる（「消費」と「生産」の区別、および労働生産力の発展による人間の生存過程（物質代謝過程）の「消費過程」と「生産＝労働過程」への分化については、前掲拙著『社会サービスの経済学』第二章の説明を参照）。

原生的な狩猟・採集時代の共同体において、このような意味における「自由時間」が生まれるのは、狩猟・採集を基本にした協働社会であっても、技術・道具と労働生産力が向上し、剰余労働に充てられる時間が生まれ、わずかずつではあるが増えていったと考えられるからである。いまここで、この「自由時間」の芽生え、生成が重要になるのは、後期旧石器時代の装飾・装身具、工芸品、壁画・彫像等の文化・芸術が生まれたのは、この「自由時間」のおかげだと推定されるからである。人類の全生活時間が生存に必須の必要労働時間によって占められていたとすれば、壁画などの芸術は生まれなかったはずである（だから、人間以外の動物には「精神的自由」を基礎にした芸術はあらわれない）。上述の「教育の誕生」もそうである。人間に固有な教育・学習は、動物世界における模倣による「教示・学習」とは違って、「自由時間」を物質的基礎とした意図的な営みとして誕生したのである。

ここでは、「自由時間」をベースにした人間の活動の特徴に目を向けておかなければならない。それは、「必要労働時間」における営み（＝労働）が、目的達成型の合目的的な活動、すなわち目的合理的な活動であるのに対して、「自由時間」の活動とは、自己目的的活動だということである。すでに述べてきたように、労働とは、一定の課題を事前に設定した目的実現のための活動であり、所期の目的達成には目的合理性、合法則性が要求される（労働を起源にした理性の形成）。これに対して、「自由時間」の活動とは、特定の目的・課題に制約されない活動、他律的ではない活動、外部の拘束から解放された自由時間の営みを意味するから、その活動そのもの、その行為・実践自体が目的であるような活動——要するに自己目的的活動——である。その身近な典型例は「遊び」である。これを逆にいうと、「遊び」とは、それ自体を目的とした行為、その活動自体またはその過程そのものに楽しみや喜び、「やりがい」を感じ、体得する自己目的的活動のことである。[40]

後期旧石器時代においてホモ・サピエンス（現世人類）が、この自己目的的活動のための「自由時間＝余裕時間」を得たということは、「自由時間」を基礎にして芸術や教育が生まれたことにみられるように、「コミュニケーション的理性の世界」が広がることを意味する。人間にとっての「自由時間」の意義が、その時間の使用・活用――俗世間の言い方では、その時間の過ごし方――が自己目的的であり、自己充足的な性格をもった活動にあるとすれば、その活動を源泉にして新しく「理性」の領域が広がることになるだろう。その新しい「理性」の発揮が、芸術であり教育だったのである。それ以前の人類が経験した「自由時間」を基礎にした活動とは、ずばり言って「遊び」である。『梁塵《りようじん》秘抄《ひしよう》』は子どもを「遊びをせんとや生まれけむ」と詠んだが、個体発生的にみれば、子どもの遊びに自己目的的活動の「自由時間」と、それを基礎にしたハーバーマスのいう「第三のコミュニケーション的理性（誠実性＝真意性基準のコミュニケーション的理性）」の原型を見ることができるのである。

④共同体的コミュニケーション関係の形成

道具技術の発展と協働の生産力の発展は、先述のとおり、「消費過程」と「生産＝労働過程」を分化し、原始共同体を単位にした生存過程（人間・自然間の物質代謝過程）を、①消費のための「血縁的小集団」と、②生産＝労働を担う「協働的労働集団」とに分化し、従来の協働的コミュニケーション関係をいわば「共同体的コミュニケーション関係」に発展させる。狩猟・採集社会は低い生産力をカバーするために、自然発生的な性別分業（男女間の分業にもとづく協業）を生み出すが、共同体全体は、母系＝女系制である。これは、消費のための「血縁的小集団」が母子関係を軸にした母系＝女系制から出発するためである。

「血縁的小集団」と「協働的集団」間の分業から構成されるこの母系的共同体は、労働に起源をもつ協働的コミュニケーション関係を共同体的コミュニケーション関係へと発展させ、人間に固有な協力的コミュニケーションを深化・拡大させる。個々バラバラで相互に競争的であった類人猿等の動物的な群れ集団を、協力的・協調的な人間の集団に転化したのは協働的コミュニケーション関係によるものであったが[41]、そこからさらに発展した共同体的コミュニケーション関係は、協力的コミュニケーションに根ざすコミュニケーション的理性を発達させる。それは、先述のとおり、協働の生産力が、共同体を単位にした自由時間をつくりだし、共同体成員のコミュニケーション的時空間を「消費過程」と「生産＝過程」の両面にわたって深化・拡大するからである。

⑤自律的音声言語の確立

人間の言葉は、現代使用されている音声言語ではなく、身振り言語から始まった、というのが通説である。この場合の身振り言語とは、手をはじめ口や目、表情その他身体全体を使った言葉、つまりジェスチャー（単純な音声を含む）を手段にした言葉をさし、現代の手話を意味するものではない。手話は聴覚ではなく視覚を使用した言葉、したがってその仕組みは音声言語とほとんどおなじである。身振り言語から音声言語が自立し、自律的音声言語になったのは、M・コーバリスによれば、一七万年～五・二万年前頃ではないか、という。年代に幅を持たせているのは、「第二次出アフリカ」の以前、及び、後期旧石器文化の出現以前に音声言語の確立を推定しているためである。「第二次出アフリカ」の後、地球上の全世界に向かって旅立った祖先たちが、共通して――現代に生きる狩猟採集民を含めて――音声言語を用いているからであり、さらに、後期旧石器時代に備わるコミュニケーション的理性を身につけているからである。[42]

コーバリスが「第二次出アフリカ」以前に自律的音声言語の形成期を推定するのは、「出アフリカ」の大事業に必要な抽象的思考能力、構想・計画能力、協働の労働能力等の形成――したがって一言でいえばコミュニケーション的理性の獲得――は、自律的音声言語の確立を前提にして可能になった、と考えられるからである。彼は、音声言語の持つ伝達力を「音声言語にはアイコン性がなく、抽象的な意味を伝達する力にすぐれている」、「あたりが真っ暗でも使うことができ、手話なんかよりも便利である」「見えなくても話し合うことができる」と説明し、またその利便性に関しては、「眼と違い、耳は閉じることがない」、「音声言語が進化すると、手が自由になり、別の用途に使うことができる」といった有用性をあげている。

音声言語の持つこうした力を、K・レイランドは、「言語のもつ特徴は、表現できる範囲の広さと一般化の力にある。言語を使って表現できるのはなにも目の前のものごとには限定されず、過去や未来、さらには遠く離れた場所の出来事や物体についての情報を伝えることもできる」と説明している。[43]またI・タッターソルは「言語は最高度の象徴化の活動であり、おそらく現代人の象徴的意識を獲得するために特別かつ中心的な役割を果たしたと考えられる」としている。[44]

要するに、後期旧石器時代の生産力や文化は、音声言語の持つ記号的特性（シンボル＝象徴性）に根ざす抽象的思考能力や一般的表現能力、構想・計画能力をもとに築かれた、ということである。

共感・誠実・真意性基準のコミュニケーション的理性

以上で見てきた後期旧石器時代に特徴的な文化の五点は、前項のはじめで（三〇二ページ）六点目の特質としてあげた「コミュニケーション的理性の発展」と指摘したこれまでに析出してきた①「真理性基準のコミュニケーション的理性」、②「規範性基準のコミュニケーション的理性」に加えて、人類史のなかで、第三番目のコミュニケーション的理性が育ってきたことを示す、不可分のものであった。ただ、この第三のコミュニケーション的理性については、簡単にまとめて表現することが難しい理性である。コミュニケーション的理性概念の発案者であるハーバーマス自身が、この第三の理性に関しては、「誠実性基準のコミュニケーション的理性」と名づけてはいるものの、概念的説明には手を焼き、難渋している、というのが真相であるといってよい。

そこでここでは、「相互了解・合意の獲得」というコミュニケーションの定義の幅を広げ、「共感」をコミュニケーション概念のうちに取り込んだ場合のコミュニケーション的理性を考えてみることにしたい。「相互了解・合意」のうえに「共感」を加えて、「了解・合意・共感」の関係に必要となる理性とはいかなるものなのか、という問いにとりくんでみよう、というわけである。「共感」をコミュニケーション概念に取り込む理由は、さしあたり二つある。一つは、ハーバーマスの言う「誠実性基準の理性」における「誠実性」は共感関係の一構成要素だからである。いま一つは、上述の後期旧石器時代の文化には、「共感」概念に関連した要素が含まれているからである。

　まず注目しなければならないことは、狩猟・採集社会であっても、協働生産力の発展によって、共同体を単位にした「自由時間」が生まれたことである。「自由時間」における活動の典型は「遊び」である。このことはすでに述べてきたし、「遊びをせんとや生まれけむ」の子どもたちが、今日でも現に、その自由時間の圧倒的部分を遊びに費やしていることによって実証されている。ただし、遊びとは自己目的的活動の一典型であるが、人間の子どもの遊びは、例えば熊やパンダ、チンパンジーの子どもの遊びとは違って、その活動自体はその内部にすでに目的合理性を組み入れた活動である。幼児期の泥団子づくり、積み木遊び、鬼ごっこ、カルタ遊び等、当人にとってその遊びは自己目的的、自己充足的活動であるが、同時に、そこにはすでに一定の目的があり、その目的実現のための手作業等に対する意識的制御の力が働いている。この目的の設定、手作業等に対する意識的制御は理性的な力であって、だからこそ、遊びは幼児の人間的理性を育むのである。

　だが、遊びの自己目的的性格、自己充足性は、単にその活動に理性的働きがあることによるのではない。遊びの醍醐味は、第一次的には、そこに喜怒哀楽でいえば、喜び、楽しみの感情、そのほか快・不快関係では愉快、好嫌関係では好き、美醜関係では美しいといったポジティブな感情が生まれる点にある。感情の生起は、すでに寺沢説による感情の定義でみたように（本章二八二ページ）、生存にとって有利か不利か、有益か無益かの感覚的反応に起因するものであったが、通俗的には、喜怒哀楽や面白いといった感情・感覚は理性の働きとは対照的・対極的なもの、異質なものと理解されている。だが、この通俗的理解は、率直に言って誤りである。人間の感情は、動物の情動とはちがって、コミュニケーション的理性によって媒介された感覚、すなわち「感性」となって現われるものであり、哲学的な言い方でいえば、人間の感情は感覚的なものが理性の媒介によって止揚されて生まれるもの、したがって実際には感性となって実現するものである。その意味において、感情・感性は理性の対極に位置するものではなく、まして対立的なものではない。遊びの醍醐味は、この人間的感情・感性の働きに起因するものだといってよい。

こうして、遊びの自己目的的性格、すなわち遊びの楽しさ、面白さ、魅力・求心力を作り出すのは、第一次的には感情・感性の働きによるが、ただし、人間的な感性を呼び起こすコミュニケーション的理性とは無縁ではなく、むしろ子どもの遊びはコミュニケーション的理性を育む原動力となる。ここで育まれるコミュニケーション的理性とは、感性的なものであるから、「真理性基準」や「規範性基準」のコミュニケーション的理性とは区別される「理性」である。

「遊び」について言えることとは、後期旧石器時代の「自由時間」を基礎にした芸術的活動――壁画や彫像にみる美術や笛等の楽器が示す音楽、壁画に描かれた舞踊等――についてもあてはまる。芸術は、遊びと同様に、「自由時間」の賜《たまもの》であり、自己目的的活動の一種である。一日二四時間がまるごと、「消費＋生産の全生活」に不可欠な「必要労働時間」で埋め尽くされる共同体には、遊びや芸術、教育に利用できる「自由時間」は存在せず、壁画や娯楽に費やす時間的余地はない。芸術は「自由時間」の産物である。とはいえ、その表現形態（画像や彫像）の真意性や虚偽性を理解するには単純な感覚的理解でなく、理性的な評価・判断・理解能力が必要である。したがって「自由時間」をベースにした芸術に対する共同体成員の理解・合意・共感にはコミュニケーション的理性の力が要求される。

音楽・歌唱や舞踊・ダンス等についても、あるいはスポーツについても、同じことが言えるであろう。「自由時間」にもとづく諸活動に対する了解・共感・合意の能力には、コミュニケーション的理性が必要になるのである。このコミュニケーション的理性のいわば純粋の形態が、「自由時間」を基礎にした会話、談話、討議、議論そのものを自己目的的活動として享受する能力である、といってよいかもしれない。たとえば、物理学や生物学、美学や哲学、文学や芸術、歴史や地理等を話題にして、その会話・談話そのもの（つまりコミュニケーション的行為それ自体）を自己目的的活動として、それを楽しみ、面白がる能力が、コミュニケーション的理性の純化した形態である、と言えるかもしれない。この形態の理性を何と言って表現するかは難問であるが、ここでは「共感」とよんでおくことにしたい。

こうして、①「真理性基準のコミュニケーション的理性」、②「規範性基準のコミュニケーション的理性」に続く第三の理性は、③「共感・誠実・真意性を基準にしたコミュニケーション的理性」ということができる。これら三つのコミュニケーション的理性は、系統発生的には後期旧石器時代までに人類が獲得してきた理性の原型（アーキタイプ＝芽生え）であり、個体発生的には、幼児期に発揮する潜在能力、すなわちゲノム化された生得的能力である。この点を最後に確かめておくことにしよう。

補論――言葉の「動物的共感起源論」と「オノマトペ起源論」

言語とコミュニケーション的理性の起源にかかわって、本書の議論とは明らかに異質な議論が普及しているので、ここではその二つの議論を補論として簡単ながらとりあげておくことにした。仮に名づけるとすれば、一つは「動物的共感起源論」である、いま一つは「オノマトペ起源論」である。

①動物的共感起源論

日本でよく知られているその代表は、ロビン・ダンバー（英国オックスフォード大）の「社会脳説」または「社会的毛づくろい説」と呼ばれる言語起源論である（鍛原多恵子訳『人類進化の謎を解き明かす』インターシフト、二〇一六年、松浦俊輔・服部清美訳『ことばの起源――猿の毛づくろい、人のゴシップ』青土社、二〇一六年）。

「社会脳説」は、人間であれ、人に近いサルやチンパンジーであれ、生活集団の規模が大きくなると、その内部でトラブルが発生し、ストレスが溜まってくるので、集団内部（人間関係）の調整やストレスの解消等のために思いやりや気配り、癒やしの行為が必要となり、共感・友好関係を築いていく必要が高まり、その役割を担って言葉は生まれた、と捉える。集団内部の個体間調整や癒やしの行為は、動物で言えば、サルやチンパンジーの毛づくろいに典型例をみることができる。人間の言葉は、社会集団において、毛づくろいに代わる役割を担って生まれたのであり、その意味で言葉は「社会的毛づくろい」の機能を持って生まれたといってよい。集団内部のトラブルやストレスは、集団規模に比例して高まるから、社会的毛づくろいに費やす談話、交流、コミュニケーションの時間が多くなり、それに従って言語にもとづく諸活動が複雑化し必要時間も多くなるために、頭脳の容量も増大する。人間の脳の肥大化や、現代社会におけるゴシップを中心にしたおしゃべりの時間が増えたのは、このせいである。要するに、ある個体が維持できる関係の数（集団規模）は、その社会的行動の複雑さに依存し、この社会的構造の複雑さが認知能力（脳容量）に依存する――これがダンバーの「社会脳説」の要旨となる。

「社会脳説」の最大の特徴は、人間以外のサルやチンパンジーにも相互の思いやりや共感の能力が存在する、とみなす点にある。類人猿等の毛づくろいはこの共感能力に由来したものである。いいかえると、人間にもその他の動物にも存在する共感能力が、サルやチンパンジーの世界では毛づくろいを呼び起こし、人間社会では、「社会的毛づくろい」としての言葉を生みだしたのである――これがダンバー説のエッセンスになっているわけである。

この「社会脳」説が依拠する「共感論」は、動物的共感（empathy）と人間的共感（sympathy）を同一視する、あるいは同一視しないまでも前者と後者の連続性、共通性を重視する見方である。人間的共感を動物的な「情動的共感（empathy）」に還元し、「人間は生まれつき共感的なのだ」という見地から「共感論」を説いたのは動物行動学者のフランス・ドゥ・ヴァール（柴田裕之訳『共感の時代へ――動物行動学が教えてくれること』紀伊國屋書店、二〇一〇年）である。この場合の共感（empathy）は、同書の解説者西田利貞氏（当時日本モンキーセンター所長）の説明を借用すると、「同種の他の個体の感情や意図などを即座に感じ取り、同一化によって相手を慰めたり、相手と協調行動を取ったりする能力である」（三二一ページ）。ヴァールはこの意味での「共感」を人間とチンパンジー等の霊長類は共有するものとみなし、ダンバーも同じこの動物的・情動的共感を前提にして「言語の社会的毛づくろい起源説」を提唱したのである。

だが私は、このヴァール的「動物的・情動的共感と人間的共感の同一視」説やダンバーの「言語の社会的毛づくろい起源」説には承服できない。その理由はいくつかあるが、ここでは二点を指摘しておきたい。

第一は、人間以外の動物世界は基本的にサバイバル競争の関係で貫かれているのであって、本書で繰り返し述べてきたように、共感的・協力的・協調的関係ではなく、競争的・対立的・闘争的関係にある、ということである。人間以外の動物にも垣間見ることのできる「共感」・「同調」・「同情」は、いわゆる「情動伝染＝empathy」と呼ばれる限定的・一時的・状況依存的なものであって、人間に固有な意図的・意識的な「認知的共感＝sympathy」とは厳密に区別しなければならない。

第二に、「共感」が言語の起源だったのではなく、言語と協働的コミュニケーションの産物であるコミュニケーション的理性が人間的共感を生み出したのである。春秋の筆法を用いて言えば、共感が言葉を生んだのではなく、言葉が共感（ただし人間的共感）を生み出したのである。ダンバー説に即して言いかえれば、人間の共感は、毛づくろいの代替ではなく、人間から体毛がとれ、毛づくろいが不要になった段階のコミュニケーション的理性の「毛根」から生まれた感性なのである。このことは、動物的な「情動伝染＝情動的共感」からは未だに言葉が生まれず、逆に、人類史上では、「労働」と「コミュニケーション」を起源にした言葉の誕生——生まれたばかりの言葉＝身振り言語の生誕——から、人類が三領域にわたるコミュニケーション的理性（そのアーキタイプ＝原型）をものにするまでに、およそ二〇〇万年近い時間を必要とした、という事実が証明している。

②オノマトペ起源説

言葉のオノマトペ起源説とは、最近刊行された今井むつみ・秋田喜美『言語の本質——ことばはどう生まれ、進化したか』（中公新書、二〇二三年）が提示した「言語起源・本質論」のことである。私は、本書執筆の過程において、この興味深い本を読んだ。当初は、ここで取りあげる積もりはなかったのであるが、大変多く読まれ、また世間の評判もよいという様子なので、本書の読者にも関心があるだろうと予想して、ここで一言コメントすることにした。

まず、念のために述べておくと、オノマトペとはコロコロとか、ワンワン、ドッテンコロン、ガラガラ、バリーン、ギシギシといった擬音語、擬態語のことである。かつて井上ひさし（作家、故人）は、宮沢賢治を「オノマトペ使いの名手」と評したが、児童文学にはオノマトペは欠かせない言葉であり、文学だけではなく、子どもの保育・教育（とりわけ幼児教育）においてもオノマトペは一般語以上に大きな役割を果たしている。このオノマトペに言葉の起源を求めようというのが、「オノマトペ起源説」の趣旨である。

ただ、本書の読者には、いきなり「オノマトペに言葉の起源がある」と言われても、ただちには分かりづらいところがある、と言ってよいだろう。なぜなら、オノマトペは言葉そのものであって、その起源だとか、産みの親といったものではないからである。オノマトペ自体が言葉であるなら、そのオノマトペに言葉の起源を求める、というのは奇妙な話である。ここでもし仮にこの「起源説」を額面どおり「オノマトペが言語の起源である」という命題を述べたものだとすれば、この命題は明らかに誤りである。言葉は、そもそも人間の頭脳における表象（representation）であり――representation が表象・象徴の意味を持つ用語であることが示しているように――、その象徴的記号形態である。紙をクシャクシャにするとか、ごみをポイと捨てるとかいった場合の「クシャクシャ」や「ポイ」といったオノマトペは一つの記号表現、したがって言葉そのものであって、「言葉の起源」ではない。

つまり、「オノマトペ起源説」は、常識的に理解される言葉の起源（origin）や由来（sourse）を解き明かした説ではなく、記号としての言葉の始まり（begin）、始原（beginning）、あるいは開始

（start）に関する一つの説明なのである。日本語では、起源と始原はよく似た言葉だから、上記の今井・秋田著『言語の本質』が「オノマトペ言語起源説」という時の「起源」を、ついつい「言葉の起源（origin）」と理解しがちになるが――現に私自身が当書を読み始めたときには、そのように「誤解」していた――、実は「オノマトペ言語起源説」の「起源」用語は「起源（origin）」ではなく、「始原＝開始（beginning）」を意味する概念として用いられているのである。この意味での「言葉の起源＝始原」論は、本書で取りあげてきた、たとえばトマセロの「協力的コミュニケーション起源論」やコーバリスの「コミュニケーション＝身振り言語起源説」、クリスチャンセンらの「ジェスチャー・ゲーム起源論」、レイランドの「教育起源論」、ダンバーの「社会脳＝社会的毛づくろい説」等における「起源（origin）」とは異なる、ということである。端折っていうと、「オノマトペ言語起源説」は誤解を招く語用（法）であり、正しくは「言語始原＝開始説」と呼ぶべき説なのである。

だが、率直に言って、こうした「言語始原説」は、二重の意味で欠陥を免れない。第一は、「始原説」は「起源説」にとって代わることはできないということ、還元すると、本来の意味での「起源論」からみて誤っていること、第二は、「起源論」ではなく「始原論」だとしても、その「始原論」の内容にも問題点があるということである。

まず第一の「起源論」たりえないという欠陥を見ておこう。この問題点は、今井・秋田両氏による「オノマトペ言語起源説」の説明そのものから明らかになるので、あらためてその要旨を三点に分けて紹介しておくことにしよう。

①「オノマトペ始原説」は、まず言葉を、人間の外界にある事物・事象を「写実したもの」・「模写したもの」、あるいは「世界を区切り、切り分けるもの」、「事物・事象の名づけ」と捉える。これは言葉をその機能からつかむ「機能論的理解」を意味しているが、言葉を人間の外にある対象物、事物・事象、運動等の頭脳における反映と見る点だけをとりだすと、一概に誤りだとは言えない。むしろ、言葉を外界の事物・事象・運動等の表象に根ざすものとして捉える見方は、一つの正当な視点であり、唯物論的反映論に近い見解だといってよい。ただ、この見地は言語機能の「写実性＝模写性」や「反映性」を把握しただけで、言葉が事物の「表象」だけではなく、「コミュニケーション」の機能を担って生まれ、発展した経緯を捨象している点において、一面的である。言葉は、一人だけの世界では生まれないのであり、人と人とのコミュニケーション関係のもとで、おしゃべり、話し合いの必要性があって生まれるものなのである。本書では、これを子どもの指さし理解を例にしてみてきた。

②人間の外界にある事物・事象の「写実性」や「模写性」を重視する観点からみると、言葉の写実的・模写的機能に優れている記号は、アナログ性の高いものとなる。本書で述べた記号の三形態（本書二七〇ページ図表「記号の発展順序」）にそくしていえば、「シンボル（象徴）」→「アイコン（類像）」→「インデックス（指標）」の順にアナログ性は高くなる。このうちインデックスは動物も利用するものだから、人間の言葉として写実的・模写的機能に優れているもの、つまりアナログ性の高い記号はアイコンである。仮に言葉を一般語とオノマトペに二分するとすれば、アナログ性が高く、アイコ

ン的性格を強くもった言葉は、一般語ではなくオノマトペである。だが、コーバリスが「音声言語にはもともとアイコン的な部分が全くない。つまり、抽象的な意味を伝達するために存在するシステムなのだ」（前掲『言葉は身振りから進化した』三二二ページ）と指摘しているように、「音声言語の本質」は脱アイコン性、すなわちシンボル性にあるのであって、だからこそソシュールのいう「言語の恣意性」が特徴になるのである。言語の「起源」であれ「始原」であれ、その本質に遡って問題にしようとすれば、アイコン性の強い記号形態ではなく、シンボルに目を向けなければならない。

そうはいうものの、今井＝秋田説が、「言語はどんなに進化しても、人間が使い手である限りは、完全に『恣意的な記号の体系』にはならないだろう」（一七二ページ）とするのには一理あると考えられる。なぜなら、オノマトペのような擬音・擬態語を排除せず、それを包摂した「記号の体系」のほうが、言語体系としては豊かであり、コミュニケーション的理性の媒体としては有益だからである。

③今井＝秋田説は、「オノマトペは一般語よりも、音で対象を写し取る『アイコン性』を強く持っている」という点を重視する（二五二ページ）。だが、アイコン性だけを取り出すと、たとえばジェスチャー表現が示すように、音声言語に先立つ身振り言語の方が、アナログ的であり、高いアイコン性を有する。そこで今井＝秋田両氏は、オノマトペはパントマイムやジェスチャーと同じではなく、「一般語と同じ、デジタル的な特徴を多く持っている」とする。つまり、言語史上は先行する身振り言語から後行の音声言語にいったん話題を切り換え、音声言語のなかのオノマトペのアイコン性に視点を移すわけである。彼女らはそこから、一つの結論として、「ニカラグアの手話の進化で見られた

ように、私たちの祖先も、発声でアナログ的に外界のモノや出来事を模写していたのが、徐々にオノマトペに変わり、オノマトペが文法化され、体系化されて、現在の記号の体系としての言語に進化していったのではないかという仮説、いわば『オノマトペ言語起源説』」を考案し、提唱するに至った、というわけである（同上、二五二ページ、傍点は引用者）。

こうした「オノマトペ言語起源説」の内容（推論）からわかるように、この説は一般語の起源をのべたものではなく、オノマトペの始原を述べたものである。これをここでは詳しく紹介するゆとりがないので簡潔に述べるが、「オノマトペ始原説」の上記引用文は、言語史にそくしていうと、身振り言語に含まれていた言語機能の一部が、音声言語化するときにオノマトペ化され、擬態語・擬音語として用いられるようになった、ということをまず述べている。それに続く、「オノマトペが文法化され、体系化されて、現在の記号の体系としての言語に進化していった」という叙述は晦渋《かいじゅう》な文章であるが、その意味は、オノマトペが一般語の体系のなかに取り入れられ、組み入れられたことをさすと理解される。最後の「現在の記号の体系としての言語に進化していった」というのは誤解を招く表現で、「現在の記号体系への進化過程の一部を構成した」という趣旨の一文だと解釈されるだろう。

このような『言語の本質』の解釈が正当だとすれば、先に述べたように、この「オノマトペ言語起源説」は、「言語起源論」ではなく、さらに「一般言語始原論」でもなく、記号体系としての言語のなかの一部「オノマトペ始原論」であって、人類史的視点からみれば、身振り言語が音声言語に転化・発展する過程を考察した「言語形成過程論」の一部だといわなければならない。オノマトペはアイコン性が高い分だけ、子どもが言葉を習得する過程では、大いに役立つ言葉、擬音・擬態語である。だから、私はその有用性を否定しないし、今井・秋田両氏が多角的にオノマトペの効用を検討していることを高く評価したいと思う。だが、この「オノマトペ言語起源説」では、本書が重視してきた「協力的コミュニケーション関係」や言語に根ざして誕生し、発達するコミュニケーション的理性は軽視される。アイコン性を強く帯びたオノマトペに着眼するだけでは、言語の本質に根ざす三領域のコミュニケーション的理性の誕生・発達の展望は見いだすことはできない。

念のためにつけ加えておくが、パチパチと火花が散るとか、ザラザラした肌といった場合の「パチパチ」や「ザラザラ」の言葉、すなわちオノマトペが写実性や模写性にすぐれ、人間の感覚や情動、身体的反応と結びついているから（『言葉の本質』では接地性があるから）、「理性的」というよりは、「感覚的」「感情的」であり、言葉としてのオノマトペは言語の「非理性的側面」を強く表わしている、という見方には同調できない。というのは、音声言語は、一般語もオノマトペも、コミュニケーション的理性の産物だからである。換言すれば、コミック（漫画）も小説（文学）も、ともにコミュニケーション的理性の産物なのである。

おわりに——幼児期の人類史を繰り返す子どもたち

幼児期の発達に関する教育学研究によると、現代の子どもたちは、およそ四歳頃に「心の理論」をものにする、という。「心の理論」とは、他者のおかれた状態や動作・表情等からその人の心（心境・認識・思考等）の動きを推理・理解する力のことをさす。一九七〇年代末に米の霊長類研究者デイヴィッド・プレマック等が提唱した説である。「心の理論」を持つのは人間だけか、それともチンパンジー等の類人猿もそれに匹敵する能力を有するのかに関しては論争があり、また人間の子どもによるその獲得の年齢に関しても異説があるようだが、[45]ここではひとまず四〜五歳頃だとしておく。

とはいえ、「心の理論（theory of mind）」とは、教育論や発達論からみると、いかにもぎごちない命名であって、「心の理論」を持つのは人間だけか、それともチンパンジーも持っているかと問われても、一般の人には容易には理解しがたいだろう。そこでここでは木下孝司氏（神戸大、教育学）が簡潔に「他者理解の総称」と説明しているのにならって、「心の理論」を「他者理解の力」と理解して話を進めることにする。[46]

他者を理解する力とは、本書の言葉で言えば、コミュニケーション的理性の一要素にほかならない。前節で私は、コミュニケーション概念の定義を「相互了解・合意の形成・獲得」と把握しつつ、コミュニケーション的理性の三形態をふまえて、あらためて「了解・合意・共感」の三つをキーワードにしたコミュニケーション概念の再定義を試みたが、いずれにしても「他者理解の総称」としての「心の理論」をコミュニケーション的理性の要素とみなしても間違いはあるまい。そうすると、四～五歳頃の幼児が「心の理論」を持つにいたるということは、人類史でいえば、後期旧石器時代に到達した発達段階、すなわち三つのコミュニケーション的理性の原型（芽生え）を獲得する段階に入った、と見なしうることになる。

いま再度、コミュニケーション的理性の原型が形成されるまでの過程を大づかみに振り返っておくと、①労働の開始と人間的コミュニケーションの形成→②協働的コミュニケーション関係の形成・発展→③協力的コミュニケーションを土台にした言語の獲得→④協働生産力と言語的コミュニケーションの発展による協力的コミュニケーションの展開→⑤コミュニケーション的理性の形成・発展（→原型の成熟）の五段階にまとめられる。こうした人類史の発展・継起に並行させるようにして、乳幼児期の発達過程（その概略）を大胆に階梯化すると、次のような区分が可能になる（ただし、これは厳密な発達法則を述べたものではなく、子どもの成長過程を理解するための一つの目安にすぎないことを断っておく）。

①生後四～五ヵ月頃には、「主体－客体関係」の認識が始まり、外部にある物の識別、動きの認知が始まる。これは、人間間の「主体－主体関係」の認識の前に、動物一般が持つ「主体－客体関係」

の認識が始まることを意味する。

②主体－主体関係の認識の成立とともに、「九ヵ月革命」（指さし理解）の発達段階に入る。これは子どもが言葉獲得の入り口に入ることを意味する。

③言葉の獲得と二～三歳頃の「言語爆発」。三～四歳頃の音声言語のための喉頭の形成（母音の正確な発声が可能になるほどに喉頭部が下がり安定化する）。ちなみに、コーバリスによれば、一歳半から五歳までのあいだに、一万から一万五〇〇〇語の言葉を覚えるという（目覚めているときには、毎時間一語のスピードで覚える勘定になる）。

④四～五歳児の「心の理論」の獲得（他者理解）。三～四歳頃には、他者に「教える」行為が始まる。自伝的記憶（エピソード記憶）の能力の形成・発達。

⑤七～一〇歳頃のコミュニケーション的理性の発達。七歳以降としたのは、その前後（日本人でいえば就学前後）において、人間の解剖学的身体的構造がほぼ確立し、自律的音声言語の基本が習得される、とされているからである。(47)

さて、以上のように人類史的な「系統発生」の過程と、子どもの「個体発生」の階梯とを並べてみると、「個体発生は系統発生を繰り返す」という場合の主要なモメントがコミュニケーション概念にある――正確には「言語的コミュニケーション関係の形成・発展」にある――、ということが理解できるであろう。人類史（ホミニン史）の起点は、言語起源論でみてきたように、「労働」と「コミュニケーション」の二つにあったが、子どもの発達過程を主導する力はもっぱらコミュニケーション側にある、といってよい。その理由は、すぐにわかるように、乳幼児期の子どもには「労働」の必要がないからである。「労働」の必要がないことは「協働」の必要性も生まれないということを意味する。したがって、幼児期の子どもの発達を担うのは「協働的コミュニケーション関係」ではなく、「協力的コミュニケーション」および「共同体的コミュニケーション」である、とみなければならない。

子どもは、「労働」の必要性と「協働的コミュニケーション」を欠いた環境のなかで、協力的コミュニケーション関係と言語的コミュニケーションのなかにおいて、①「九ヵ月革命」による指さし理解と、②他者理解の「心の理論」の獲得との二つの画期を経験し、コミュニケーション的理性をわがものにしていくのである。「労働・協働的コミュニケーション」を欠いた環境のもとでの、子どものこうした発達過程が物語ることは三点に集約される。

第一は、四～五歳児頃までに発揮する能力、すなわちコミュニケーション的理性の萌芽を物語る能力は、現代に生きる人間にあっては、すでにゲノム化（遺伝子化）され、生得的能力になっている、と考えられることである。ずばり言うと、言葉の獲得とコミュニケーション的理性の萌芽は、現代では万人が持ち合わせている潜在的能力になっており、万人に開かれた人類史的遺産であるといってよい[48]。人間発達の原点にあたるこの「ゲノム化された言語獲得の潜在的能力」に、いま私たちは、すべての子どもたちの有する発達可能性の確信をもたなければならない。

第二は、ただし、言葉とコミュニケーション的理性の獲得の人類的潜在能力は、あくまでも潜在的なもの、まだ開封されていない人格内部に潜む能力にすぎない、ということである。人間の発達

（development）は、envelope（封筒）に打ち消しの接頭語 de を加えた合成語、すなわち開発・開封を意味する言葉である。写真用語としての development は「現像」を意味する――すなわちフィルムに写った潜在的画像を目に見えるように顕在化する「現像」を意味する。写真の現像に触媒が必要なように、潜在的能力を顕在化し、人間の発達可能性を現実化するには媒介が必要である。では、言葉とコミュニケーション的理性とを顕在化し、現実化するものは何か。いうまでもなく、それは人間的コミュニケーション関係である。親子や兄弟、友人関係、大人・子ども関係等のコミュニケーション関係を欠いたところでは、子どもに内在する潜在的能力は顕在化しない。子どもの発達を担うコミュニケーション関係は、さしあたり①子ども－保育・教育者間関係（＝家族等の親密圏内のコミュニケーション）、②子ども集団、③子ども－保育・教育労働者間コミュニケーション関係の三つである。

蛇足ながら、このコミュニケーション関係の意義を軽視しているのが、第三章でみた子ども中心主義＝学習中心主義、個別最適学習論、教育ＤＸ論であり、真っ向から逆らっているのが「橋下徹式教育＝強制論」である。

第三は、子どもの発達は、人類史上の「必要労働時間」を基礎にしたものではなく、「自由時間」を基礎にしたものだ、ということである。幸いにして、現代の子どもたちは労働時間から解放され、「自由時間」に恵まれている。子どもが「自由時間」を利用しておこなう活動は、遊びであった。遊びは自己目的的活動であるがゆえに、その営みそのもの、その過程自体が楽しく、面白く、やりがいを感じとることのできる活動である。そのうえに、現代の子どもたちの遊びは、自己目的的活動でありながら、その内部に目的合理性、目的意識的理性を組み入れた内容の活動であり、「遊びをせんとて生まれし現代っ子」の遊びのなかにはコミュニケーション的理性の学習的要素が含まれている。この遊び＝学習の有する楽しさ、面白さを子どもたちが取り戻すには、子どもの学習・教育の時空間を「自由時間・空間」にしてやることが必要である。ここでも蛇足を一つ加えておくと、私が長くつきあってきた学童保育は、その内部に目的合理性を内在化させた自己目的的活動＝遊びのときが、現代っ子たちの楽しく、面白く、愉快な学習のときでもある、ということを教えている。

子どもにいえることとは、実は大人にも言えることとである。大人にとっても「必要労働時間」から解放された「自由時間」のなかに、目的合理性を内在化した自己目的的活動の条件を見いだすことができる。確かに、現代日本の労働者の「必要労働時間」はまだ長く、発達に必要な自由時間は依然として十分に恵まれているとはいえないが、それでも一九世紀の『資本論』の時代に生きた労働者よりは、自由な時間は長くなっている。問題なのは、このせっかくの「自由時間」がコミュニケーション的理性の発達・発揮の機会として生かされていないことである。それは、一言でいうと、大人社会の「遊び」が、子どもの遊び以上に他律化されていることによる。他律化された自由時間は、決して本物の自由時間とは言えない。たとえば「お笑い芸人」と称されるタレントが主役のTVで毎夜、せっかくの自由時間を費やしている人を、私たちは「自由人」とは呼ばない。

人類史の教える自由時間の使い方は、さしあたり科学・芸術・遊びの三つの領域に要約されるが、そのいずれもが、その活動を自己目的的活動としてきた先人によって発展してきたものである。私たち一般の庶民のなしうることは、このうち科学・芸術の要素を趣味にとりいれ、現代の遊びに内在する目的合理性（すなわちコミュニケーション的理性）を生かして自由時間を使いこなすことであろう。そこに現代の発達可能性の顕在化を確信することができると思われる。

〈注〉

（1）イアン・タッターソル、河合信和監訳、大槻敦子訳『ヒトの起源を探して――言語能力と認知能力が現生人類を誕生させた』原書房、二〇一六年、更科功『絶滅の人類史――なぜ「私たち」が生き延びたのか』ＮＨＫ出版新書、二〇一八年、同『残酷な進化論――なぜ私たちは「不完全」なのか』ＮＨＫ出版新書、二〇一九年、同『禁断の進化史――人類は本当に「賢い」のか』ＮＨＫ出版新書、二〇二二年参照）。

（2）たとえば、長谷川眞理子『ヒトの原点を考える――進化生物学者の現代社会論100話』（東京大学出版会、二〇二三年）は、「サルはサルまねをしない」として、「世界中で実験対象となっているチンパンジーはみな、動作模倣を行うテストに合格していない」と述べている（三一ページ）。明和政子氏（京都大、教育学）も「サルは真似しません」として、人間に固有な模倣の構造・進化を探究している（『模倣の進化と発達』子安増生・郷式徹編『心の理論――第２世代の研究へ』新曜社、二〇一六年）。

（3）チンパンジーのなぞり＝真似は、同じことを繰り返して行うエミュレーション（emulation）にすぎない。同じ動作をするだけの、機械的ものまねに過ぎず、目標と手段という形ではとらえない模倣である。一定の目的を実現するために、他人の動作を真似るという場合には、模倣には一つの意図性や目的があるが、チンパンジーのエミュレーションは一つの手段として選ばれた活動・動作ではないということである。

(4) 模倣を起点にし、「教育」の必要から言葉の誕生を説明した代表例は、ケヴィン・レイランド、豊川航訳『人間性の進化的起源――なぜヒトだけが複雑な文化を創造できたのか』勁草書房、二〇二三年にみることができる。同書は、人間的模倣と動物的な「サルマネ」とを区別し、人間以外の動物には人間的な imitation は見られない、としている。

(5) マイケル・トマセロ、大堀壽夫他訳『心とことばの起源を探る――文化と認知』勁草書房、二〇〇六年。なお、トマセロの「九ヵ月革命」の意義については、吉田脩二『ヒトとサルのあいだ―精神《こころ》はいつ生まれたのか』文藝春秋、二〇〇八年を参照。

(6) 針生悦子『赤ちゃんはことばをどう学ぶのか』(中公新書ラクレ、二〇一九年)は、「指さしという行動は、対象に注意を向けてそれを調べる行為に由来する」とする見方を「注意観察説」と名づけ、トマセロ説とは同じではないが、指さし行為とその理解が人間に独自な三項関係の表象によるものだとしている(九九〜一〇三ページ)。

(7) 木下孝司「自己と『心の理解』の発達」(子安・郷式編、前掲『心の理論』)も、九ヵ月前後に子どものコミュニケーション関係に劇的変化が現れることに着眼している。

(8) マイケル・コーバリス、大久保街亜訳『言葉は身振りから進化した――進化心理学が探る言葉の起源』勁草書房、二〇〇八年、九〇〜九一ページ。ただし、飼育・訓練すれば類人猿は指さしを身につける、としている。だが、チンパンジー同士が指さしするようなことはない、というのが大方の一致するところである。鈴木光太郎『ヒトの心はどう進化したのか』（ちくま新書、二〇一三年）は、犬以外の動物は指さしを理解できない、としている（同書一二〇、一二三ページ）。なお、チンパンジーが指先を用いて行う行為は、指で何かをつつく、突くという行為であって、記号として指さしを用いるのではない。

(9) 長谷川眞理子『進化的人間考』東京大学出版会、二〇二三年。

(10) 狩りの集団を組んだリーダーが獲物の行く手を指示して（アーチ型の指さしによって）、初期の身振り言語を形成した点に着眼したのは、チャン・デュク・タオである（チャン・デュク・タオ、花崎皋平訳『言語と意識の起原』岩波現代選書、一九九八年）。

(11) J・ハーバーマス、M（マンフレーメ）・フーブリヒト&河上倫逸他訳『コミュニケイション的行為の理論　上・中・下』未来社、一九八五～八七年。

(12) 西欧における言語起源論の歴史は、互盛央『言語起源論の系譜』講談社、二〇一四年を参照。ただし、本書は「言語起源」自体を論じたものでなく、「起源論の系譜」をフォローしたものであって、人類史的な言語の起源・進化、人間（子ども）による言語の習得・獲得過程を明らかにしたものではない。

(13) ヨハン・ゴットフリート・ヘルダー、宮谷尚実訳『言語起源論』講談社学術文庫、二〇一七年、二〇七ページ。なお一八世紀の言語起源論に関しては、そのほか、ルソー、増田真訳『言語起源論――旋律と音楽的模倣について』岩波文庫、二〇一六年（この訳書に先行する翻訳には、小林善彦訳『言語起源論』現代思潮社、一九七〇年がある）、コンディヤック、古茂田宏訳『人間認識起源論（下）』岩波文庫、一九九四年をあわせて参照。コンディヤックは、言葉の起源から神、自然、理性の前提を排除し、人間相互の伝達・交流・習慣から言葉を導きだそうとした点で、言語起源論において一つの画期を築いた。ルソーは「自然状態」から言葉を導きだそうとしたが、人間間の交流・交通を自然状態に求める視点に欠けていた。ヘルダーも、人為起源の言語起源論に立つが、人間的交流・コミュニケーション関係にもとづいて言葉を導出しようとはしなかった。

⒁　ここでいう「将来を見通す力」とは、過去・現在・未来の時系列を理解する能力のことであって、寸時の未来、わずかばかりの将来を直感的に感じ取る能力のことではない。たとえば、サルは数分後のことすら見通せず、チンパンジーでも見通せる時間はせいぜい一～二時間だという（澤口俊之『幼児教育と脳』文春新書、一九九九年、一一七ページ）。

⒂　理化学研究所脳科学総合研究センター『脳研究の最前線』講談社ブルーバックス、二〇〇七年、上巻、九一ページ。

⒃　チンパンジーは時折狩りをするが、その機会があればの場当たり的、状況依存的活動にすぎず、人類の狩りは時系列を計算した計画的、予測的であり、その道具も事前に用意した目的意識的活動である（タッターソル、前掲『ヒトの起源を探して』参照）。

⒄　トマセロ、前掲『心とことばの起源を探る』、及び同、松井智子・岩田彩志訳『コミュニケーションの起源を探る』勁草書房、二〇一三年を参照。なお、彼は、人間の協力的コミュニケーション関係についても、「ホモ・サピエンスは、他の霊長類には情動的にも認知的にもまったく備わっていないような協働行為からスタートしたに違いない」、「現代の幼い子どもたちに見出されるような強固な協働行為

は、ヒト進化における最初期の協働活動とほぼ変わらないと私は考えています」としている（マイケル・トマセロ、橋彌和秀訳『ヒトはなぜ協力するのか』勁草書房、二〇一三年、八三ページ、六五ページ）。

(18) 自然の生態系にあるこの「協力」を、進化生物学の立場からレイランドは、「他の個体（「受け手」）に利益をもたらし、その利益の効果によって自然選択された行動はすべて協力活動と定義される」としている（レイランド、前掲『人間性の進化的起源』一六一〜一六二ページ）。

(19) たとえば、島泰三『ヒト――異端のサルの1億年』中公新書、二〇一六年を参照。

(20) 旧石器はオルドヴァイ型とアシュール型に分けられ、後者のアシューリアンが人類の狩猟社会化、肉食の定着、言語（身振り言語）の誕生、頭脳の肥大化等と結びついていることについては、それ相当な説明が必要であるが、ここでは字数上の制約もあり、割愛する。この点の検討は、二宮厚美『社会サービスの経済学――教育・ケア・医療のエッセンシャルワーク』新日本出版社、二〇二三年、スティーヴン・ロジャー・フィッシャー、鈴木晶訳『ことばの歴史――アリのことばからインターネットのことばまで』研究社、二〇〇一年、ロビンズ・バーリング、松浦俊輔訳『言葉を使うサル――言語の起源と進化』青土社、二〇〇七年、コーバリス、前掲『言葉は身振りから進化した』リチャード・リーキー、馬場悠男訳『ヒトはいつから人間になったか』草思社、一九九六年、埴原和郎『人類の進化史――20世紀の総括』講談社学術文庫、二〇〇四年、河合信和『ヒトの進化七〇〇万年史』ちくま新書、二〇一〇年、竹岡俊樹『旧石器時代人の歴史――アフリカから日本列島へ』講談社選書メチエ、二〇一一年等を参照。

(21) 狩猟労働というよりも、子育て、子どもの教育の必要性から言語が生まれたとする見方は、レイランド、前掲『人間性の進化的起源』である。なお、閉経後も長命化した「おばあさん」が共同繁殖(協働による育児)に貢献したとする「おばあさん仮説」は長谷川寿一・長谷川眞理子・大槻久『進化と人間行動 第2版』東京大学出版会、二〇二二年、第七章参照。

(22) ソシュール言語論については、さしあたり町田健『ソシュールと言語学――コトバはなぜ通じるのか』講談社現代新書、二〇〇四年、田中克彦『言語学とは何か』岩波新書、一九九三年、鈴木孝夫『教養としての言語学』岩波新書、一九九六年参照。

(23) ジャレド・ダイアモンド＝レベッカ・ステフォフ編著、秋山勝訳『若い読者のための第三のチンパンジー――人間という動物の進化と未来』(草思社、二〇一五年、一三四ページ)は、ベルベット・モンキーの鳴き声を意図的なものとするが、コーバリスは動物の叫びや表情・仕草等は意図的なものではないとしている(前掲『言葉は身振りから進化した』第二章)。筆者は、目的意識的、意図的制御行為を人間に固有なものと把握するから、大方の人類学者の通説にならって、ベルベット・モンキーの「警戒音」を意図的なものとは見なさない。

(24) バーリング、前掲『言葉を使うサル』。彼はこの本で「本書の中心的な話は、産出よりも了解の方が、人間の言葉を使う能力を進化させた原動力だ」(一六ページ)と述べている。

(25) 「動物の一般的コミュニケーションが発信者から受信者への情報の流れであるのに対し、ヒトの言語では『心』が共有されている」(長谷川、前掲『進化的人間考』一四四ページ)。

(26) タッターソル、前掲『ヒトの起源を探して』二〇六ページ。

(27)　ルビンシュテイン他著、駒林邦男編訳『人格・能力の発達論争』明治図書出版、一九七九年、矢川徳光『マルクス主義教育学試論』明治図書出版、一九七一年、中村和夫『ヴィゴーツキーの発達論――文化・歴史的理論の形成と展開』東京大学出版会、一九九八年参照。

(28)　澤口俊之『幼児教育と脳』文春新書、一九九九年、一一六ページ。

(29)　「ヒトという動物は、出発点として他者の意図を実現させようとするものであり、それが協力的に振る舞うことにつながるように生まれついた存在なのである」（長谷川、前掲『進化的人間考』一一五ページ）。

(30)　寺沢恒信『意識論』大月書店、一九八四年、一三四ページ。

(31)　動物的コミュニケーションの媒体と人間のそれとのちがいについては、たとえば橋元良明編著『コミュニケーション学への招待』大修館書店、一九九七年を参照。

(32)　トマセロ、前掲『ヒトはなぜ協力するのか』六四～六五ページ。なお、本書ですでに紹介したように、系統発生と個体発生とが交錯する点として、トマセロが「現代の幼い子どもたちに見出されるような強固な協働行為は、ヒト進化における最初期の協働活動とほぼ変わらないと私は考えています」と指摘していることも注目するに値する。

(33)　「言語の恣意性」という特質は、言葉の発生・発展過程を一つの歴史的必然とみなすマルクス主義からは説明できないことであり、反＝非マルクス主義的事態であるという見方が一部にあるが、筆者はこの見解に与しない。というのは、「言語の恣意性」が人類の各地域における生活習慣に根ざしたものであり、自然条件、生産力、生活様式、風土、社会関係＝交通関係等によって規定されつつ、現実の生活を認識・意識・表象する上で、さまざまな形態＝形式によって表現するにいたった、という捉え方はなんら史的唯物論に反するものではないからである。ちなみに、ソシュールの言うシニフィアン（記号形態）とは、「表象」とも訳せる用語であり、人間の外界にあるものを頭脳において反映する時の表象（認識＝表現形態）の一つを示すものであって、それ自体は唯物論的視点（反映論）から把握できるものである。シニフィアン＝表象とその意味内容とが人間的コミュニケーション関係＝社会関係において、一定の安定的結合関係を維持しなければならない、という必然性が働いたという（後述する）事実も、史的唯物論の見地からはじめて説明できることである。

(34)「音声言語にはもともとアイコン的な部分が全くない。つまり、抽象的な意味を伝達するために存在するシステムなのだ」（コーバリス、前掲『言葉は身振りから進化した』三二一ページ）。

(35)「規範性基準の理性」の重要性を物語るものとして、頭の振り方によってイエスとノーの識別をする習慣でさえ恣意的なものにすぎない、という例がある。「北方ヨーロッパでは頭を縦に振れば『イエス』の意味だが、ギリシャでは『ノー』の意味になる。そして地球上の多くのところでは、頭を横に振れば『ノー』を意味するが、スリランカではその動作がおおよその同意を意味するのに使われる」（モーテン・H・クリスチャンセン、ニック・チェイター、塩原通緒訳『言語はこうして生まれる――「即興する脳」とジェスチャーゲーム』新潮社、二〇二二年、二〇六～二〇七ページ）。

(36)現世人類の起源説は「アフリカ単一起源説」と「多地域進化説」の二つに分かれるが、「アフリカ単一起源説」は「ミトコンドリア・イブ説」をもとにしたものである。人間の細胞のうち、ミトコンドリアDNAは母親からだけ子どもに遺伝されるので（母系遺伝）、このミトコンドリアのDNAの系譜を追跡すると、現在の地球上に生きる全ての人々（一部アフリカを除く）のルーツが、二〇～一八万年前頃に住んでいたホモ・サピエンスを共通の祖先とすることがゲノム分析の結果判明した（一九八〇年代末）。この現世人類共通のミトコンドリアＤＮＡを持つ集団がアフリカを出て、世界に拡散する始まりを「出アフリカ」という。人類のＤＮＡ分析の最近の動向については、海部陽介『人間らしさとは何か――生きる意味をさぐる人類学講義』河出新書、二〇二二年、斎藤成也編著『図解　人類の進化――猿人から原人、旧人、現生人類へ』講談社ブルーバックス、二〇二一年、篠田謙一『人類の起源――古代ＤＮＡが語るホモ・サピエンスの「大いなる旅」』、中公新書、二〇二二年を参照。

(37)　六万年前頃からホモ・サピエンスの遺伝子的変化はないという論点については、ダイアモンド＝ステフォフ編者、前掲『若い読者のための第三のチンパンジー』、イ・サンヒ＆ユン・シンヨン、松井信彦訳『人類との遭遇――はじめて知るヒト誕生のドラマ』早川書房、二〇一八年を参照。

(38)　例えば、内田亮子『人類はどのように進化したか』勁草書房、二〇〇七年、リチャード・G・クライン、ブレイク・エドガー、鈴木淑美訳『５万年前に人類に何が起きたか？――意識のビッグバン』新書館、二〇〇四年参照。

(39)　レイランド、前掲『人間性の進化的起源』（特に第八、一一章）参照。

(40)　遊びの特質を「自己目的的活動」に求めたのはＪ・ホイジンガー（オランダの歴史学者）であるが、ホイジンガー説の評価を含めて「遊び論」については尾関周二『遊びと生活の哲学――人間的豊かさと自己確証のために』大月書店、一九九二年を参照。

(41)　マイケル・トマセロ、橋彌和秀訳『思考の自然誌』勁草書房、二〇二一年は、この点を鮮明に説明している。

(42) コーバリス、前掲『言葉は身振りから進化した』二三三ページ参照。また喉頭部等の身体的条件（声道の形成）については、フィッシャー、前掲『ことばの歴史』は、「15万年前までには、現在判明している話すのに必要なすべての身体的特徴が現われた」としている（七四ページ）。

(43) レイランド、前掲『人間性の進化的起源』一八一ページ。

(44) タッターソル、前掲『ヒトの起源を探して』二六一ページ。

(45) 鈴木光太郎『ヒトの心はどう進化したのか――狩猟採集生活が生んだもの』（ちくま新書、二〇一三年）は、六〜七歳頃だとしている（一六八ページ）。

(46) 以上は、子安増生・郷式徹編、前掲『心の理論』による。

(47) 一九世紀初頭に生まれ、一五年以上にわたって屋内に幽閉されたまま育ったカスパー・ハウザーの経験以来、一〇〜一二歳頃までに、言葉を習得する機会に恵まれなかった子どもは、ほとんど言葉を獲得することなく人生を全うする、とされている（互盛央、前掲『言語起源論の系譜』参照）。

(48) 一八二九年、アメリカのニューハンプシャーで生まれたローラ・ブリッジマンは、二歳のときに猩《しょう》紅熱《こうねつ》にかかり、命はとりとめたものの、高熱によって視覚・聴覚および味覚・嗅覚のほとんどを失った。二年間の闘病のうえ、健康は回復したが、覚えかけの言葉も消えうせ、残された感覚は唯一触覚だけとなった。家族内では、身振り、手振りでなんとか意思疎通をはかって生活していたが、七歳のとき、医師S・G・ハウ博士の援助で盲学校に入学することになった。学校では当初、点字版のようなものを使った「浮き文字」によって、物の名前を覚えていったが、やがて（点字のような）サイン言語を理解できるようになり、さらに指文字を習得するにいたった。指文字の習得は、他者との「指文字会話」を可能にする。彼女はさらに、自分の手で文字を書くことさえできるようになる。一八四二年に、訪米中のチャールズ・ディケンズがローラに会い、『アメリカ紀行』（伊藤弘之ほか訳、岩波文庫、上・下、二〇〇五年、第三章参照）で彼女のことを世界に知らせた。これによって、一八四〇年代には、ローラは世界でもっとも有名な女性になったという。彼女は、一八八〇年代にはその後、アン・サリヴァンに指文字を教えた。この「サリヴァン先生」こそは、視覚・聴覚を失ったヘレン・ケラーに指文字から始めて英語を教えた教師である。いまでは、ヘレン・ケラーの偉業の影に隠れてしまって、ローラのことは忘れ去られているが、触覚だけを頼りに言語とコミュニケーション的理性を獲得したローラの力は、万人に開かれたこの「人類史的遺産」の力を物語るものである（モーテン・H・クリスチャンセン、ニック・チェイター、前掲『言語はこうして生まれる』二三三〜二三七ページ参照）。

おわりに——人間発達の社会的インフラとしての福祉国家

人間発達や教育に関する書物は、この世に、それこそ万巻といってよいほど数多あるから、読者への道案内の意味をもたせて、最後に、本書のオリジナリティらしきものを三点指摘しておきたいと思う。「オリジナリティらしきもの」と書いたのは、真の意味での独創性（オリジナリティ）をさすのではなく、本書で述べてきたものは、類書と比較した場合の相対的特徴というか、独自性らしきものであって、ここで自慢話をしようという積もりはまったくないからである。本書で述べてきた内容は、ほとんど先学が議論してきたことであり、本書で論じた内容の大半は、先達の業績を私なりの視点で再構成したものにすぎない。

独立した人格の発達への着眼

本書の第一の特質（オリジナリティらしきもの）は、一般の人間（勤労者）を「人格プラス能力」の総体（アンサンブル）として把握し、人間の発達を、独立した人格とその能力（「人格的機能＋個別具体的能力」）の発達とみなして追求してきたことである。したがって、本書の目新しさは人間の能力的発達一般（全般）をとりあげた点にあるのではなく、「人格の発達」と「人格的機能＋個別具体的能力の発達」とを区別しつつ、その相互関係と総体的発達を問題にした点にある、と言ってよい。これが本書に多少ともオリジナルな性格をもたせているとすれば、それは近年の教育学や社会科学において、人格論が手薄になっているからである（と思われる）。

人格概念や「人格発達」を含む人間発達を論じようと思うと、人間＝人格範疇の歴史的区分が必要になる。つまり、人間発達一般論ないし超歴史的・普遍的発達論は成立しない（仮に成立したとしても、あまり意味のある議論だとは思われない）。というのは、人間が独立した個人、人格的独立性を獲得した個人として登場するのは、近代社会になってから――より正確には、普遍的市場社会を形成する資本主義時代を迎えてから――であって、それ以前の諸個人は、「共同体に埋没した個人」や「共同体の臍《へそ》の緒をつけた個人」であった。この近代的個人とそれ以前の「共同体内個人」の区別は、「労働力の商品化」を出発点にしてなされなければならない。幸い、経済学（＝マルクス経済学）は「労働力の商品化」を出発点にして個人や階級を把握する歴史を持っている。経済学におけるこの先人の視点を生かして、個別具体的能力（諸分野に分化・多様化した能力）とは概念的に区別された人格の発達、人格機能の発達を論じた点に、本書の一つの特色があるといってよい。

コミュニケーション的理性の形成と発達

第二は、人間の諸能力やその発達を「コミュニケーション的理性」の概念を生かして再構成しようとしたことである。一般の読者には、「コミュニケーション的理性」とは耳慣れない言葉・概念であろうと思われるが、私自身も「コミュニケーション的理性」概念を本格的に論じたのはつい最近、本書とは兄妹関係にある『社会サービスの経済学』(新日本出版社、二〇二三年)においてである(それに先立つものとしては、『発達保障と教育・福祉労働』〔全障研出版部、二〇〇五年〕がある)。

「コミュニケーション的理性」を、「人格・人格的機能」とともに、人間発達論の核心に位置づけて論じたことは、恐らくは本書の一つの特徴と言ってよいと思われるが、これもただし、必ずしも本書のオリジナリティ(独創性)を物語るものではない。というのは、コミュニケーション的理性概念は、「コミュニケーション的行為論」で名高いJ・ハーバーマスから借用したものだからである(ただし、コミュニケーション的理性概念の意味・内容は、本書とハーバーマスの間において、相当な違いがある)。

本書は、コミュニケーション的理性を発達論のキーワードの一つとしたために、教育学や言語・コミュニケーション論、人類史の議論に深入りすることになった。研究分野としては、経済学、教育学、社会学(コミュニケーション論)、言語論、人類史論は、それぞれ専門性を異にした領域である。そのために、本書の構成はいささか複雑になり、論点が四方八方に分散して、それらの理論的なつながりを理解しづらいものにしたかもしれない。とはいえ、私としては、人間の発達や教育、人類史的な「人間発達史観」、子どもの保育、現代の政治・社会学等において、コミュニケーション的理性概念は不可欠なものになっているのではないか、と考えている。

人間発達のインフラとしての「自由時間＋人権体系」

本書の第三の特徴、そして本書の読者に対する最大のメッセージは、福祉国家を「自由時間プラス人権体系」として把握し、それを人間発達の社会的基礎（＝社会的インフラストラクチャー）に位置づけたことである。

この福祉国家論は、『資本論』における工場法論をそのアーキタイプ（原型）にして構成されたものである。本書第一章で指摘したように、『資本論』は、近代工場法を「社会が、その生産過程の自然成長的姿態に与えた最初の意識的かつ計画的な反作用」として把握した（傍点引用者、『資本論③』八四〇〜八四一ページ）。ここで再度注目しておいてよいことは、工場法が、社会による「最初の意識的かつ計画的な反作用」とされていることである。「意識的・計画的反作用」とは、当時の（マルクス）の言葉でいえば「社会的理性」によるものであり、本書の概念でいえば、他ならぬコミュニケーション的理性の力によるものである。しかも、工場法は、「史上初めての理性的介入」だとされている。これが、工場法を福祉国家の原型（＝始原）とするゆえんである。

近代市民の人格的独立性は、J・ロックの近代市民社会論が示しているように、「自己労働にもとづく所有」（すなわち私有財産）を社会的基礎にして成立したものであったが、資本主義社会の労働者——したがって資本主義のもとでの個人一般——は、「二重の意味での自由」のもとにおかれた「個人＝市民」であるから、その人格的独立性の基礎は、私有財産ではなく、近代的な人権（＝基本的人権）に求めなければならない。現代の基本的人権は「自由権プラス社会権」で構成される。したがって、現代の労働者は、その人格的独立性の社会的基礎を「自由権＋社会権の人権体系」に置くことになる。今日の労働者は、人格的独立性を抜きには発達可能性をものにすることができないから、現代の人間発達の社会的基礎はこの「自由権＋社会権の人権体系」に求められるのである。

「自由権＋社会権の人権体系」を国民に保障する国家とは、福祉国家のことである。人権のなかでも、かつての自由主義国家とは違って、とりわけ生存権等の社会権を保障する点に福祉国家の特徴があるから、ドイツでは長らく福祉国家は社会国家と呼ばれてきた。社会権の保障は、通常、①労働権にもとづく雇用保障、②教育権を保障する公教育、③生存権にもとづく国民的最低限の所得保障（生活扶助・年金を中心にしたナショナルミニマムの所得保障）、④保育・ケア・医療・保健等の社会サービス保障、⑤住宅・環境を中心にした居住空間の社会保障の五大領域にまたがる。伝統的な福祉国家像は、所得再分配国家や救貧国家、ナショナルミニマムの所得保障国家として把握され、描かれてきたが、工場法に原型を求めた福祉国家とは、いわゆる「救貧法的国家」とは違って、こうした「自由権＋社会権の人権体系」を保障する、五大支柱を備えた国家なのである。所得再分配による所得のナシヨナルミニマム保障制は、その重要な柱の一つである。

とはいえ、このように工場法に原型を求める福祉国家論も、本書のオリジナリティというわけではない。というのは、戦後日本の社会政策論は、『資本論』の工場法論を典拠にして「社会政策本質論争」を展開してきた経緯があり、本書はその戦後日本の社会政策論の成果を継承し、発達論的視点から再構成したものにすぎないからである。この工場法を原型にした福祉国家論が目新しく見えるとすれば、近年の社会政策論が「救貧法的社会政策＝国家論」ないし「所得再分配国家論」に逆行――厳しくいえば退行――してきたからである。

自由時間の主人公に発達する課題

ただし、戦後の伝統的な社会政策＝福祉国家論にはなく、本書には存在する新たな視点は、人権体系に加えて「自由時間」の意義から福祉国家像を再構成しようとしたことである。自由時間は、人間に固有な「発達のための社会的基礎」である。人間に固有な「人格＋能力」の発達は、自由時間を物質的基礎にして可能になるのである。この場合の「自由時間」とは、「空白時間」「空っぽの時間」を意味するものではない。自由時間とは、独立した個人各自が「自由に処分できる時間」を意味する。これを言いかえると、その時間を自由に処分することのできる主体を伴わない「自由時間」は、「空っぽの時間」であって、言葉本来の自由時間を意味しない。

自由時間は、人間がその時間をコミュニケーション的理性の力によって自由に処分する主体となるときに、はじめて実現する、すなわち、本来の意味での自由時間、人間だけに固有な自由時間になるのである。子どもは、この自由時間を遊びを典型にした自己目的的活動によって費やす――これは、子どもが与えられた時間を自由に処分することのできる主体として成長・発達することを意味する。だから、子どもにとっての自由時間は発達の時間そのものなのである。

大人はどうか、大人にとっても自由時間とは、「処分自由な時間」を意味するから、自由時間は子どもと同様に、その活動自体（＝活動過程自体）が楽しみであり、喜びであり、生きがいを感じる時間であるから、その時間帯は発達の時間である。この自由時間に発達・発揮する能力とは、子どもと同様に、コミュニケーション的理性にほかならない。子どもと大人の違いは、子どもの自由時間は主にコミュニケーション的理性の発達のために活用されるが、大人の自由時間は、その多くがコミュニケーション的理性の発揮のために費やされるという点にある、といってもよい。いずれにしても、現代の自由時間とは人間発達の社会的基礎である。福祉国家論的な言い方をすれば、現代社会の変革主体は自由時間を社会的基礎にして育つのである。

現代社会の問題は、この発達のための自由時間の処分・利用が他律化していることである。他律化された自由時間とは、形容矛盾の言葉であって、他律的時間は実際には「非自由時間」を意味する。外部から拘束された他律的時間のもとでは、コミュニケーション的理性は発達・発揮の機会を奪われる。その意味で、「自由時間」の他律化は、現代の人間発達に対する最大の障害物である。

総じて言えば、「自由時間＋人権体系」を柱とする福祉国家は、現代における人間発達の社会的インフラである。現代においてこの「自由時間＋人権体系」を有形・無形の力で破壊しているのはプーチンのロシアであり、習近平の中国である。この両国では、有形の権力とメディア統制の無形の力の両刀で、「福祉国家＝発達のインフラ」が無残なまでに破壊され、コミュニケーション的理性の力は抑圧されたままの状態にある。日本では、人権体系の破壊に狂奔し、無形の力による自由時間の他律化に依拠して、コミュニケーション的理性を抑圧し、眠り込ませているのは、たとえば、筆者の住む大阪を拠点にした「維新勢力」である。この「維新政治」の克服を秘かな課題にして執筆された点が、本書のオリジナリティと言えるかもしれない。正直にいって、本書の執筆期間中の最大の個人的問題関心は、「維新勢力」によるコミュニケーション的理性の破壊・衰退・退行をいかにしてくいとめるのか、という課題にあった。本書がこの課題達成のための助力になれば、これにまさる報いはない。

あとがき

本書のキーワードは、タイトルが示しているとおり、「人間発達」と「福祉国家」の二つの言葉＝概念である。最初に「あとがき」を読む、という習慣の読者のために、私がなぜこのキーコンセプトを使って本書『人間発達の福祉国家論』を書くにいたったのか、その理由を簡単に説明しておきたいと思う。

まず、本書が主題とする人間発達の対極に位置する概念は「貧困」であり、戦後日本の経済学は、人間発達というよりも、むしろその反対側に位置する「労働者の貧困化」を主に論じてきたといってよい。常識的にいえば、「発達」の反対概念としては、退化・衰退・老化・劣化等の言葉が思い浮かべられるであろうが、本書は「発達」の対極＝反対側にある概念を「貧困」と想定している。これには幾つかの理由があるが、ここでは二点を指摘しておきたい。

まず第一の理由は、戦後日本の経済学は、「発達」ではなく、それとは対照的な「貧困化」を主要なテーマの一つとしてきたからである。人間発達を研究の主要テーマにしてきたのは、国際的な伝統から見ても、教育学（あるいは教育哲学・心理学）であった。日本もその例にもれず、経済学は「人間発達」ではなく、発達というよりは、むしろその反対側に位置する「貧困・衰退」を主に取りあげ、議論してきたといってよい。もっとも、この場合の経済学は、『資本論』を典拠とする「マルクス経済学」をさしており、新古典派と呼ばれる「近代経済学」の主流（現代アメリカのメインストリーム）は、人間発達はおろか、貧困問題にもろくろく目を向けることはなかった。

マルクス経済学が労働者の貧困化に目を向けてきたのは、資本主義経済の発展過程では――すなわち資本の蓄積過程では――労働者階級における「貧困の蓄積」が避けられず、その貧困化の過程において彼ら（労働者階級自身）が社会の変革主体として登場し、成長し、発達する、と見なしたからである。すなわち、「労働者の貧困」それ自体が経済学の主要なテーマだったのではなく、貧困化が逆に労働者階級を社会変革の主人公に成長・発達させると見なしたこと――これが、経済学を貧困問題研究に向かわせた理由であった。私は、研究者としては駆け出しの頃から、このマルクス経済学の伝統的志向性を継承してきた。

ただ、ここには一つの難問が待ち構えていた。それは、『資本論』第一巻七編の「資本主義的蓄積の一般的法則」で指摘された「資本の蓄積に照応する貧困の蓄積」から、いかにして変革主体としての労働者階級の形成・成長・発達を導きだすのか、という難問である。念のために記しておくが、『資本論』が、「一方の極における富の蓄積」に対比して、その対極（＝労働階級）における「貧困の蓄積」としたのは、「貧困、労働苦、奴隷状態、無知、野蛮化、および道徳的堕落の蓄積」のことである（『資本論④』一一二六ページ）。「貧困・奴隷状態・無知・野蛮化・道徳的堕落」のどん底に陥れられた労働者階級が、資本主義を変革する労働者・主役に成長し、やがて自らが新たな社会の主人公になる――この道筋を明らかにすることは並大抵のことではない。戦後の伝統的マルクス経済学がこの難問にたいして与えた回答は、端折っていうと、「階級的結集論」とか「階級的団結論」として要約されるような論理だったと（私には）思われる。「階級的結集＝団結論」のポイントは、資本蓄積が推し進める「生産＝労働の社会化」をベースにして（多数）労働者は結合され、組織化され、訓練され、団結・結束力を強め、その過程において階級意識に目覚め、社会変革の主体として成長する、という展望を導き出す点にあった。

詳しい説明は省略するが、私は、この戦後の伝統的マルクス経済学の「階級的結集＝団結論」を頭ごなしに否定しようとするものではなく、資本蓄積のもとでの貧困化論や、労働者階級の変革主体への成長の展望論をただちに過ちだと見なして拒否しようとも思わない。ただ、「人間発達の福祉国家論」をタイトルにした本書を執筆するにいたった理由を説明するために、ここで三つの問題点を指摘しておきたいと思う。

第一は、現代の先進資本主義諸国をリアルに見つめればすぐにわかるように、上記の「階級的結集＝団結論」の見通しは、現実化していないことである。労働者階級を主人公にした社会変革も、新たな社会（＝社会主義社会）づくりも、実際に実現しているとは到底言えない。これは、労働者階級の「発達主体化」が思うようには進んでいないことを示す過酷な現実である。

第二は、貧困化する労働者階級が、貧困を克服・脱出して、変革主体として成長・発達していく論理（＝法則性）が、上記の「階級的結集＝団結論」では、明らかではないことである。簡単にいうと、「貧困化→変革主体化」の転換を媒介する論理が不足している、ということである。

第三の問題点は、いささか端折った説明になるが、従来の議論では「労働者・国民の貧困化」を逆転し、貧困を多少なりとも改め、労働者・国民生活の改良・改善に向かう国家、すなわち福祉国家を主に「貧困者を救済する国家」、「救貧国家」として把握する道に向かうことである。実際、経済学の主題の一つを貧困（化）研究に求める議論の多くは、この「貧困者救済の福祉国家＝救貧国家」論に向かった。とりわけ、二一世紀に入ってからの多くの貧困論は、必ずしもマルクス経済学をベースにしたものではなかったから、この「福祉国家＝救貧国家」論の傾向を強めることになった（と私には思われる）。むろん、ここで、「福祉国家＝救貧国家」論が誤りである、というのではない。戦後福祉国家がその一面において、「貧困者救済機能」を有することは事実であり、現代の「格差・貧困社会ニッポン」において、むしろ、その「救貧国家的機能」は積極的に評価・活用されなければならない。

だが、この「救貧国家的福祉国家（チャリティ国家）」論は、貧困研究から変革主体形成の論理＝法則性を発見しようとしてきた戦後マルクス経済学の伝統とは、いささかズレた所にあると言わなければならない。私が、「変革主体形成論」の問題関心を受け継ぎ、それを「人間発達論」として発展させつつ、「救貧＝救済論」ではなく「発達論」の視点から「福祉国家論」に向かった理由、つまり「人間発達の福祉国家論」を試みた理由の一つはここにある。そのために本書では、福祉国家概念は、「自由時間＋人権体系」の視点から再構成され、本書では、いわば「発達保障国家」——その内部に救貧機能を含む国家――のイメージで描かれることになった。

第二の理由は、従来の「貧困」概念を見直したこと、マルクスの「絶対的貧困」概念を手がかりにして、貧困概念の再定義を図ったことである。貧困の反対概念は「富裕」である。貧困とは何かを問い直すことは、人間にとっての富や豊かさ、人間に固有な富裕とは何かを問い直すことである。マルクスの「人間的富＝富裕」観は、比較的若い頃から一貫しており、キーワードをあげていうと、「自由時間」、「個人の完全な発展のための時間の増大」（『資本論草稿集②』四九九ページ）「それ自体が目的であるとされる人間の力の発達」（『資本論⑫』一四六〇ページ）、「絶対的貧困」の反対概念としての「普遍的な発達」（『資本論草稿集①』一三八、三五四ページ）である。上記の救貧国家との対比でいうと、いわゆる「物質的富裕」ではなく、「自由に処分できる時間」（『資本論草稿集②』四九四ページ）・「人間的能力の富裕」（『資本論草稿集⑦』三一四ページ）――つまり人間的諸能力の発達――が、人間にとっての「真の富」（同前三一二ページ）であった。

マルクスにとって「自由時間」とは、「個人の完全な発展のための時間」・「能力の発展のための、思うままに処分できる時間」（『資本論草稿集④』二九七ページ）であり、「自由な時間の利用」（同前）とは「人間の自然的な生存のために直接に必要な発展を越えるものであるかぎりでの人間的発展の全体」を意味する（同前）。こうしたマルクスの「富裕＝人間発達観」は、若きマルクス＝エンゲルスが未来社会を展望して「各人の自由な発展が万人の自由な発展の条件となるような一つの協同社会」（『共産党宣言』の一節）と構想して以来のものであった、と言ってよい。私は、この視点を生かして、伝統的な「貧困」概念を見直し、人間発達の研究に取り組んできた。ここでは、「救貧国家」のイメージは「人間発達の福祉国家」のイメージに転換することになる。本書のタイトルが意味することは、こういうことである。

「あとがき」であるにもかかわらず、思わず饒舌《じょうぜつ》になってしまった。「あとがき」には欠かせないことを、最後に書いておきたい。それは、私の「人間発達の福祉国家論」研究を支えていただいた方々への謝辞である。このテーマにかかわる私の研究＝学習母体は主に、①一九七〇年代後半から八〇年代の基礎経済科学研究所（京都を中心にした在野の研究集団・組織）、②九〇年代以降の神戸大学発達科学部、③二一世紀以降の福祉国家構想研究会の三つにあった。お世話になった方々の名前をあげ始めるとキリがなくなるので、ここでは、ギリギリに絞って八名の方だけを列挙しておくことにする。

まず、基礎経済科学研究所の時代には、私にとっては恩師であり、文字どおり本書のテーマの先達（パイオニア）である池上惇先生（京都大）、大先輩であった森岡孝二（故人、関西大）、親友の中谷武雄（京都橘大）から啓発された（以下敬称略、現在は全員、各氏の所属した大学の名誉教授である）。神戸大学時代では、社会環境論講座の同僚であった和田進、岡田章宏、福祉国家構想研究会では、私とともに共同代表である岡田知弘（京都大）、後藤道夫（都留文科大）、渡辺治（一橋大）の各氏が研究のパートナーである。本書は、こうした人々との共同研究、親交・コミュニケーションの産物である。心からお礼を申し上げたいと思う。

最後の最後になるが、長年にわたる拙著の編集者・田所稔氏の精緻な編集作業にも深謝の念を書いておかなければならない（田所さんは、『現代資本主義と新自由主義の暴走』一九九九年刊以来、新日本出版社から刊行した私の本のすべての編集担当者であった）。彼の編集作業がどれほど丁寧で、かつ苦労を要するものであったかを示すために記しておくと、田所さんには、本書で利用した文献のすべてに引用上の誤りがないかどうか、それこそ一字一句にいたるまで点検していただいた。その他、文体上の示唆も与えてもらった。本書が（理論以外の）初歩的なミスを犯すことなく、無事、出版されることになったのは、ひとえに彼のおかげである。

二〇二三年　晩秋

二宮　厚美

二宮　厚美（にのみや　あつみ）
1947年生まれ。神戸大学名誉教授。経済学、社会環境論専攻。主な著書『日本経済と危機管理論』（1982年、新日本出版社）『円高列島と産業の空洞化』（1987年、労働旬報社）『21世紀への構図を読む』（1992年、自治体研究社）『日本財政の改革』（1998年、共著、新日本出版社）『現代資本主義と新自由主義の暴走』（1999年、新日本出版社）『自治体の公共性と民間委託』（2000年、自治体研究社）『日本経済の危機と新福祉国家への道』（2002年、新日本出版社）『発達保障と教育・福祉労働』（2005年、全障研出版部）『憲法25条＋9条の新福祉国家』（2005年、かもがわ出版）『ジェンダー平等の経済学』（2006年、新日本出版社）『格差社会の克服　さらば新自由主義』（2007年、山吹書店）『保育改革の焦点と争点』（2009年、新日本出版社）『新自由主義の破局と決着』（2009年、新日本出版社）『新自由主義か新福祉国家か』（2009年、共著、旬報社）『福祉国家型地方自治と公務労働』（2011年、共著、大月書店）『新自由主義からの脱出』（2012年、新日本出版社）『橋下主義解体新書』（2013年、高文研）『〈大国〉への執念　安倍政権と日本の危機』（2014年、共著、大月書店）『終活期の安倍政権』（2017年、新日本出版社）『社会サービスの経済学』（2023年、新日本出版社）など多数

人間発達《にんげんはったつ》の福祉国家論《ふくしこっかろん》

2023年12月25日　初　版

著　者　二　宮　厚　美
発行者　角　田　真　己

郵便番号　151-0051　東京都渋谷区千駄ヶ谷4-25-6
発行所　株式会社　新日本出版社
電話　03（3423）8402（営業）
03（3423）9323（編集）
info@shinnihon-net.co.jp
www.shinnihon-net.co.jp
振替番号　00130-0-13681

印刷　光陽メディア　製本　東京美術紙工

落丁・乱丁がありましたらおとりかえいたします。

ISBN978-4-406-06765-2 C0036　Printed in Japan